Bernd-Lutz Lange
Davidstern und Weihnachtsbaum

AF185930

atb aufbau taschenbuch

Bernd-Lutz Lange, geboren 1944 in Ebersbach/Sachsen, wuchs in Zwickau auf. Nach einer Gärtner- und Buchhändlerlehre studierte er an der Fachschule für Buchhändler in Leipzig. 1966 war er Gründungsmitglied des Kabaretts »academixer«, von 1988 bis 2004 trat er im Duo mit Gunter Böhnke auf, seitdem arbeitete er vorwiegend mit der Sängerin und Kabarettistin Katrin Weber. Am 9. Oktober 1989 war er Mitverfasser des Aufrufs der »Leipziger Sechs« zur Gewaltlosigkeit und zum Dialog. 2014 erhielt Bernd-Lutz Lange das Bundesverdienstkreuz. Seit 2019 ist er Ehrenbürger der Stadt Zwickau.

Von Bernd-Lutz Lange liegen inzwischen zahlreiche Bücher und Hörbücher vor. Im Aufbau Verlag erschien zuletzt »Café Continental«. Alle lieferbaren Titel des Autors sehen Sie unter aufbau-verlage.de.

Die Jüdische Gemeinde in Leipzig hat wieder über 1000 Mitglieder. Nicht einmal fünfzig waren es, als Bernd-Lutz Lange in den achtziger Jahren begann, Fragen nach der jüdischen Geschichte Leipzigs zu stellen. Auf verwickelten Pfaden folgt er den Lebensläufen jüdischer Frauen, Männer und Kinder. Bei seinen Begegnungen mit Überlebenden und Zeitzeugen erfährt er von Schicksalswegen durch Exil oder Konzentrationslager. Die Leipziger erzählen von jenen Nachbarn, die zu Mördern, und jenen, die zu Lebensrettern wurden. Bernd-Lutz Langes Buch ist ein wichtiges Zeugnis gegen das Vergessen. »In seiner Unmittelbarkeit erschütternd«, befand der Aufbau (New York) über das erste Buch, das sich die Erkundung jüdischer Geschichte in Ostdeutschland zur Aufgabe machte.

BERND-LUTZ LANGE

Davidstern und Weihnachtsbaum

Erinnerungen von Überlebenden

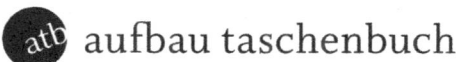

aufbau taschenbuch

Mit 27 Abbildungen

Dieses Buch erschien erstmals 1992
im Forum Verlag, Leipzig.
Die vorliegende Ausgabe ist eine überarbeitete Neuauflage.

MIX
Papier | Fördert
gute Waldnutzung
FSC® C083411

ISBN 978-3-7466-8143-6

Aufbau Taschenbuch ist eine Marke der Aufbau Verlage GmbH & Co. KG

3. Auflage 2025
© Aufbau Verlage GmbH & Co. KG, Berlin 2006; 2008
www.aufbau-verlage.de
10969 Berlin, Prinzenstraße 85
Der Verlag behält sich das Text- und Data-Mining nach § 44b UrhG vor,
was hiermit Dritten ohne Zustimmung des Verlages untersagt ist.
Bei Fragen zur Sicherheit unserer Produkte wenden Sie sich bitte an
produktsicherheit@aufbau-verlage.de.
Umschlaggestaltung Preuße & Hülpüsch Grafik Design unter Verwendung
von Fotos oben: Stadtgeschichtliches Museum, Leipzig, »Synagoge in der
Gottschedstraße«, unten: Menora, Buchmalerei, Spanien um 1300
Druck und Binden CPI books GmbH, Leck, Germany

Printed in Germany

Der Autor bedankt sich herzlich bei allen Leipzigerinnen und Leipzigern, die früher in dieser Stadt lebten oder heute noch hier zu Hause sind und die bereit waren, von ihren schweren Lebensjahren zu erzählen. Nur dadurch wurde dieses persönliche Zeitdokument möglich.

Inhalt

Der jüdische Mensch von heute ist der innerlich ausgesetzteste Mensch unserer Welt. Die Spannungen des Zeitalters haben sich diesen Punkt ersehen, um an ihm ihre Kraft zu messen. Sie wollen erfahren, ob der Mensch ihnen noch zu widerstehen vermag, und erproben sich am Juden.

Wird er standhalten? Wird er in Stücke gehen? Sie wollen durch sein Schicksal erfahren, was es um den Menschen ist. Sie machen Versuche mit dem Juden, sie versuchen ihn.

Besteht er's? ...

Martin Buber, September 1933

Wie dieses Buch entstand

Das Wort »Jude« hörte ich als Kind zum erstenmal durch ein Erlebnis meines Vaters. Von Lemberg kam er 1944 als Soldat der Wehrmacht zutiefst erschüttert nach Hause. Er war an einem Ghetto oder Lager vorbeigekommen. Hinter dem Zaun stand ein alter Mann und bettelte meinen Vater um Wasser oder Brot an. Im Angesicht der SS mußte mein Vater dem Alten diesen Wunsch versagen. Er sah dort vermutlich noch Schlimmeres, denn meine Mutter erzählte mir, daß er geweint und ihr gesagt habe: »Wenn sich das rächt, was da im Osten mit den Juden geschieht, dann wird es furchtbar für Deutschland.«

Leider lebte mein Vater nicht mehr, als ich in einem Alter war, wo mich die Einzelheiten interessierten.

Als ich von den Verbrechen erfuhr, fragte ich meine Mutter, was sie denn gedacht habe, als damals die ersten Juden weggebracht worden seien. Ja, man dachte, sie kämen an einen bestimmten Ort, eine Insel quasi, um zu leben und zu arbeiten. Es waren die Fragen eines Kindes, das nichts verstand, an meine Mutter, die es auch nicht verstand und hilflos mit den Fakten konfrontiert war.

Dann hörte ich das Wort »Jude« im Kindergottesdienst. Schließlich wurde Jesus sogar »der Juden König« genannt. Mich beschäftigte als kleiner Junge, warum er sich als Gottes

Sohn alles gefallen ließ und nicht kurz vor der Kreuzigung die Soldaten hinwegfegte …

Als Kind erfuhr ich von folgender Begebenheit, die einer Tante von mir widerfuhr: Die Schwester meiner Mutter wurde auf ihrer Hochzeitsreise 1937 an der Grenze am Bodensee als einzige zur Kontrolle aus dem Bus geholt. Sie hatte dunkles Haar und ein Gesicht, das jene »Rassenkenner« als typisch jüdisch einstuften. Sie war aber keine Jüdin und wird verständlicherweise an jenem Tag darüber froh gewesen sein …

Ich wurde 1944 geboren. Meine Mutter wollte mich auf dem Standesamt als Berndt mit dt eintragen lassen. Da sagte der Beamte: »Das geht nicht! Das ist jüdisch!«

Vermutlich war alles, was ihm nicht gefiel, seinerzeit einfach jüdisch.

Anfang der sechziger Jahre lernte ich als zweiten Beruf Buchhändler. Bei den Lehrgängen in Leipzig sagte ein Teilnehmer aus Dresden in einem Gespräch: »Das war schon schlimm, was der Hitler gemacht hat, aber die Verjudung mußte ja auch aufhören.«

Als Student hatte ich eine Freundin, deren Vater jüdischer Herkunft war und in Deutschland überlebte. D. erzählte, daß sie mitten auf der Tanzfläche stehengelassen wurde, weil sie auf eine gezielte Frage – wegen ihres Aussehens – ihre jüdische Herkunft zugab.

1967 war ich mit einem Freund in Polen. In einem Klub lernten wir eine westdeutsche Reisegruppe kennen. Sie fuhren am nächsten Tag nach Auschwitz. Der Leiter, ein sozialdemokratischer Lehrer, lud uns ein mitzukommen. Es war eine politisch bunt zusammengewürfelte Gruppe. Das zeigte sich ganz konkret auf der Hinfahrt. Im hinteren Teil des Busses gab es eine lautstarke Auseinandersetzung. Verlegen erklärte uns der Leiter: »Es gibt einige, die nichts zu dem Kranz geben wollen.«

Der Kranz mit einer Schleife, auf der Versöhnung stand, wurde am Mahnmal niedergelegt. Ein Pfarrer sprach einige Sätze. Wind kam auf und wedelte die Versöhnung weg. Der Pfarrer strich die Schleife wieder glatt. Dann wurde ein Foto für die Kreiszeitung geschossen. Ich erhielt ein Exemplar. Auf dem Bild war eine andächtige Gruppe am Gedenkstein zu sehen, ein Text berichtete über die erschütternde Begegnung mit Auschwitz …

Ich las Bücher, sah Filme über das unglaubliche Geschehen, und je mehr ich erfuhr, desto unfaßbarer wurde es. Irgendwann wollte ich wissen: Und wie war es hier in Leipzig? Was geschah in meiner Heimatstadt?

Gibt es noch Zeugen?

1985 sprach ich den damaligen Chef der »Leipziger Blätter« an, ob sie einen Beitrag zu diesem Thema bringen würden. Helmut Richter war sofort einverstanden, obwohl diese Frage in der DDR weitestgehend tabu war.

Ich begann mit Recherchen und stellte zu meinem großen Erstaunen fest, daß es nach 1945 in keiner Publikation einen Überblicksartikel zur regionalen jüdischen Geschichte in Deutschland gegeben hatte. Die letzte solide Veröffentlichung schrieb Walter Eck für die Zeitschrift »Leipzig« im Jahre 1927. In der Zeit des Nationalsozialismus erschien im berüchtigten Theodor Fritsch Verlag Leipzig ein entsprechend tendenziöses Buch von Johannes Hartenstein: »Die Juden in der Geschichte Leipzigs«.

Wegen meines geplanten Beitrages nahm ich Kontakt mit

der Israelitischen Religionsgemeinde zu Leipzig auf. Dort gab es Verwunderung, daß jemand über dieses Thema schreiben wollte. Ich wurde gefragt, wer mich beauftragt habe. Mit der Zeit glaubte man mir jedoch, daß die Recherchen im Selbstauftrag geschahen, und es entwickelte sich zum damaligen Vorsitzenden Eugen Gollomb ein Vertrauensverhältnis, das ich mit seinem Nachfolger Aron Adlerstein und Detlef Zellner vom Vorstand fortführen konnte.

Eugen Gollomb war weder Leipziger noch Deutscher von Geburt. Er wuchs in Łódź auf und kam als polnischer Soldat in deutsche Kriegsgefangenschaft. 1940 hieß es dann: »Juden vortreten!« Damit begann für Eugen Gollomb ein jahrelanger Leidensweg.

»Wie kann man das überhaupt überleben?« fragte ich ihn einmal.

»Wir wollten unbedingt die Niederlage der Feinde erleben! Auch der Glaube hat geholfen. Ohne Glauben sind viele in den Freitod gegangen. Natürlich gab es auch Zweifel ... Kann denn möglich sein, daß es einen Gott im Himmel gibt?«

1944 gelang ihm mit Kameraden etwas außerordentlich Seltenes: die Flucht aus einem Nebenlager vom KZ Auschwitz. Gollomb schlug sich zu den Partisanen durch und wurde bei der polnischen Volksarmee Offizier. Aus dem rassisch Verfolgten war ein antifaschistischer Kämpfer und schließlich Befreier geworden. Im ehemaligen Schlesien lernte er eine junge Frau kennen, und so passierte, woran er wohl nie dachte: Der polnische Jude heiratete eine Deutsche und wurde 1946 selbst Deutscher.

Gollomb nahm eines Tages aus der Schublade seines Schreibtisches eine Broschüre. Auf der Titelseite war der Leipziger Hauptbahnhof zu sehen. »Mein Leipzig« hieß das Buch und der Autor Simson Jakob Kreutner. Auf der Rückseite lief das Bahnhofsfoto um, und ich sah hebräische Schriftzeichen. In der Sprache seiner alten und neuen Heimat hatte ein ehemaliger Leipziger seine Erinnerungen aufgeschrieben, die vor allem ein Bild vom Leben der frommen Ostjuden in der Messestadt zeichneten. Dieses Bändchen, für das zu DDR-Zeiten keine Genehmigung vom Rat des Bezirkes zum Vertrieb erteilt wurde, erschien in Jerusalem.

1992 kam das Buch in erweiterter Form in Leipzig heraus. Über meinen ersten Kontakt mit Simson Jakob Kreutner bis zu seinem ersten Besuch Leipzigs nach über fünfzig Jahren und über die inzwischen gewachsene Freundschaft schrieb ich ausführlich im Vorwort zu »Mein Leipzig«.

Im September 1986 erschien im Heft 9 der »Leipziger Blätter« mein Beitrag »Juden in Leipzig«. Ich versuchte, einen groben Überblick ihrer Geschichte vom Mittelalter bis zur Gegenwart zu geben, schrieb über die bedeutenden Leistungen für die Messestadt Leipzig und über das Leid jüdischer Lebensläufe ...

Dabei war mir wichtig zu zeigen, daß es »die Juden« nicht gab, sondern arme und reiche Menschen und einen großen Mittelstand. Manche waren streng orthodox, andere liberal. Wieder andere wurden Protestanten oder Katholiken, Atheisten oder Marxisten. Und: Es gab riesige Unterschiede zwischen deutschen Juden und den Ostjuden aus Galizien, Rußland oder Polen. Auch Hochmut auf deutsch-jüdischer Seite kam vor und die völlige Verkennung der politischen Situation, daß sich die Repressalien Hitlers nicht gegen die deutschen Juden richten würden – von denen doch Tausende im Ersten Weltkrieg gekämpft hatten.

Die Resonanz auf diesen Beitrag war groß. Leipziger sprachen mich an, die interessiert dieses Stück Geschichte unserer Stadt zur Kenntnis nahmen. Ich hoffte, durch den Artikel auch mit zurückgezogen lebenden Leipziger Juden in Kontakt zu kommen. Ich wußte, daß außerhalb der Gemeinde, die zu diesem Zeitpunkt noch einundvierzig Mitglieder hatte, einige in der Stadt lebten, die aus unterschiedlichsten Motiven nicht dazugehörten. Dafür gab es nicht nur religiöse Gründe, sondern auch Angst, sich wieder zur Jüdischen Gemeinde zu bekennen.

Dann kam die erste Reaktion von »draußen«. Der ehemalige Leipziger Rolf Kralovitz rief mich aus Köln an. Er freute sich, daß dieses Thema endlich in Leipzig öffentlich gemacht wurde, und erzählte aus seinem Leben. Im Verlauf des Gesprächs sagte er, daß er vor einigen Jahren erblindet sei. Ein Spätschaden seiner erlittenen KZ-Haft sei nicht ausgeschlossen. Nach seiner Erblindung, so scheint es, hat sich sein Erinnerungsvermögen noch potenziert. Es ist unglaublich, welche genauen Beschreibungen er von Menschen, Häusern und Straßen liefern konnte. Irgendwann im Laufe des einstündigen Telefonats kam das Gespräch auf alte Leipziger Adreßbücher, die ich besitze. Er bat mich, eines zu holen und ihm vorzulesen, was bei »Kralovitz« stehe ...

Kralovitz, Martha, Frau, C 1, Fregestr. 22

Das war seine Mutter.
Nun sollte ich bei »Burgheim« nachschlagen.

Burgheim, Hedwig, Seminarleiterin i. R., C 1, Wettinerstr. 9 III

Das war seine Tante, die bis zur Machtergreifung der Nationalsozialisten das Fröbel-Seminar in Gießen leitete.

Seine Mutter, Schwester und Tante brachten die Nazis um. Auch sein Vater, der versuchte, der Familie die Ausreise nach Ungarn zu ermöglichen, wurde Opfer des nazistischen Rassenwahns.

Dann sollte ich im Adreßbuch unter »Fetermann« nachsehen.

Fetermann, Max, Hdlvertr., C 1, Färberstr. 16 H II

Das war der Vater seines besten Freundes. Diese Familie konnte Deutschland noch verlassen.

Die Eintragungen in den Adreßbüchern sind oft die einzige Erinnerung, der einzige Beleg dafür, daß diese Menschen in Leipzig lebten. Die Informationen aus den braunen Bänden (genannt wird immer der jeweilige Haushaltvorstand) werden deshalb immer wieder in diesem Buch auftauchen.

Mit Rolf Kralovitz blieb ich in Kontakt. Er lud mich ein, nach Köln zu kommen. Ich war natürlich an seinem reichen Fundus über das Leben der Leipziger Juden interessiert und reichte einen Antrag beim Ministerium für Kultur, Hauptverwaltung Verlage und Buchhandel, ein.

Von der Redaktion der »Leipziger Blätter« erfuhr ich inzwischen, daß eine Bestellung aus dem Politbüro vorlag. Ich wußte, wer sich dafür interessierte: Hermann Axen war Leipziger jüdischer Herkunft. Eugen Gollomb fragte mich seinerzeit scherzhaft: »Warum machen Sie nicht ein Interview mit Axen?«

In Berlin wurde mein Antrag geprüft, zu Studienzwecken den ehemaligen Buchenwald-Häftling Rolf Kralovitz in Köln zu besuchen.

Die Reise wurde genehmigt.

Ich schreibe dies in einer Extra-Zeile, weil es bekanntlich 1987 nichts Selbstverständliches war! Somit verdanke ich meine erste Reise in die Bundesrepublik Deutschland einem ehemaligen Leipziger!

Mit seinem Bericht beginnt dieses Buch, das von den Überlebenden erzählt, die durch die Hölle der Konzentrationslager gingen, denen die Flucht rechtzeitig gelang oder die als Teil einer sogenannten »privilegierten Mischehe« (mit einem nichtjüdischen Partner) den Wahnsinn überstanden. Auch von den Spuren der Opfer soll erzählt werden, auf die ich bei meinen Recherchen stieß – eine Collage jüdischen Lebens in Deutschland ... getreu der jüdischen Weisheit: Erinnerung bringt die Erlösung, Vergessen hält sie auf.

Der Junge aus der Fregestraße

Mit Rolf Kralovitz im Gespräch

»Wie komme ich vom Bahnhof aus zu Ihnen?« fragte ich am Telefon Rolf Kralovitz. »Ganz einfach«, antwortete er, »Sie nehmen sich ein Taxi und sagen unsere Straße. Wenn Sie angekommen sind, klingeln Sie bei uns. Dann kommt meine Frau und bezahlt das Taxi.«

Das waren für einen Bürger der DDR beruhigende Informationen bei seinen unsicheren Schritten auf dem Asphalt des Westens.

Der Empfang war herzlich. Das Ehepaar lebte in einer schönen Wohnung in einem gutbürgerlichen Haus der Jahrhundertwende. Bücher dominierten die Räume.

Es schien mir unvorstellbar, daß Rolf Kralovitz nicht sehen konnte. Seine Augen blickten so wach und fröhlich, daß ich immer den Eindruck hatte, er sähe mir genau ins Gesicht.

Seine Frau Brigitte war die Tochter des Schriftstellers Walter Meckauer und lernte mit ihren Eltern die Leiden des Exils kennen. Ihr Vater starb 1966 in München. Zum 50. Jahrestag der Bücherverbrennung im Jahre 1983 wurde eine Walter-Meckauer-Plakette gestiftet, die seitdem alljährlich an Personen oder Institutionen vergeben wird, die sich besonders für die Werke verfolgter und vergessener Autoren engagieren.

Schließlich begann unser Gespräch, und Rolf Kralovitz

erzählte, was er als Kind und Jugendlicher in Leipzig und im KZ Buchenwald erlebt hat …

Sie sind 1925 in Leipzig geboren. Waren Ihre Vorfahren auch schon Leipziger?

Mein Vater war Ungar, aber meine Mutter war Leipzigerin. Auch meine Großmutter wurde in Leipzig geboren. Sie hatte neun Geschwister und stammte aus der Familie Bucky. Die Grabsteine meiner Urgroßeltern stehen noch auf dem Jüdischen Friedhof an der Berliner Straße. Mein Großvater Martin Burgheim kam aus Breslau nach Leipzig und heiratete hier Lina Bucky. Sie hatten drei Töchter: Dorothea, Hedwig und Martha, meine Mutter. Dorothea studierte am Leipziger Konservatorium unter Arthur Nikisch und wurde Pianistin. Sie ging rechtzeitig nach New York. Hedwig war eine der ersten Studentinnen an der Hochschule für Frauen in Leipzig, die von Henriette Goldschmidt begründet wurde. 1918 ging Hedwig nach Gießen, wo sie bis 1933 das Fröbel-Seminar leitete. Nachdem sie ihres Amtes enthoben war, gründete sie in Leipzig eine jüdische Haushalts- und Kindergärtnerinnenschule, die die Nationalsozialisten in der November-Pogromnacht 1938 zerstörten. Hedwig Burgheim wurde 1943 im Konzentrationslager Auschwitz ermordet. Ihr zu Ehren verleiht die Universitätsstadt Gießen alljährlich die Hedwig-Burgheim-Medaille an eine Person, die sich in besonderer Weise um die Verständigung zwischen den Menschen in ihrem Sinne verdient gemacht hat.

Meine Mutter Martha lernte im Seidengeschäft ihres Onkels Theodor Bucky am Thomaskirchhof. Dessen Sohn war übrigens der weltbekannte Röntgenologe Professor Gustav

Bucky, der Erfinder einer Blende für Röntgengeräte, die nach ihm benannt wurde. Er war mit Albert Einstein eng befreundet.

Sie wohnten im Leipziger Waldstraßen-Viertel. Dort lebten besonders viele jüdische Familien. Wie kam man mit den anderen Leipzigern aus?
Bis die Nazis kamen, durchaus gut. Meine Großeltern zogen genau 1900 mit ihren drei Töchtern in die Fregestraße 22. Später wohnten auch wir, das heißt meine Eltern, meine Schwester und ich, in dieser Wohnung im ersten Stock links. Zu der Nachbarfamilie auf derselben Etage hatten wir ein recht gutes Verhältnis. Auch mit allen übrigen Hausbewohnern. Die Schreibers im dritten Stock waren hochanständige Leute. Sie waren evangelisch. Wir haben uns gut verstanden, und als die Repressalien begannen, haben sie uns wissen lassen, daß sie das in keiner Weise billigten.

Haben Sie als Kind schon die Erfahrung gemacht, daß Sie wegen Ihrer Abstammung als etwas Besonderes angesehen wurden?
Mit zwei Jungen aus unserem Haus, Klaus und Martin, die in meinem Alter waren, spielte ich oft auf dem Hof. Einmal hatte einer mich nicht verstanden und fragte: »Was hast du gesagt?« Daraufhin meinte ich: »Wieso verstehst du mich nicht? Ich hab' doch einen deutschen Mund!« Und ich bekam zur Antwort: »Du hast keinen deutschen Mund, du bist ein Jude.« Dann haben sie mich verhauen. Da merkte ich zum erstenmal, daß sie mich nicht voll als einen der Ihren akzeptierten, obwohl ich genauso sächsisch sprach wie sie.

Sie waren Schüler in der Israelitischen Schule in der Gustav-Adolf-Straße?

Ja, aber die ersten Jahre ging ich in die normale 40. Volksschule. Vom Religionsunterricht war ich dort natürlich befreit. Dafür hatten wir jüdischen Religionsunterricht bei einem Kantor der Synagoge Gottschedstraße.

Wie war das Weihnachten, stand da ein Tannenbaum bei der Familie Burgheim-Kralovitz im Wohnzimmer?

Selbstverständlich. Wir waren eine liberale Familie. Wir hatten einen Weihnachtsbaum mit Kerzen, Lametta und Schokoladenkringeln. Meine Großmutter, mit der wir ja zusammen wohnten – mein Großvater war schon 1923 gestorben –, kaufte, wie es damals noch üblich war, jedes Jahr im November alle Zutaten für die Weihnachtsstollen. Dann kam der Bäcker mit seinem Trog und knetete den Teig für eine größere Anzahl von Stollen unterschiedlichen Gewichts. Für meine Schwester Annemie und mich wurde je eine kleine Extrastolle geformt. Anschließend ging der Bäcker mit dem vollen Blech auf dem Kopf zur Backstube und brachte ein paar Stunden später das duftende Gebäck zurück. Ich erinnere mich, als ich noch klein war, kam einmal ein richtiger Weihnachtsmann zu uns. Ich hatte vor ihm eine wahnsinnige Angst und hab mich an die Wand gedrückt. Es gab viele jüdische Familien, die Weihnachten nicht feierten, sondern statt dessen das Chanukka-Fest*. Es fällt zeitlich in die Nähe von Weihnachten. In meiner Klasse in der jüdischen Schule fragte

---

* Achttägiges Lichterfest im Monat Dezember zur Erinnerung an die Wiedereinweihung des Tempels 164 v. Chr. nach dem Sieg des makkabäischen Aufstandes.

mich mal ein Junge: »Was hast du zu Chanukka bekommen?«
Ich sagte: »Gar nischt!« Da meinte er: »Das kann nicht sein,
jeder kriegt was zu Chanukka.« – »Ich nicht!« – »Kriegst du
nie was geschenkt?« – »Doch«, sagte ich, »zu Weihnachten!«
Da war er sehr erstaunt.

Aber Sie hatten Ihre Bar Mizwa?
Ja natürlich, in der großen Synagoge in der Gottschedstraße.
Ich bin einer der letzten, der dort Bar Mizwa* wurde. Am
13. August 1938 wurde ich vom Gemeinderabbiner Dr. Gustav
Cohn zusammmen mit zwei anderen Jungs, Hacker und Trieb-
wasser, eingesegnet.

*Können Sie sich erinnern, wann Ihre Familie nach der Macht-
übernahme durch die Nazis zum erstenmal diffamiert wurde?*
Ja, dazu fällt mir eine Geschichte ein. Das muß ungefähr
1935 passiert sein. Wir bekamen morgens vom Bäcker Bienert
aus der Waldstraße immer die Brötchen gebracht. Abends
hängten wir einen Stoffbeutel außen an die Wohnungstür,
und morgens tauschte den ein Bäckerjunge gegen einen ge-
füllten aus. Eines Morgens fehlten die Brötchen. Meine Mutter ging mit mir in die Bäckerei und sagte: »Wir haben heute
gar keine Brötchen bekommen.« Da meinten die Bienerts, es
täte ihnen furchtbar leid und sie wüßten gar nicht, wie sie uns
das sagen sollten. Es stellte sich heraus, daß unsere Nach-
barin, mit der wir vorher doch immer ein recht gutes Verhältnis hatten, am Morgen den Bäckerjungen abgefangen und
ihm gesagt hatte: »Juden brauchen keine Brötchen!« Die Frau

---

* »Sohn des Gebots«, Bezeichnung des Sohnes, der das 13. Lebens-
jahr vollendet hat und damit religionsmündig ist.

Bienert weinte fast, als sie uns das erzählte. Sie packte mir eine ganze Tüte Schnecken mit Zuckerguß ein und wollte damit etwas gutmachen, wofür sie gar nichts konnte.

1938 spitzte sich die Situation für die Juden in Deutschland dramatisch zu. Es begann mit der sogenannten Polenaktion am 27./28. Oktober. Sind Ihnen von diesen Tagen Bilder erinnerlich?

In Leipzig wurden ein paar tausend Juden polnischer Nationalität verhaftet und an die Grenze gebracht, egal, ob sie durch Heirat Polen geworden waren und das Land noch nie gesehen hatten, ob sie seit Jahrzehnten in Deutschland lebten, hier in der zweiten Generation geboren waren oder ob sie erst vor wenigen Jahren einwanderten. Die Menschen konnten nur leichtes Gepäck mitnehmen und wurden auf dem Hauptbahnhof in einem dafür reservierten Wartesaal gesammelt und von Polizisten bewacht. Sonderzüge brachten sie – auch aus den anderen Städten des Reichsgebietes – an die polnische Grenze. Viele mußten tagelang im Niemandsland warten, bis sie nach Polen eingelassen wurden. Wer sich in Leipzig vor der Verhaftung hatte retten können, flüchtete ins polnische Generalkonsulat in der Wächterstraße. Im Konsulatsgebäude und im dazugehörigen Garten hielten sich Hunderte von Menschen auf. Es regnete furchtbar, und man errichtete im Garten ein großes Zelt. Ich war von Anfang bis Ende der Aktion mit dabei, um zu helfen und die Leute mit Lebensmitteln und anderen Dingen zu versorgen.

Frau Koch, die diese Hilfsaktion mit leitete, brachte uns – das heißt ein paar Jungen aus meiner Klasse – in eine Villa, um von dort Decken und Liegestühle abzuholen. In der

Nordstraße gab es die jüdische Bäckerei Schmeidler, die Tag und Nacht Brote buk. Wir haben die Brote auf den Bahnhof geschafft, in die Züge hineingereicht und auch welche in die Wächterstraße gebracht. Das Konsulat war exterritoriales Gebiet, und so griff die Polizei nicht ein. Nach etwa drei Tagen verkündete der Generalkonsul: »Sie können jetzt alle nach Hause gehen. Es passiert Ihnen nichts mehr.« Da sagte jemand: »Ach, ist das schön. Nun haben wir alles überstanden.« Und ein anderer antwortete pessimistisch: »Was heißt denn überstanden?! Wir sind jetzt staatenlos!«

Das passierte also knapp zwei Wochen vor dem November-pogrom?

Ja. Es gab schon so manche Anzeichen für die kommende »spontane Volkswut«, zum Beispiel auch die Verordnung, daß auf die Schaufensterscheiben »Jüdisches Geschäft« mit weißer Farbe geschrieben werden mußte, eine deutlich vorbereitende Kennzeichnung. Ich bin als Dreizehnjähriger mit dem Fahrrad durch die Hainstraße gefahren und habe das dort zum erstenmal an einem Schuhgeschäft gesehen. Das hat mich sehr geärgert. Ich bin abgestiegen und habe aus meiner Fahrradbremse den Gummi herausgenommen. Damit versuchte ich, diese diskriminierenden Worte abzukratzen. Sehr bald aber kam aus dem Laden ein aufgeregter Herr, der zu mir sagte: »Hör sofort damit auf! Das muß da stehenbleiben!«

Der Novemberpogrom leitete eine neue Etappe der Rechtlosig-keit für die jüdischen Bürger ein. In der Sprache der Täter hieß er verharmlosend und zynisch »Reichskristallnacht«. Wie erleb-ten Sie den 9. und 10. November 1938?

Ich war Mitglied im jüdischen Sportverein Schild. Im Winter hatten wir an jedem Mittwochabend Training in der Turnhalle der Carlebach-Schule. Daniel Katzmann, mein Klassenlehrer, war auch Trainer des Sportvereins. Als wir am 9. November ankamen, empfing uns Herr Katzmann mit ernster Miene und sagte nervös: »Geht bitte sofort wieder nach Hause. Irgend etwas – ich weiß nicht genau, was – ist gegen die Juden geplant. Das Restaurant Zehner und noch andere jüdische Lokale haben vorsorglich bereits geschlossen.« Ich ging aber nicht nach Hause, sondern zu einer Massenveranstaltung auf dem Markt. Dort waren von den Nazis mehrere Särge mit ihren »alten Kämpfern«, die sie aus den Gräbern von verschiedenen Friedhöfen zusammengeholt hatten, aufgebaut worden, um sie an diesem 9. November bei Fackelschein zu feiern und anschließend auf dem Ehrenhain des Südfriedhofs gemeinsam beizusetzen. Am Morgen des 10. November bin ich wie immer mit dem Fahrrad zur Schule gefahren. Weil die Israelitische Schule in der Gustav-Adolf-Straße nicht mehr ausreichte, die vielen jüdischen Schüler aufzunehmen, die nicht mehr auf andere Schulen gehen durften, waren wir seit einiger Zeit in mehreren Klassenzimmern der katholischen Schule in der Alexanderstraße untergebracht. Ich trug mein Fahrrad in den Keller und sah, daß dort kaum Räder standen. Irgend jemand sagte mir: »Heute ist keine Schule. Die Synagogen brennen. Bei Bamberger & Hertz brennt es, und alle jüdischen Geschäfte haben sie zertrümmert.« Da bin ich mit meinem Fahrrad losgefahren und habe mir alles angesehen. Als ich vor der brennenden Gemeindesynagoge in der Gottschedstraße stand, bekam ich eine fürchterliche Wut. Ich begriff nicht, was das alles sollte.

Dann bin ich weiter durch die Stadt, sah die Scherben auf den Straßen und fuhr zur Carlebach-Schule. Beim Haupteingang waren sie nicht reingekommen, weil das Schutzgitter heruntergelassen war. Die rechts daneben befindliche Toreinfahrt aber hatten sie mit Äxten aufgeschlagen. Ich bin um die Ecke in die Färberstraße. Dort befand sich in einem Haus die Ahawas-Thora-Synagoge mit der Talmud-Thora-Schule, in der die orthodoxen Kinder noch zusätzlich zur normalen Schule Unterricht hatten. Als ich ankam, warfen SA-Leute gerade die Thorarollen aus dem Fenster im ersten Stock. Die Thora, das Heiligste! –

Ich war entsetzt. Ein Mann in Räuberzivil und SA-Stiefeln kam auf mich zu und sagte leise: »Hau ab hier!« Ich dachte, er wolle mich wegjagen, aber vielleicht wollte er sogar, daß mir nichts passiert. Ich bin dann zu meinem Freund Heinz Fetermann in die Färberstraße 16 gefahren. Die wohnten im Hinterhaus. Ich habe geklingelt, aber niemand öffnete. Ich klingelte noch einmal, da kam jemand von oben heruntergehuscht, es war die Schwester von Heinz. »Komm rauf, wir sind auf dem Dachboden!« Dort saß nicht nur die Familie Fetermann, sondern noch etwa zehn andere verängstigte Menschen. Sie hatten sich hier versteckt, weil sie wußten, daß auch die jüdischen Wohnungen demoliert wurden. Ich erzählte ihnen alles, was ich in der Stadt gesehen hatte. Nun bekam ich auch ein Gefühl der Angst. Bisher war es nur Wut gewesen. Am frühen Nachmittag fuhr ich endlich nach Hause. Meine Mutter war schon in heller Aufregung: »Gott sei Dank, daß du da bist!« Und an meinen ersten Satz erinnere ich mich noch ganz genau: »Ich bleibe nicht in Deutschland! Wir müssen auswandern!«

Aber das ging ja nicht so einfach ...

Nein, leider nicht. Mein Vater war in Budapest und versuchte, uns nachkommen zu lassen. Das klappte aber nicht. Meine Mutter hatte durch ihre Heirat die ungarische Staatsangehörigkeit bekommen. Auch meine Schwester und ich waren – obwohl wir in Leipzig geboren wurden und nie in unserem Leben in Ungarn waren – ungarische Staatsangehörige. Nach den ungarischen Gesetzen verloren wir sie zwar später wieder, da wir nie dort gelebt hatten, trotzdem verhalf uns diese nicht ganz geklärte Staatsangehörigkeit zu einer gewissen Hilfe durch das ungarische Konsulat in Leipzig. Eine Ungarin namens Gitta Heinig, die dort arbeitete, riet uns im November 1938, sofort eine ungarische Fahne an unserer Wohnungstür anzubringen. Meine Mutter nähte am gleichen Tag eine kleine rotweißgrüne Flagge und hängte sie hinter die Milchglasscheibe unserer Tür. Möglicherweise hat uns das geholfen, als die SA in unserem Viertel jüdische Wohnungen demolierte. Noch am selben Tag kamen einige Männer in unsere Wohnung, um sich hier zu verstecken. Es war nämlich eine Verhaftungswelle angelaufen. Die Gestapo nahm viele männliche Juden ab sechzehn Jahren fest und brachte sie in die Konzentrationslager.

Wurde aus Ihrem Bekanntenkreis auch jemand verhaftet?

Ja, zum Beispiel der Schauspieler Harry Walden, ein guter Freund unserer Familie. Als er in Buchenwald war, kam seine Frau verzweifelt zu uns und wußte keinen Rat, wie sie ihren Mann dort wieder rauskriegen könnte. Damals gab es noch die Möglichkeit, jüdische Häftlinge freizubekommen, etwa dann, wenn einer im Ersten Weltkrieg als

Soldat Auszeichnungen erhalten hatte oder wenn man eine Einwanderungsgenehmigung in ein anderes Land vorweisen konnte. Eines Tages kam sie freudig erregt und sagte: »Ich habe für ihn eine Schiffskarte bekommen. Nach Schanghai, wo man ohne Visum einwandern kann.« Er wurde tatsächlich entlassen. Ich sehe ihn noch in unserem Wohnzimmer auf der Ofenbank sitzen, kahlgeschoren und seltsam wortkarg. Plötzlich fragte er meine Mutter: »Was ist'n das für ein Zimmer? Hier war ich noch nie.« Und da sagte meine Mutter ganz erstaunt: »Noch nie? So oft warst du schon hier!«

Wurden eigentlich zwischen 1933 und 1938 auch schon viele Juden verhaftet?

Bereits ab 1933 wurden natürlich Juden verhaftet, vor allem, wenn sie sich innerhalb der KPD, SPD oder auch in anderen Parteien bis hin zum Zentrum betätigt hatten und den Nazis darum nicht paßten. Ab 1935 begannen dann die Verhaftungen wegen sogenannter »Rassenschande«, und im Frühsommer 1938 wurde im gesamten Deutschen Reich in der sogenannten »Asozialenaktion« eine große Anzahl von Juden verhaftet und in die Konzentrationslager gebracht. Während des Novemberpogroms 1938 fanden dann die Massenverhaftungen jüdischer Männer statt, die nach Buchenwald, Sachsenhausen und Dachau eingeliefert wurden. Zum Glück sind aus dieser Aktion die meisten nach einigen Wochen oder Monaten wieder entlassen worden. Viele konnten danach noch auswandern. Direkt am Pogromtag sind auch Menschen von der SA ermordet worden, so etwa Dr. Felix Cohn, ein Hals-Nasen-Ohren-Arzt in der Frankfurter Straße, den man während der Zertrümmerung seiner Praxis erschlagen hat. Auf dem Jüdischen Friedhof an der Berliner Straße befindet sich sein Grab. Auf dem Stein steht der Todestag: 10. November 1938.

Bei Kriegsbeginn am 1. September 1939 mußten sich alle männlichen Juden, vom Jugendlichen bis zum Greis, die entweder polnische Pässe oder früher einmal die polnische Staatsangehörigkeit besessen hatten und mit der »Polenaktion« im Oktober 1938 nicht weggekommen waren, bei der Ausländerpolizei melden. Sie wurden sofort verhaftet, in die Riebeckstraße gebracht und nach einiger Zeit in die Konzentrationslager Buchenwald und Sachsenhausen eingeliefert. Diese Menschen starben dort massenweise. Fast täglich kamen Telegramme des Lagerkommandanten an die Familie mit der Mitteilung, daß der Häftling Soundso an Herzschlag verstorben sei und daß man die Urne gegen Gebühr anfordern könne. Im hinteren Teil des Jüdischen Friedhofs Berliner Straße befindet sich ein Urnengräberfeld aus dieser Zeit. Für einen jüdischen Friedhof etwas Ungewöhnliches, denn der Ritus verbietet die Verbrennung. Übrigens haben damals die Beerdigungen der in Leipzig verstorbenen Juden meist nicht mehr auf dem Neuen Friedhof, sondern wieder auf dem Alten Friedhof Berliner Straße stattgefunden. Sie wurden oft aus den Fenstern der in unmittelbarer Nachbarschaft befindlichen Häuser durch laute antisemitische Zurufe gestört. Als die empörten Trauergäste den damaligen Leiter der Jüdischen Gemeinde, Dr. Fritz Grunsfeld, baten, doch irgend etwas dagegen zu unternehmen, meinte der resigniert: »Da kann man leider gar nichts machen.«

Wie verhielten sich die Leipziger Juden nach dem November-pogrom?

Zunächst einmal wie gelähmt. Alles war demoliert, die Männer waren in den Konzentrationslagern, und keiner wußte, wie es weitergehen sollte. Man war sich jetzt klar darüber, daß ein normales Leben für Juden in Deutschland nicht mehr möglich sein würde. Deshalb versuchte nun eigentlich jeder, eine Auswanderungsmöglichkeit zu finden. Vielen gelang es, noch herauszukommen, aber vielen eben leider auch nicht. Bis zum Kriegsbeginn waren es ja nur noch zehn Monate, und nach dem September 1939 wurden die Chancen für ein Verlassen des Landes immer geringer. Meine Tante Hedwig Burgheim versuchte es über das amerikanische Generalkonsulat in Berlin, aber durch die Quotenregelung – nur eine bestimmte Anzahl deutscher Juden wurde pro Jahr in die USA gelassen – hatte sie keine Chance. Meine Mutter versuchte, mich mit einem Kindertransport nach England zu bringen oder nach Dänemark. Sie schrieb auch an meine Großmutter väterlicherseits, die in Konstantinopel lebte, und wir beantragten 1939 noch die Auswanderung nach Amerika – es klappte nichts, wir kamen nicht aus Deutschland heraus. Ich besitze einen Brief, den meine Mutter um diese Zeit an ihre Schwester Dorchen nach New York schrieb. Darin heißt es unter anderem: »Ich hatte jetzt mein Leben sehr oft satt, aber – man darf sich nicht unterkriegen lassen, man hat ja Pflichten an seinen Kindern. Am 15. Juni ist Rolly dreizehn Jahre alt geworden! Wo ist die Zeit hin? Über seine Zukunft mache ich mir sehr viel Sorgen. Nach Palästina will er nicht, aber nach Amerika. Wäre es Dir nicht möglich, dort eine Familie zu finden, die den Jungen aufnehmen und erziehen würde? Ich darf natürlich gar nicht an eine Trennung denken, aber was hilft's, es geht doch heute allen Eltern so, alle müssen die Kinder ins Ausland geben!«

Wie war der Alltag nach dem November 1938?

Wir hatten einige Wochen keine Schule. Mein Lehrer Daniel Katzmann war, wie die meisten anderen Lehrer, im KZ. Er wurde etwa im Januar 1939 aus Buchenwald entlassen, weil er als Soldat im Ersten Weltkrieg das Eiserne Kreuz erhalten hatte. Nach dem Pogrom gab es für Juden keine Möglichkeiten der beruflichen Existenz mehr. Immer neue Verordnungen wurden verkündet. Alle jüdischen Geschäfte mußten geschlossen bleiben und wurden, wie es damals hieß, »arisiert«. Verboten war von nun an, in Theater, Kinos und Konzerte zu gehen. Auch die Führerscheine mußten abgegeben werden.

Konnten sich die gläubigen Juden von Leipzig nach dem Pogrom noch an einem Ort zum gemeinsamen Beten versammeln?

Die zwei großen Synagogen in der Gottschedstraße und in der Otto-Schill-Straße hatte die SA ja niedergebrannt. Die kleineren Synagogen und Betstuben – davon gab es in Leipzig eine ganze Anzahl – waren zertrümmert worden. Die Synagoge in der Keilstraße, die sich zwischen zwei Wohnhäusern befand, hatten die Nazis nicht angezündet, sondern »nur« im Innern völlig demoliert. Die Gestapo befahl der Jüdischen Gemeinde, diese Synagoge schnellstens wieder instand zu setzen, damit sie spätestens zur Frühjahrsmesse wegen der vielen ausländischen Messebesucher wieder vorgezeigt werden konnte. Da wir keine Schule hatten, meldete ich mich, um den jüdischen Handwerkern bei der Renovierung zu helfen. Die Eröffnung der Synagoge nahm dann Samuel Lampel vor, denn der Gemeinderabbiner Dr. Gustav Cohn war inzwischen nach Holland emigriert. Lampel war jahrzehntelang Oberkantor in der Gemeindesynagoge Gottschedstraße gewesen. Ich sehe ihn noch deutlich vor mir, wie er die Thora liebevoll im Arm hielt und mit seiner schönen Baßbariton-Stimme das »Schemah Israel«* sang. Bis sie nach Beginn der Deportationen im Januar 1942 geschlossen wurde, fanden in der Synagoge Keilstraße nun wieder Gottesdienste statt.

Kannten Sie auch Max Jaffé?

Natürlich. Auch Jaffé war Kantor in der Synagoge Gottschedstraße, ein hervorragender Mann. In der jüdischen Schule war er übrigens mein Lehrer für biblische Geschichte, und Samuel Lampel war mein Musiklehrer. Max Jaffé saß aus irgendwelchen Gründen schon einmal vor 1938 im KZ, wurde aber wieder entlassen. Eines Tages hat er während des Unterrichts in unserer Klasse das Jackett ausgezogen und uns an den Armen die Spuren seiner Verletzungen aus der KZ-Haft gezeigt. Dazu gehörte viel Mut, denn entlassene Häftlinge hatten unterschreiben müssen, draußen nichts zu erzählen. Rabbiner Cohn fiel später in Holland in die Hände der Nazis und wurde – wie die Kantoren Jaffé und Lampel – im Konzentrationslager ermordet.

Wenn man eine offizielle Ausreisegenehmigung aus Deutschland hatte, was durfte man da mitnehmen?

Die Bestimmungen dafür wurden von Jahr zu Jahr schärfer. Bei der Transferierung von Geldmitteln wurden allmählich

* »Höre Israel«, jüdisches Hauptgebet.

immer größere Beträge als sogenannte Reichsfluchtsteuer einbehalten, bis dann kurz vor Beginn des Krieges im Jahre 1939 offiziell nur noch zehn Reichsmark mitgenommen werden durften. Wer noch genügend Geld hatte – und das waren wegen der zunehmenden Existenzschwierigkeiten nicht mehr viele –, konnte seinen Hausrat bis hin zur kompletten Wohnungseinrichtung von einer Spedition in einen sogenannten Lift packen lassen und nach Übersee verschicken. Ein Zollbeamter kam dann zur Kontrolle in die Wohnung und versiegelte das Ganze. Ich erinnere mich noch daran, daß vor so manchen Häusern in meinem Wohnviertel diese Riesenkisten – heute würde man Container sagen – standen, mit der Aufschrift Hamburg–New York oder Buenos Aires oder auch Haifa. Die meisten Auswanderer aber konnten sich solche kostspieligen Dinge nicht leisten, sondern fuhren nur mit ein paar Koffern in die Fremde.

Was empfand ein Junge wie Sie, wenn er im Sommer ins Schwimmbad gehen wollte und dann am Eingang ein Schild mit der Aufschrift »Für Juden verboten« sah?

Das war ab 1935, als die »Nürnberger Gesetze« herauskamen. Da sollten sich wohl Juden und sogenannte »Arier« nicht gegenseitig im Badeanzug sehen. An fast allen Bädern war dieses Schild. Aber am Germania-Bad stand nur »Juden unerwünscht«. Wir haben uns damals eingeredet, daß mit dem Wort »unerwünscht« kein direktes Verbot gemeint war. Und so ging ich mit ein paar anderen gelegentlich dort schwimmen, obwohl diese Deutung uns nicht vor einer Verhaftung gerettet hätte. Das war für uns Jungens sogar immer ein kleines Abenteuer.

Sind Sie gern ins Kino gegangen, und erinnern Sie sich, was Sie damals für Filme gesehen haben?

Ich bin sehr gern ins Kino gegangen. Natürlich auch noch, als es für uns schon verboten war. Ich erinnere mich zum Beispiel an den Film »Ohm Krüger« mit Emil Jannings, den ich sah, als der Krieg schon längst ausgebrochen war. Ein sehr gut gemachter Film, der mich als Junge begeisterte. Ich habe damals überhaupt nicht begriffen, daß dieser Film über den Burenkrieg ein Hetzfilm gegen England war. Es gab natürlich auch harmlose Unterhaltungsfilme mit all den berühmten damaligen Ufa-Stars, die mir gut gefielen. Als bereits die Deportationen aus Leipzig begonnen hatten, ging ich aus Neugier in einen Film, den ich mit größtem Entsetzen bis zum Ende ansah. Er hieß »Der ewige Jude« und war ein abscheuliches antisemitisches Machwerk.

Wann mußten Sie aus Ihrer Wohnung ausziehen?

Unsere Familie hatte genau vierzig Jahre in der Fregestraße 22 gewohnt. Die Eigentümerin des Hauses wurde von der Gestapo gezwungen, uns im Jahre 1940 kurzfristig zu kündigen. Meine Mutter, meine Schwester und ich – meine Großmutter war im Februar 1938 gestorben – mußten zwangsweise in ein sogenanntes »Judenhaus« ziehen. Wir bekamen ein Zimmer in der Frankfurter Straße 6 zugewiesen und konnten nur die nötigsten Möbel mitnehmen. Unsere andere gesamte Wohnungseinrichtung durften wir aber noch an private Interessenten verkaufen. Mit der Zeit mußten wir immer wieder in andere »Judenhäuser« umziehen, und der uns zugewiesene Raum wurde allmählich immer enger.

Die »Judenhäuser« waren also eine Ghettoisierung. Wie haben Sie sich als Jugendlicher damit abgefunden?

Wir lebten alle eng beieinander. Wir hatten wenig zu essen, weil unsere Lebensmittelkarten mit einem »J« versehen und die Rationen für Juden stark gekürzt waren. Raucherkarten gab es zum Beispiel überhaupt nicht und auch keine Kleiderkarten. Fleischmarken nur sehr knapp. Manche Bewohner der »Judenhäuser« wollten sich zusätzlich etwas zu essen und zu rauchen besorgen. Viele hatten aber Angst, sich außerhalb der »Judenhäuser« zu bewegen, und gaben mir Geld, sofern sie es noch hatten, um für sie etwas aufzutreiben. Ich hatte herausgefunden, daß sich in einer kleinen Gasse in der Nähe der katholischen Kirche, in der Moritzstraße, zwei Häuser mit den Namen »Grauer Mops« und »Blauer Affe« befanden, in denen zu guten Zeiten zwei elegante Bordelle gewesen waren. Jetzt im Krieg stand an den Eingangstüren »Für Deutsche verboten«. Sie sehen, es wurde auch den Deutschen mal was verboten. Es durften nur noch ausländische »Fremdarbeiter«, wie man sie damals nannte, hinein. Die Mädchen dort waren Französinnen und Polinnen. Unten, im großen Salon mit vielen Spiegeln, blühte der schwarze Markt. Hier kaufte ich Wurstwaren, französische Schokolade und italienische Zigaretten. Es kommt mir heute wie ein Wunder vor, daß ich in diesem doch sicherlich von der Polizei stark beobachteten Milieu nie kontrolliert oder gar verhaftet wurde. In meiner ahnungslosen jugendlichen Leichtsinnigkeit habe ich so manches gemacht, was mich heute erst richtig erschreckt.

Gab es für die Bewohner der »Judenhäuser« eine Sperrstunde?

Ja. Um acht Uhr abends mußten wir zu Hause sein. Die

Gestapo kam hin und wieder am Abend in die Häuser und kontrollierte, ob alle anwesend waren. Wer nicht da war, wurde für den nächsten Tag vorgeladen und verhaftet. Trotzdem habe ich es gewagt, gelegentlich in die Oper zu gehen. Meine Mutter freute sich zwar, daß ich mich für die Oper interessierte, war aber gleichzeitig jedesmal sehr in Sorge, wenn ich nach der Vorstellung erst spät nach Hause kam.

Ab wann wurden Sie zur Zwangsarbeit verpflichtet?

Nach Kriegsbeginn 1939. Zuerst bei der Stadtreinigung. Im Winter dann zum Schneeschippen in der Leipziger Innenstadt. Danach bei einer Gartenbaufirma zu Erdplanierungsarbeiten. Und später wurde ich Totengräber auf dem Städtischen Friedhof. Auf dem Arbeitsamt gab es eine Extra-Abteilung, in der ein Herr Ulbricht alle Juden zur Zwangsarbeit einteilte. Vorschrift war, daß Juden nur in geschlossenen Gruppen zu arbeiten hatten, ob bei der Müllabfuhr, beim Straßenbau, in der Färberei Luckner in Wahren oder in der gesamten Pelzbranche, wie etwa in den Rauchwaren-Zurichtereien.

Bis wann waren Sie auf dem Friedhof?

Bis zum Herbst 1941. Erst auf dem Südfriedhof und später auf dem Ostfriedhof als Totengräber. Die schwere körperliche Arbeit habe ich nicht sehr gut vertragen und natürlich auch nicht besonders geliebt. Damals gab es noch Beerdigungen verschiedener Klassen. Bei der ersten Klasse wurden in der Aufbahrungshalle des Ostfriedhofs soviel Palmen wie nur möglich um den Sarg herumgestellt. Da die Kübel sehr schwer waren, kam der Leichenhallenwärter – er hieß Holzweißig – öfter zu meinem Vorarbeiter, um mich bei ihm als Dekorationshilfe auszuleihen. Holzweißig war ein kleines Männchen, dessen etwas zu große Friedhofsbeamtenmütze auf seinen abstehenden Ohren saß. Er schlurfte neben mir in Richtung Leichenhalle und sagte in schönstem Sächsisch: »Deinen Vorarbeider habb'ch awer vorrgaggeierd! Heute hammer wenich Arbeet. Heute sin nur arme Leite gestorbn von der dritten Klasse, un da brauch mer gar nich so viel Balmen.« Dann nahm er mich mit in seine Kammer in der Leichenhalle, wo wir stundenlang Karten spielten. Hinter dem Friedhofsgebäude hielt sich Holzweißig Kaninchen, und wenn er die füttern ging, übergab er mir die »Aufsicht« über die Leichenhalle.

Seit September 1941 gab es die Verordnung über das Tragen des gelben Judensterns. Wie haben die Leipziger darauf reagiert?

Unterschiedlich. Manche sahen weg, manche starrten einen an, und viele gingen teilnahmslos vorbei. Für uns selbst war es die erste Zeit doch sehr unangenehm, und man drückte sich an den Häuserwänden entlang. Aber dann gewöhnte man sich auch an den Stern auf der linken Brustseite. Besonders in der jüdischen Gegend, also zum Beispiel in der Humboldt-, Nord-, Löhr- und Keilstraße. Es war nicht verboten, sich auch außerhalb dieser Straßen zu bewegen, aber die meisten haben es möglichst nicht gemacht, außer um zur Arbeit zu gehen. Vor den Deportationen waren ja noch einige tausend Juden in Leipzig, die alle in den »Judenhäusern« dieser Straßen wohnen mußten. Man konnte den Stern mit einer Aktentasche oder etwas Ähnlichem natürlich verdecken, ihn sogar abmachen, obwohl er eigentlich vorschriftsmäßig angenäht sein mußte. Aber es gab Tricks, wie man ihn schnell mal verschwinden lassen konnte. Das Risiko war allerdings sehr groß. Denn wurde man ohne Stern erwischt, so war unweigerlich die sofortige Verhaftung durch die Gestapo fällig. Ich erinnere mich an die Geschichte einer Frau, die ihren Stern abgemacht und in die Tasche gesteckt hatte, um in einem Geschäft außerhalb der jüdischen Gegend etwas kaufen zu können. Als ein Polizist in den Laden hereinkam, geriet sie in Panik. Da sie wohl fürchtete, daß man den Stern in ihrer Tasche fände, versuchte sie, ihn zu verschlucken. Sie ist daran erstickt.

Unter den vielen Verordnungen, die um diese Zeit verkündet wurden, war wohl auch das Verbot für Juden, zum Friseur zu gehen?

Ja, auch das durfte man nicht mehr. Deshalb kam ein jüdischer Friseur aus Breslau und eröffnete in der Löhrstraße 10 eine Friseurstube im Hinterhaus der Jüdischen Gemeinde. Er hieß Günther Pulvermacher, war Anfang Zwanzig und gehörte bald zu unserer Jugendclique. Als er mich einmal fragte, ob ich nicht Lust hätte, in seinem Laden mitzuarbeiten, weil er es allein nicht schaffen könne, meinte ich: »Lust schon, aber das kriege ich von dem Ulbricht auf dem Arbeitsamt nie genehmigt.« Wir haben es trotzdem versucht und – kaum zu glauben – mit Erfolg. Nun lernte ich bei Günther Pulvermacher das Rasieren und Haareschneiden. Regelmäßig gingen wir auch ins Ariowitsch-Heim in der Auenstraße, um dort die alten Leute zu bedienen, und fuhren hin und wieder in die jüdische Abteilung im Krankenhaus Dösen. Dafür mußte man eine Sondergenehmigung für die Straßenbahn haben, die sonst von Juden nicht benutzt werden durfte. Das Israelitische

Krankenhaus in der Eitingonstraße war Ende 1939 beschlagnahmt worden. Seitdem befand es sich in einem kleinen separaten Gebäude der Nervenheilanstalt Dösen. Chefarzt des Krankenhauses war Dr. Otto Michael. Wir hatten zu dieser Zeit, trotz aller schlimmen und deprimierenden Umstände, in unserer Jugendclique eine kleine Theatergruppe gebildet und veranstalteten in freien Stunden Vorstellungen. Als Pulvermacher und ich wieder einmal in Dösen waren, bot ich Dr. Michael an, auch für seine Patienten zu spielen. Dazu wäre natürlich eine Straßenbahn-Sondergenehmigung für die Ensemblemitglieder nötig, die er unterschreiben müßte. Dr. Michael, der ständig im Blickfeld der Gestapo stand, antwortete mir: »Sosehr ich meinen Patienten eine solche Aufmunterung gönnen würde – die Bescheinigung für diesen Zweck wäre illegal. Ich muß mit meiner Unterschrift sparsam umgehen, um wichtigere Dinge durchzusetzen.« Dr. Michael, der später in das Konzentrationslager Theresienstadt kam, hat leider nicht überlebt.

Mit Günther Pulvermacher verstand ich mich sehr gut. Auch er neigte dazu, trotz der Gefahr so manches Verbot zu übertreten. Manchmal haben wir den Laden einfach zugemacht und sind – selbstverständlich ohne Stern – ins CT-Café zur Kabarett-Nachmittagsvorstellung gegangen. Eines Tages, als gerade niemand in der Friseurstube war, verschloß Günther Pulvermacher die Tür und führte mit mir ein sehr ernsthaftes Gespräch. »Du bist der einzige, der das machen kann. Du hast doch diese ungarische Konsulatsbescheinigung, auf der kein ›J‹ darauf ist, wenn du unterwegs kontrolliert werden solltest. Ich weiß, daß ich dir etwas sehr Gefährliches zumute, aber wir müssen dem alten Bartfeld, dem Vater von Gina, dringend helfen.« Diese Geschichte habe ich vor einiger Zeit zum erstenmal aufgeschrieben.

Boroschek, Beuthen, Ring 7

Im September 1939, als der Krieg begann, wurden alle männlichen Juden polnischer Staatsangehörigkeit oder auch solche, die staatenlos waren, im gesamten deutschen Reichsgebiet verhaftet. In den Konzentrationslagern Dachau, Buchenwald und Sachsenhausen starben sie in den ersten Wochen und Monaten zu Tausenden. Die zurückgebliebenen Familien erhielten dann ein Telegramm: »An Herzschlag verstorben«. Fast niemand hatte sich vor der Verhaftung retten können; aber ein konkreter Fall ist meinem Gedächtnis eingeprägt geblieben.

Es ist die Geschichte eines Mannes namens Bartfeld. Sein Sohn ging mit mir in dieselbe Klasse der jüdischen Schule in Leipzig. Leopolds etwas ältere Schwester Gina, damals neunzehn Jahre alt, zog mich im Mai 1942 ins Vertrauen und berichtete mir, daß sich ihr Vater seit fast drei Jahren im Zimmer der Familie Bartfeld, das sich in einem von der Gestapo bewachten »Judenhaus« befand, versteckt hielt. Ein unlösbares Problem hatte sich ergeben. Die Listen für den Transport nach Majdanek waren bekannt geworden, die Familie Bartfeld sollte deportiert werden, aber ohne den Vater, denn der war offiziell nicht mehr existent. Ein neues Versteck für ihn war in Leipzig nicht zu finden.

Gina Bartfeld richtete an mich eine ungeheuerliche Bitte. Ich sollte ihren Vater nach Beuthen in Oberschlesien bringen. Von dort aus würde man ihn ins Ghetto Sosnowitz weiterleiten, wo einer mehr nicht auffiel.

Ich, noch keine siebzehn Jahre alt, fand diesen Geheimauftrag zunächst sehr abenteuerlich und aufregend. Aber zugleich war mir klar, daß er eigentlich undurchführbar war. Juden war es verboten, den Wohnort zu verlassen, die Eisenbahn zu benutzen, nach zwanzig Uhr die Straße zu betreten und vieles mehr. Mit Polizeikontrollen unterwegs mußte man ständig rechnen. Ich hatte neben meinem Ausweis, der mich als »Jude« kennzeichnete, noch ein anderes Papier mit Paßfoto, das keine Brandmarkung aufwies. Einer näheren Prüfung hätte diese Bescheinigung aber wahrscheinlich nicht standgehalten. Bei Bartfeld, der überhaupt keinen gültigen Ausweis besaß, kam als weiteres Risiko hinzu, daß sein Deutsch nicht perfekt war. Es klang – obwohl er schon sehr lange in Leipzig lebte und seine Kinder dort geboren waren – etwas jiddisch. Ein auffälliger Makel in jener Zeit. Dies war auch der Grund, weshalb er nicht allein nach Beuthen fahren konnte, abgesehen davon, daß er sich jahrelang nicht unter Menschen auf der Straße bewegt hatte.

Zwei Nächte und ein Tag waren das Minimum für die Reise nach Beuthen und zurück. Meiner Mutter mußte ich, bei der Gefährlichkeit des Unternehmens, den wahren Plan verheimlichen. Ich wollte sie aber überreden zuzustimmen, daß ich eine Nacht und einen Tag – obwohl dies auch von der Gestapo verboten war – »nach Berlin« fuhr. Ich deutete ihr an, daß ich dort – und das nur nachts – jemanden treffen würde, der bereit war, mir falsche Papiere für Bartfeld zu übergeben. Mit Gina hatte ich ausgemacht, daß sie am zweiten Abend meine Mutter informieren sollte, ich hätte ihr auf Umwegen die Nachricht zukommen lassen, daß ich eine Nacht länger in Berlin bleiben müsse, weil ich die Kontaktperson in der ersten Nacht verfehlt hätte. Diese vorbereitete Lüge war leider unumgänglich. Nach Beuthen – in eine solch streng kontrollierte Grenzgegend – hätte meine Mutter mich unter gar keinen Umständen fahren lassen.

Bartfeld und ich, so war ausgemacht, sollten uns nicht kennen. Ich mußte vorangehen, um ihn zu leiten, damit er niemanden zu fragen brauchte. Das erste große Risiko bestand darin, daß er in der unmittelbaren Nachbarschaft, die wir durchqueren mußten, erkannt werden könnte. Selbstverständlich trugen wir keinen gelben »Judenstern« – allein das wäre schon Grund genug gewesen, uns zu verhaften. Wir erreichten den Leipziger Hauptbahnhof unbehelligt. Gegen 6 Uhr abends saßen wir in einem sonnendurchfluteten Abteil. Die Züge fuhren auch im dritten Kriegsjahr noch pünktlich. In Dresden mußten wir umsteigen. Am späten Abend ging ein Fronturlauberzug. Wir fanden Platz in einem überfüllten Waggon für Zivilreisende bei einer Gruppe junger Mädchen in BdM-Uniformen. Sie waren vergnügt und sangen fröhliche Lieder. Unsere ständige Angst vor einer Kontrolle konnten sie nicht ahnen. Vielleicht aber hatten wir es ihrer Gegenwart zu verdanken, daß keine Ausweiskontrolle stattfand.

Wir kamen frühmorgens in Gleiwitz an und benutzten die Vorortbahn, um unauffällig mit dem Berufsverkehr nach Beuthen zu gelangen. Die Adresse hatte ich auswendig lernen müssen: Boroschek, Beuthen, Ring 7.

Ich fand diesen Namen an einer Wohnung im zweiten Stock, daneben klebte, wie es Vorschrift war, ein gelber Judenstern. Schlurfende Schritte hinter der Tür, die einen Spaltbreit geöffnet wurde. »Was wollen Sie?« fragte ein älterer Mann, und ich nannte ein Losungswort mit dem Ortsnamen Sosnowitz. »Sie sind hier falsch«, meinte er, worauf ich blitzschnell ein Geldbündel vorzeigte, das Gina mir mitgegeben hatte.

»Ist Ihnen auch bestimmt niemand gefolgt?« wollte er wissen.

Er nahm uns in die Küche und bot jedem von uns eine Tasse Malzkaffee an. »Das ist das einzige, was ich für Sie tun kann. Wer hat Sie nur zu mir geschickt? Ich gebe Ihnen den guten Rat: Verschwinden Sie so schnell wie möglich aus Beuthen. Hier wimmelt es von Gestapo.« Seine Angst übertrug sich auf uns und verstärkte noch die eigene.

Jetzt sprach Bartfeld, zum erstenmal seit Leipzig. Es sprudelte aus ihm heraus. Er redete um sein Leben. Und Boroschek brachte es nicht fertig, ihn wieder zurückzuschicken. Nach langem Schweigen sagte er gedehnt: »Ich kenne da eine Frau, die macht das vielleicht. Warten Sie hier, und rühren Sie sich nicht, wenn es klingelt.« Und zu mir: »Hauen Sie ab aus Beuthen, so schnell wie möglich. Sie wissen ja gar nicht, was hier los ist.«

»Die Frau wird es machen, heute abend«, sagte Boroschek, als er nach einer halben Stunde zurückkam. Nun endlich konnte ich mich verabschieden, nachdem ich wußte, daß für Bartfeld gesorgt sein würde. Beuthen brannte mir unter den Füßen, als ich zum Bahnhof lief. Boroschek hatte mir dringend geraten, den erstbesten Zug zu nehmen, der in Richtung Breslau fuhr. Nur weg hier! Jetzt erst kam mir zu Bewußtsein, auf was für eine gefährliche Sache ich mich da eingelassen hatte.

»Kann ich mal Ihren Ausweis sehen«, sagte der Polizeibeamte in der Bahnhofshalle. Ich stellte meinen Handkoffer vor seine Füße und tat so, als hätte ich am Zeitungsstand etwas vergessen: »Bin sofort zurück.« Ich verschwand um die Ecke und rannte auf den Bahnsteig. Der Zug, den ich bestieg, fuhr wenige Minuten später ab. Mein Koffer – er war fast leer – blieb in Beuthen zurück. Die Abteile waren auch diesmal überfüllt. Im Speisewagen setzte ich mich an einen kleinen, noch freien Tisch. Allmählich kamen die ersten Gäste zum Mittagessen.

»Heil Hitler, ist der Platz noch frei?« Vor mir stand ein rang-hoher SS-Offizier in Uniform. Ich war sprachlos und nickte nur.

»Bitte Lebensmittelmarken für das Gedeck bereithalten«, rief der Kellner durch den Wagen. »Ich habe keine Marken bei mir«, sagte ich ihm, als er an den Tisch trat. »Ich möchte kein Gedeck, nur etwas zu trinken.«

»Während des Mittagessens geht das nicht. Da müssen Sie später wiederkommen.« Ich stand sofort auf und wollte gehen.

»Leisten Sie mir ein bißchen Gesellschaft«, mischte sich der SS-Offizier ein. »Sie haben doch sicher Hunger. Ich kann Ihnen die Marken geben.«

Um nicht aufzufallen, setzte ich mich wieder hin und dachte dabei: Mein Gott, wenn der wüßte ...

Nun begann mein Gegenüber ein belangloses Gespräch mit mir. Während des Essens sah ich plötzlich, wie die Tür des Speisewagens, die sich in meiner Blickrichtung befand, geöffnet wurde und zwei Männer in Zivil hereintraten. Sie gingen von Tisch zu Tisch, um die Ausweise der Reisenden zu kontrollieren, und kamen immer näher. Jetzt ist es aus – bangte ich. Mit inne-rer Verzweiflung bemühte ich mich, unbefangen zu plaudern. Sie traten an unseren Tisch. Jetzt würden sie mich verhaften. Aber ein Wunder geschah. Statt die Ausweise zu verlangen, schlugen sie vor dem hohen SS-Offizier die Hacken zusammen und ho-ben den rechten Arm zum Gruß. Dann gingen sie zum nächsten Tisch.

Am anderen Morgen gegen halb 6 Uhr war ich wieder in Leip-zig, denn von Dresden fuhr erst nachts ein Bummelzug, in dem ich endlich ein paar Stunden schlief.

»Hat es denn wenigstens geklappt in Berlin?« fragte meine Mutter, voller Freude, mich wiederzusehen, und zugleich mit einer Ahnung, daß sie nicht die ganze Wahrheit wußte, in der Stimme.

»Ja, es hat geklappt«, sagte ich.

P. S. Die nach Majdanek deportierte Familie Bartfeld hat das Konzentrationslager nicht überlebt. Von Vater Bartfeld kam im Sommer 1942 eine herausgeschmuggelte Postkarte aus dem Ghetto Sosnowitz. Das war sein letztes Lebenszeichen.

Wie lange konnten Sie dann noch als Friseur tätig sein?

Durch die Deportationen nach dem Osten gab es immer weniger Juden in Leipzig. Pulvermacher meinte, er habe nicht mehr genügend zu tun, und bekam die Genehmigung, nach Berlin zu gehen, um dort als Friseur für die Jüdische Gemeinde zu arbeiten. Mich schlug er als seinen Nachfolger in Leipzig vor. »Ich kann das doch noch nicht richtig – Haare schneiden!« – »Doch, doch«, meinte er, »du kannst das schon.« Ich hatte es tatsächlich in den paar Monaten ganz gut gelernt. Ich mußte dann wieder zu Ulbricht aufs Arbeitsamt, und der legte fest: »Drei Tage gehen Sie auf den Ostfriedhof, und drei Tage arbeiten Sie als Friseur.« Den Laden hatte ich nun nicht mehr. Statt dessen ging ich mit einem Köfferchen, in dem sich die diversen Friseurutensilien befanden, in die einzelnen Häuser, um den Leuten die Haare zu schneiden. Weil die meisten Kunden erst abends nach der Arbeit wieder in die Ghettohäuser kamen und am Tage öfter Kontrollen der Gestapo stattfanden, um festzustellen, ob auch niemand zur Arbeitszeit unbefugt zu Hause blieb, verließ ich sicherheitshalber morgens regelmäßig unser Zimmer, um mich irgendwo außerhalb der jüdischen Gegend aufzuhalten. Ich ging manchmal direkt in die Höhle des Löwen, nämlich zum Landgericht in die Elisenstraße. Dort hörte ich interessanten Verhandlungen zu. In einer Pause lernte ich einen Mann kennen, der mir angstvoll erzählte, daß er in der nächsten Verhandlung wegen »Schwarzschlachten« drankäme und daß seine größte Sorge die sei, daß er nach der vorangegangenen Untersuchungshaft wieder ins Gefängnis müsse. Er war Melker auf einem Bauernhof in der Nähe von Leipzig. Ich riet ihm, dem Vorsitzenden zu sagen, daß er auf dem Bauernhof unentbehrlich wäre und, wenn er wieder in Haft käme, die Kühe nicht mehr gemolken werden könnten. Das aber sei doch »kriegswichtig«. Der Mann bekam nur eine Geldstrafe und fiel mir vor Dankbarkeit für meinen Rat fast um den Hals. »Sie müssen mich am Sonntag besuchen kommen! Dann schenke ich Ihnen ein Kaninchen!« Also fuhr ich in ein Dorf hinter Taucha – natürlich auch wieder verbotenerweise – und mit einem Kaninchen, das er geschlachtet hatte, zurück nach Leipzig.

Wie war im »Judenhaus« der Kontakt zu den anderen Jugendlichen?

Wir waren eine Clique junger Leute zwischen vierzehn und zwanzig Jahren. Trotz der schlimmen Zeit haben wir versucht, uns nach der Arbeit möglichst ein paar fröhliche Stunden zu machen. Wir waren eben etwas unbekümmerter als die Älteren, die doch sehr unter der Verfolgung litten. Wir hatten zum Beispiel ein Grammophon, obwohl das, genau wie ein Radio, auch verboten war. Es gehörte der nichtjüdischen Frau einer sogenannten »Mischehe«. Sonntags kamen wir in irgendeinem

Zimmer zusammen und tanzten nach alten Schallplatten. Und mit unserer kleinen Theatergruppe gaben wir hin und wieder Vorstellungen.

Sind Ihnen in Ihrem Bekanntenkreis auch Schicksale Leipziger erinnerlich, die sich dem Druck durch Selbstmord entzogen?

Neben meiner Tätigkeit als Friseur mußte ich auch öfters bei jüdischen Bestattungen mithelfen. Ich erinnere mich an Herrn Weil, einen freundlichen Mann in den Dreißigern, der regelmäßig zum Haareschneiden kam. Er machte einen unglücklichen Eindruck, und wir fanden heraus, daß seine nichtjüdische Frau, von der Gestapo dazu aufgefordert, die Scheidung eingereicht hatte. Das bedeutete, daß er durch die Aufhebung der »Mischehe« zur Deportation »freigegeben« war. Am Tag der Scheidung hat er sich dann in der Nordstraße 11 vom zweiten Stock aus dem Fenster gestürzt. Es war das erste Mal in meinem Leben, daß ich einen solch entstellten Toten gesehen habe und mit anfassen mußte, um ihn in den Sarg zu legen. Ich war dabei, als die Leichenbeschauerin auf dem Friedhof den Sarg öffnen ließ, nur eine Sekunde hineinsah und mit bitterem Gesicht sagte: »Das genügt. Der ist tot.« Ich erinnere mich auch noch an Frau Löbel, eine Angestellte der Gemeinde. Die meisten waren schon deportiert, und sie hatte noch den Auftrag, mit einigen anderen zusammen die Unterlagen der Gemeinde zu Ende zu bearbeiten. Eines Tages aber, als ihr mitgeteilt wurde, daß sie sich innerhalb einer Stunde für den Transport bereitzuhalten habe, packte sie nicht ihren Koffer, sondern nahm statt dessen Gift.

Gab es denn niemanden, der die Flucht gewagt hat?

Auch das gab es, aber sehr selten. Wer es versuchte, ist meistens früher oder später doch erwischt und deportiert worden. Einen Juden zu verstecken war für die daran beteiligten Nichtjuden genauso lebensgefährlich. Selbst wenn man jemanden fand, der einen aufnahm, so war das immer nur für kurze Zeit, und man war ständig ein Gehetzter und Gejagter. Ich weiß nur von etwa fünf Personen in Leipzig, die in der Illegalität überlebten. Sicherlich hätten mehr Leute wenigstens versucht, sich vor den Deportationen zu retten, wenn sie gewußt hätten, daß ihr Weg in der Gaskammer endet. Aber wer hatte schon so eine Phantasie!

Wann wurden die ersten Leipziger nach Riga deportiert?

Das war im Januar 1942. Die Listen mit tausend Namen wurden am Sonntag bekanntgegeben, und es hieß, man solle sich am Montag früh mit einem Koffer oder einem Rucksack bereithalten. Die von der Gestapo aus den »Judenhäusern« abgeholten Menschen kamen alle in die Volksschule an der Yorckstraße. Die Schule wurde für drei Tage geschlossen. Die Kinder freuten sich wahrscheinlich sehr, daß sie schulfrei hatten. Die Turnhalle und einzelne Klassenzimmer wurden zu Massenunterkünften umfunktioniert. Alle wurden noch einmal kontrolliert, mußten ihre Kennkarten und Trauringe abgeben und hatten an einem SS-Arzt vorbeizugehen, der sie innerhalb weniger Sekunden für transportfähig erklärte. Dann hatte man auf den Abtransport zu warten. Ich weiß das alles deshalb so genau, weil ich von der Gemeinde zum Hilfsdienst eingeteilt worden war. Ich hatte Essen auszugeben, Stroh aufzuschütten und Gepäck zu transportieren. Plötzlich tippte mir jemand auf die Schulter. Es war einer von den Gestapobeamten, der sagte, ich solle mitkommen. Er nahm mich mit in das Klassenzimmer Nummer zehn – dort war die Leitstelle der Gestapo für den Transport. Ein Gestapokommissar fragte mich: »Wie viele Angehörige hast du?« Ich sagte: »Meine Mutter und meine Schwester.« Der Kommissar: »Gut, in einer Stunde seid ihr drei hier mit Gepäck. Ihr geht mit nach Riga.« Da sagte ich: »Entschuldigen Sie bitte, aber« – ich konnte kaum reden vor Aufregung – »ich, wir sind doch ungarische Staatsangehörige.« Dabei war zu dieser Zeit unsere Staatsangehörigkeit ungeklärt. Gitta Heinig vom ungarischen Konsulat hatte uns aber – obwohl das Innenministerium in Budapest die Verlängerung unserer Pässe bereits abgelehnt hatte – sehr geholfen, indem sie Bescheinigungen mit Lichtbild ausstellte, auf denen stand, daß dieses Papier als vorläufiger Ausweis vor den deutschen Behörden gelten soll, bis die verlängerten Pässe aus Budapest eingetroffen sind. Diese Bescheinigungen hatte der ungarische Konsul, der Leipziger Industrielle Dr. Wilhelm Hoechstetter, im vollen Bewußtsein der Notlüge unterschrieben. Und sie wurden im Laufe der Zeit immer wieder mit einem neuen Datum versehen, ausgestellt und neu unterschrieben. Ich zeigte dem Gestapomann diese Bescheinigung, er las sie, bekam einen roten Kopf und sagte nur zwei Worte: »Hau ab!« Wir waren vorläufig davongekommen.

Was geschah mit dem Mobiliar der Deportierten?

Die Zimmertüren wurden von der Gestapo versiegelt und der jüdische Besitz »wegen staatsfeindlichen Verhaltens« beschlagnahmt. Nach einigen Tagen erschienen dann Beauftragte der Auktionsfirma Klemm, um das zurückgebliebene Inventar abzuholen. Die Leipziger Bevölkerung konnte die Sachen auf der Versteigerung erwerben, und der Erlös ging an das Deutsche Reich.

Die Lebenssituation für Sie und Ihre Familie wurde immer bedrohlicher. Haben Sie sich trotzdem noch Ihre unerlaubten »Ausflüge« geleistet?

Ja. An einem schönen Sommertag ging ich zu einem Bootsverleih in der Nähe des Schreberbades. Die Boote waren sehr gefragt, und man mußte längere Zeit warten, bis man eines mieten konnte. Als ich an der Reihe war, kam ein bildschönes, schwarzhaariges Mädchen, etwas älter als ich, auf mich zu. Sie sprach mich mit bairischem Tonfall an und fragte, ob sie mit mir fahren könnte, da sie nicht warten wollte. Ich sagte: »Natürlich, sehr gern.« Und wir fuhren zusammen Boot. Sie hieß Lea Eggert und war die Freundin eines bekannten Leipziger Opernsängers. Bootfahren in dieser Kriegszeit und das auch noch mit einem nichtjüdischen Mädchen – da hätte ich gleich doppelt verhaftet werden können. Wir sind uns dann nochmals begegnet – es war während der Pause in der Oper. Ich erzählte ihr, daß ich von einem Bekannten ein Filigran-Armband aus Silber hätte, das ich für ihn verkaufen sollte. Sie war daran interessiert, und wir verabredeten uns im Café Felsche. Unter dem Tisch gab sie mir unauffällig den besprochenen Betrag von hundert Reichsmark. Erst später bemerkte ich, daß sie mir versehentlich fünfzig Mark zuviel gegeben hatte. Ich wollte ihr unbedingt das Geld zurückzahlen. Leider ging das nicht, denn ich wurde am übernächsten Tag zusammen mit meiner Mutter und meiner Schwester von der

Gestapo verhaftet. Nach dem Krieg habe ich Lea Eggert gesucht, weil ich ihr immer noch die fünfzig Mark schuldete. Ich habe sie aber nie gefunden.

Wie ging das mit der Verhaftung vor sich?

Unsere letzte Unterkunft in einem »Judenhaus« befand sich in der Nordstraße 11. Davor bewohnten wir für längere Zeit ein kleines Klassenzimmer der jüdischen Schule in der Gustav-Adolf-Straße 7. Mein früherer Klassenlehrer Daniel Katzmann war ab 1939 deren letzter Direktor, hatte aber neben seiner Lehrtätigkeit vor allem auch die schwierige Aufgabe, das zum »Judenhaus« gewordene große Gebäude, in dem viele Menschen untergebracht waren, zu leiten. Von Transport zu Transport leerte sich ein Haus nach dem anderen, und als kaum noch Juden in Leipzig waren, wurde auch die Carlebach-Schule geräumt und beschlagnahmt. Von den vielen Kindern, die früher in den jüdischen Kindergarten in der Leibnizstraße 30 gingen, waren die meisten schon deportiert. Meine Schwester Annemie, eine der dort tätigen Kindergärtnerinnen, betreute nun allein die wenigen übriggebliebenen Kinder. Die Mütter, die frühmorgens zur Zwangsarbeit gehen mußten, gaben ihre Kleinen bei meiner Schwester ab, die sie während des Tages beaufsichtigte. Meine Mutter, die auch sehr früh aufstehen mußte, um zur Arbeit zu gehen, war bereits angezogen. Ich aber schlief noch um diese Zeit und wurde von lauten Stimmen geweckt. Immer diese Kinder, die so früh kommen, dachte ich im ersten Augenblick und wunderte mich dann doch über die fremden Männerstimmen. Es waren Gestapobeamte, die uns verhaften kamen. Sie gaben uns nur wenig Zeit, um für jeden einen Koffer mit den nötigsten Sachen zu packen. Als wir dann in der Morgendämmerung durch die Nordstraße geführt wurden, trafen wir auf einige Leidensgenossen, die im »Judenhaus« Packhofstraße verhaftet worden waren. Auch sie, die ebenfalls ungarische oder rumänische Ausweise besaßen, waren von den bisherigen Transporten verschont geblieben.

Wir waren vier Männer, etwa zehn Frauen und mehrere Kinder, die von der Gestapo in den noch verbliebenen Raum des Gemeindebüros im Hof der Löhrstraße 10 gebracht wurden. Hinter einem Schreibtisch stand ein SS-Offizier in Uniform, der uns mit stechendem Blick ansah, während meine Mutter ein Formular mit dem Text unterschreiben mußte, daß unser Vermögen wegen »Staatsfeindlichkeit« zugunsten des Deutschen Reichs eingezogen würde. »Frauen und Kinder mitkommen«, sagte eine Gestapobeamtin in barschem Ton, und als sich meine Mutter von mir verabschieden wollte, riß die Beamtin sie an den Haaren und stieß sie die Treppe zum Hof hinunter. Das war das letzte Bild, das ich von meiner Mutter und meiner Schwester in Erinnerung habe. Sie wurden beide in Ravensbrück ermordet.

Wir vier Männer mußten weiter in diesem Büro warten. Das Zimmer war mir auf besondere Weise vertraut, denn genau hier hatte Günther Pulvermacher früher seinen Friseurladen. Es war herrlicher Sonnenschein, als wir dann, bewacht von zwei Gestapobeamten, über den Ring, an der Börse vorbei, zum Hauptbahnhof gingen. Auf dem Bahnsteig sagte der eine Beamte – er hieß Eger – zu mir: »Sie hätten auch schon längst weg sein können.« Ich habe immer wieder gerätselt, was er damit gemeint haben mag. Vielleicht war es ein gewisses Bedauern darüber, daß es meinem Vater trotz größter

Anstrengungen nicht gelungen war, uns die Einreise nach Budapest zu ermöglichen, oder er hatte ganz einfach gemeint: Wären Sie doch lieber getürmt! Aber wohin denn? Auf jeden Fall wußte Eger in diesem Moment mehr als wir, nämlich daß er uns in das KZ Buchenwald einzuliefern hatte.

Sind Sie mit einem ganz normalen Zug gefahren?

Ja, mit einem Personenzug in Richtung Weimar. Der Zug war sehr voll, und der Gestapobeamte ging zum Schaffner, wies sich aus und verlangte ein leeres Abteil für seinen »Gefangenentransport«. Als der Schaffner ein Abteil räumen wollte, fingen die darin befindlichen Leute an, laut zu schimpfen, weil sie befürchteten, keinen Sitzplatz mehr zu finden. »Wegen der paar Juden müssen wir jetzt stehen«, beschwerten sie sich. Aber auch sie mußten sich der Gestapo beugen.

Und nach Ihrer Ankunft in Weimar?

Wir wurden ins Polizeigefängnis gebracht und in eine große, überfüllte Gemeinschaftszelle gesteckt. Von dieser Zelle aus führten zwei Türen in weitere kleine Zellen. Aus der Einzelzelle war eine Stimme zu hören: »Wer ist denn da gekommen?« Ein anderer antwortete: »Das sind vier Juden aus Leipzig.« – »Och, Juden!« kam die verächtliche Antwort. Dann wurde uns gesagt: »Wißt ihr, wer da drin sitzt? Das ist der berüchtigte SS-Scharführer Sommer! Der Bunkermörder von Buchenwald. Und gegenüber in der Zelle sitzt Ilse Koch, die Frau des Buchenwald-Kommandanten. Beide hat die SS wegen Korruption und anderer Sachen verhaftet.«

Wann kamen Sie nach Buchenwald?

Früh am nächsten Morgen. Die »grüne Minna« fuhr uns rauf auf den Ettersberg. »Jedem das Seine« stand am Gitter des Lagertors, durch das wir gehen mußten, den Appellplatz hinunter, durch die Lagerstraße an den Blocks vorbei, in das Bad und zur Effektenkammer. Ich war immer stolz gewesen auf meine dichten, dunklen Haare. Doch nun wurde mein Kopf kahlgeschoren. Man gab mir Häftlingskleidung, doch das schlimmste waren die »Holländer« – diese klobigen Holzschuhe, in denen jeder Schritt zur Qual wurde. Alles, was ich mitgebracht hatte – mein Koffer, meine Zivilsachen und meine Brieftasche –, wurde mir abgenommen.

Gab es da noch einen Funken Hoffnung darauf, daß Sie jemals wieder herauskommen würden?

Langsam, aber sicher überkam mich das Gefühl einer furchtbaren Verlassenheit. So völlig entwürdigt in jeder Beziehung, nein, da gab es keine große Hoffnung, je wieder aus Buchenwald herauszukommen.

Wie war Ihr erster Kontakt mit den Häftlingen?

Wir kamen zuerst in das sogenannte Kleine Lager zur Quarantäne, wie es hieß. Nach ein paar Tagen erschien dann ein sauber gekleideter Häftling in Begleitung von zwei anderen und fragte uns aus. Es war Emil Carlebach, der Blockälteste des jüdischen Blocks 22 aus dem Großen Lager. Sein Interesse an uns war deshalb so groß, weil wir die ersten Juden waren, die nach mehr als einem Jahr in Buchenwald eingeliefert wurden. Auf Befehl des Reichssicherheitshauptamtes waren nämlich Mitte 1942 sämtliche jüdischen Häftlinge aus den innerdeutschen Konzentrationslagern nach Auschwitz verschickt worden. Lediglich etwa dreihundert Juden durften in Buchenwald bleiben, weil der politische Häftling Robert Siewert, von Beruf Maurermeister, seine von ihm angelernten jüdischen Maurer für den Bau einer Rüstungsfabrik im Buchenwald-Bereich reklamieren konnte.

Wie sah der Block 22 aus?

Der Block 22 war eine Holzbaracke zu ebener Erde und hatte zwei Flügel: A und B. In der Mitte war der Eingang mit Vorraum, Waschraum und Toilettenanlage. Die war im Verhältnis zu anderen Lagern recht ordentlich, also keine Latrine. In jedem Flügel befand sich ein Tagesraum, in dem lange Tische und Bänke standen. Dort hatte man seinen zugewiesenen Platz. Hinter dem Tagesraum war der Schlafsaal. Hier standen die dreistöckigen schmalen Metallbetten mit Strohsäcken. Der Block war überfüllt. Es schliefen auf jeder Etage etwa drei bis vier Häftlinge in zwei zusammengerückten Betten.

Würden Sie einmal schildern – um eine ungefähre Vorstellung zu bekommen –, wie ein Tag in Buchenwald ablief?

Frühmorgens zwischen fünf und sechs Uhr, je nach Jahreszeit, wurden wir geweckt. Im Waschraum war großes Gedränge. Man hatte nicht viel Zeit. Am Tisch bekam man dann vom Stubendienst einen Becher schwarze Brühe, Kaffee genannt. Außerdem die Brotration – etwa 300 bis 400 Gramm – und zehn Gramm Margarine. Manchmal ein kleines Stück Wurst oder einen Löffel Marmelade. Das war die Tagesration bis zum späten Abend. Dann der Aufmarsch zum Appellplatz. Hier mußten die Häftlinge blockweise zum Zählappell antreten, den die SS-Blockführer vornahmen, um dann ihrerseits dem SS-Rapportführer Meldung zu machen. Dieser Morgenappell dauerte jedesmal ein bis zwei Stunden. Dann kam die Stimme des Rapportführers durch den Lautsprecher: »Mützen ab! – Mützen auf!« Der Appell war beendet. Jetzt hatte jeder bei seinem Arbeitskommando anzutreten. In Fünferreihen war der Ausmarsch durch das Tor, an der Lagerkapelle vorbei, die schmissige Marschmusik zu spielen hatte. Die Musiker waren ebenfalls Häftlinge und trugen bunte Zirkusuniformen.

Ich war dem Baukommando I zugeteilt, in dem die jüdischen Maurer arbeiteten. Wir hatten große Fabrikhallen für die Rüstungsindustrie zu bauen. Die Arbeit war schwer. Ich mußte Zementsäcke schleppen und Ziegelsteine aufs Gerüst tragen. Die SS kontrollierte die Baustellen ständig, und man durfte sich nicht dabei erwischen lassen, wenn man mal ein paar Minuten ausruhte. Denn bei dieser Hungernahrung versuchte man, mit seinen Kräften möglichst sparsam umzugehen.

Abends rückten die Arbeitskommandos dann wieder ins Lager ein. Die Kapelle spielte »Ich schieß den Hirsch im wilden Forst«, und wir schleppten uns müde auf den Block. Kurze Zeit später marschierten wieder alle auf den Appellplatz. Da standen nun die etwa 20000 bis 30000 Häftlinge bei jedem Wetter im gleißenden Scheinwerferlicht, während gleichzeitig überall in den Städten und Dörfern Verdunklung angeordnet war, und warteten stundenlang auf das Ende des Appells. Warmes Essen, das man den ganzen Tag ersehnt hatte, gab es am Abend im Block. Eine Schüssel voll

Steckrüben oder manchmal, wie wir es nannten, »Bahndamm« – irgendein undefinierbares Gemüseunkraut, wie es
zwischen den Schienen wuchs. Alle paar Wochen gab es mal
eine Schüssel Grießbrei, was dann ein richtiger Festtag war.

Was geschah, wenn Sie krank waren?

In Buchenwald gab es ein Krankenrevier. Wenn man sich
krank fühlte, mußte man nach Ende des Abendappells möglichst rasch zum Revier herunter laufen, wo man sich vor der
Baracke anstellte, um der Reihe nach in die beiden Ambulan-
zen, die allgemeine oder die chirurgische, eingelassen zu werden. Man hoffte, dann vom Häftlingsarzt einen Bestellzettel
für den nächsten Morgen zur gründlicheren Untersuchung
und Behandlung zu bekommen. In den Jahren bevor ich ins
Lager kam, sind die Häftlinge – besonders die Juden – nur in
den dringendsten Fällen ins Revier gegangen, weil man
wußte, daß der SDG – das war der SS-Leiter des Reviers –
fast jeden Tag eine gewisse Anzahl Häftlinge »abspritzte«, das
heißt, ihnen eine tödliche Spritze gab. Die Situation besserte
sich aber ab 1942 etwas, weil man die Häftlinge als Arbeits-
kräfte brauchte. Das war für mich ein großes Glück, denn ich
hatte während meines KZ-Aufenthalts verschiedene schwere
Krankheiten: eine Kohlenmonoxid-Vergiftung durch einen
Koksofen auf der Baustelle, schwere Ruhr, Furunkulose am
ganzen Körper, lebensbedrohendes Nasenbluten durch eine
beim Zementtragen geplatzte Ader und noch manch anderes
mehr. Ich war wegen dieser Krankheiten einige Male in sta-
tionärer Behandlung, und ich erinnere mich genau, wie ich am
Vormittag des 24. August 1944 vom Revier auf den Block 22
entlassen wurde.

Warum erinnern Sie sich besonders an diesen Tag?

Ich war gerade auf meinem Block gekommen, als es Fliegeralarm gab. Am tiefblauen Himmel sah man die weißen Kondensstreifen der Flugzeuge, und plötzlich ging es los. Die Bomben fielen nicht auf das eigentliche Häftlingslager, sondern auf den umliegenden Bereich, wie Rüstungswerk, Truppengaragen und die Villen der SS-Offiziere. Nach der Entwarnung lief ich durch das Lagertor völlig unbehelligt, etwas, das ich noch nie erlebt hatte, denn sonst wurde es immer streng bewacht. Eine Gruppe von SS-Leuten, in der Mitte der Lagerkommandant, stand mit fahlen Gesichtern vor dem Tor, ohne auf mich zu achten.

Die alliierten Bombenflugzeuge hatten zwar ihre militärischen Angriffsziele getroffen, aber leider auch ein kleines Waldstück, in dem sich die meisten Häftlinge aus dem Werk während des Fliegeralarms aufgehalten hatten. Es gab viele hundert Tote – Häftlinge und SS – und auch sehr viele Verletzte. Nach diesem Angriff halfen die Menschen sich gegenseitig, der Häftling dem verletzten SS-Mann und umgekehrt. Da gab es plötzlich keinen Unterschied mehr. Ich erinnere mich an Willi Gugig aus meinem Block. Er war fast völlig verschüttet, nur sein blutender Kopf ragte noch aus einem Erdhügel. Ein SS-Mann buddelte ihn aus und fuhr den Bewußtlosen, ohne eine Genehmigung seiner Vorgesetzten zu haben, direkt nach Weimar ins Krankenhaus. Auf dem Gelände der Truppengaragen war ich dabei, als ein SS-Offizier einen kleinen, schmalen Häftling dringend bat, durch einen halb zerstörten Schacht in den verschütteten Luftschutzkeller zu klettern, um dort unten nach vielleicht noch lebenden SS-Leuten zu suchen. Er drängte ihn immer von neuem, nicht aufzugeben, machte dabei aber den entscheidenden Fehler, dem Häftling »zur Aufmunterung« eine Flasche Schnaps runter zu reichen. Nach kurzer Zeit war der unterernährte Mann dermaßen betrunken, daß man von tief unten nur noch seine lallende Stimme hören konnte, die sagte: »Hier lebt keiner mehr.«

Wuchs durch den Bombenangriff – so schrecklich er gewesen sein mag – nicht doch die Hoffnung, daß die Befreiung nun näherrückte?

Die Fronten bewegten sich inzwischen in Richtung Deutschland. Das Attentat vom 20. Juli war ja leider fehlgeschlagen. Unzählige Menschen hätten noch überleben können, wäre es geglückt. Nach dem Luftangriff blieb Buchenwald in diesem heißen August einige Tage ohne Wasser. Eine gefährliche Situation – es bestand Seuchengefahr. Und der Durst war quälend. Aus den östlichen Konzentrationslagern, die wegen des Herannahens der Front allmählich geräumt wurden, kamen die ersten Transporte nach Buchenwald. Das Kleine Lager mit seinen Pferdestall-Baracken war ab Herbst hoffnungslos überfüllt. Hier lagen die sogenannten »Muselmänner«, die durch die wochenlangen Transporte von Auschwitz schon bis zum Skelett abgemagert waren.

Ich wurde einer Fuhrkolonne zugeteilt und mußte an Gurten mit einigen anderen Häftlingen zusammen einen großen Wagen ziehen. Wir hatten unter anderem die Aufgabe, aus den ankommenden Güterwagen vom Bahnhof Buchenwald die Toten herauszuholen, auf unser Fuhrwerk zu legen und ins Krematorium zu fahren. An einem frostigen Wintertag traf ein langer Zug am Bahnsteig ein. Auf den offenen Güterwagen standen einige hundert jüdische Frauen, die aus Auschwitz kamen. Ich hatte jahrelang keine Frauen gesehen, geschweige denn Leidensgefährtinnen. Eine junge Frau rief mir zu, ich solle ihr unbedingt eine Decke bringen, sie würde sie auch sehr gut bezahlen. Wie gern hätte ich sie ihr geschenkt, aber wo sollte ich eine Decke hernehmen?

Haben Sie eigentlich gewußt, daß es in Buchenwald ein illegales internationales Lagerkomitee gegeben hat?

Indirekt hat man es gespürt. Die Einzelheiten allerdings kannte ein normaler Häftling wie ich nicht. Die Funktionshäftlinge, also in der Schreibstube, im Revier, die Blockältesten, die Kapos und andere an wichtigen Stellen Tätige, waren in der Regel politische Häftlinge. An vielen Kleinigkeiten konnte man merken, daß hinter allen Dingen eine straffe Organisation und ein Zusammenhalt herrschten. Die SS war für die interne Verwaltung auf die Häftlinge angewiesen, und so hatten sie hin und wieder die Möglichkeit, im Einzelfall zu helfen.

Haben Sie auch einmal erlebt, daß es unter den SS-Leuten einigermaßen anständige Menschen gab?

Das kam schon mal vor. Nach einigen Monaten Haft gelang es mir, aus der Effektenkammer meine zwei Haarschneidemaschinen, einen Kamm, zwei Scheren und ein Rasiermesser herauszubekommen. Während der Arbeitszeit schnitt ich dann manchmal – natürlich illegal – meinen Kameraden die Haare. Es mußten ja alle kahlgeschoren sein bis auf einzelne langjährige Häftlinge, keine Juden, die einen sogenannten »Haarschein« besaßen und deshalb ihr Haar wachsen lassen durften. Mit Genehmigung unseres Kapos Robert Siewert wurde in einer Baubude im Wald einer nach dem anderen von mir »bedient«. Wenn sich ein SS-Mann näherte, bekamen wir ein Warnsignal und täuschten sofort vor, Bauarbeiten zu erledigen. Eines Tages stand plötzlich der SS-Bauführer Petersen in der Tür und überraschte uns beim Haareschneiden. Wir waren starr vor Angst. Petersen schrieb nicht, wie es Vorschrift gewesen wäre, unsere Häftlingsnummern auf, um Meldung zu machen, sondern sagte zu meinem »Kunden« in normalem Ton: »Gehen Sie zu Ihrer Arbeit.« Dann, als wir allein waren, setzte er sich auf das Brett – meinen Friseurstuhl – und sagte trocken: »Nun schneiden Sie mir mal die Haare.« Petersen holte mich dann regelmäßig in sein Zimmer im Baubüro zum Haareschneiden und gab mir nach getaner Arbeit ein Kochgeschirr, gefüllt mit SS-Kantinenessen. Das Haareschneiden hat mir manchmal geholfen, den schlimmen Hunger, der einen ständig plagte, wenigstens vorübergehend zu besänftigen.

Auf der Pathologie im Block 10 waren politische Häftlinge untergebracht, denen es im Verhältnis zu uns etwas besser ging. Zu ihnen gehörte auch der Leipziger Bruno Apitz, der nach dem Krieg den berühmten Buchenwald-Roman »Nackt unter Wölfen« geschrieben hat. Ich schnitt ihm regelmäßig die Haare, und er gab mir dafür eine Scheibe Brot oder einen Löffel Zuckerrübensirup.

Weil wir gerade bei Besonderheiten sind – irgendwann sagte jemand zu mir: »Du sollst zu Becker kommen!« Ich bin sehr erschrocken, denn das bedeutete nichts Gutes. Also bin ich zum SS-Mann Becker gerannt. Der war aber völlig verwundert: »... Was sollst du? ... Ach so ... 1. April!«

Wie war das eigentlich: Sie hatten doch ein Kennzeichen auf der Häftlingskleidung zu tragen?

Ja, natürlich. Es gab rote Stoffwinkel für Politische, grüne für Kriminelle, schwarze für »Asoziale« und noch einige andere Farben für Bibelforscher, Homosexuelle und so weiter. Juden hatten einen roten Winkel mit der Spitze nach unten und einen gelben Winkel mit der Spitze nach oben zu tragen, so daß daraus ein sechseckiger Judenstern wurde. Unter diesem Kennzeichen mußte ein weißer Streifen mit der Häftlingsnummer angenäht sein, das Ganze an der linken Brustseite und auf dem linken Hosenbein. Ich hatte die Nummer 10090.

Wie war die Situation im Lager kurz vor der Befreiung?

Die letzte Woche war die schlimmste meiner ganzen Haftzeit. Am 4. April 1945 kam zum erstenmal kein Befehl zum Ausrücken der Arbeitskommandos. Wir blieben also während des Tages auf dem Block, und alle möglichen Gerüchte wurden aufgeregt diskutiert. Die amerikanische Armee war angeblich keine hundert Kilometer mehr von Buchenwald entfernt. Plötzlich am Nachmittag kam die Stimme des SS-Rapportführers durch den Lautsprecher: »Sämtliche Juden sofort auf dem Appellplatz antreten!« Große Angst überkam uns alle, denn wir hatten schon öfter von den Todesmärschen aus anderen Lagern gehört. Wer keine Kraft mehr hatte zu laufen – und das waren viele –, wurde von den begleitenden SS-Wachen am Wege sofort erschossen oder mit dem Gewehrkolben erschlagen. Zögernd, aber wie befohlen, traten wir vor dem Block an, um zum Appellplatz zu marschieren. »Komm mit«, flüsterte eine Stimme hinter mir. Verwundert sah ich, daß die soeben Angetretenen sich wieder auflösten und in verschiedenen Gruppen in alle möglichen Richtungen verschwanden. Einige, denen ich mich anschloß, gingen ins Kleine Lager. Auf Block 61 wurden wir vom Blockältesten, der genau informiert schien, bereits erwartet. »Verteilt euch auf die Kojen, und laßt euch nirgends sehen«, sagte er. Als die Nacht fast vorüber war, gingen wir dann doch noch einmal auf Block 22, wo uns Emil Carlebach in einer kleinen Ansprache erklärte, daß er zwar laut SS-Befehl den gesamten jüdischen Block nachher auf den Appellplatz zu führen hätte, daß aber die meisten der Blockinsassen wohl nicht dabeisein würden. Wir verstanden genau, was er meinte, und verschwanden nun endgültig. Ich entfernte meinen gelben Winkel und trug nur noch den roten auf Jacke und Hose. Der jüdische Block 22 hatte aufgehört zu existieren. Als ich kurze Zeit später wieder im Kleinen Lager war, begann die SS eine Razzia und trieb die hier unten einsitzenden Häftlinge vor die Blocks, um die Juden herauszusuchen. Es waren Tausende, meist aus Auschwitz gekommene »Muselmänner«. Auch ich konnte es nicht vermeiden, aus dem Block gejagt zu werden. Vor der Baracke stand neben der SS der Lagerälteste, Hans Eiden. Als er mich sah, bewegte er, für die SS nicht sichtbar, seine Augen, um mir zu bedeuten, daß ich mich nicht in die Reihen der zu evakuierenden Juden stellen sollte. Das war, nach Carlebachs Andeutung am Morgen, nun schon der zweite Hinweis darauf, daß es im Lager eine funktionierende geheime Häftlingsorganisation geben mußte. Aus dieser Erkenntnis nahm ich in den nächsten Tagen die Kraft, mich immer wieder zu verstecken und damit vor den nun ständig stattfindenden Abtransporten, nicht nur von Juden, sondern schließlich sämtlicher Häftlinge, zu retten.

Am Vormittag des 11. April – ich war zu dieser Zeit auf Block 40 im Großen Lager – herrschte unter den noch übriggebliebenen Häftlingen die deprimierte Meinung, daß man sich den Todestransporten nun nicht mehr werde entziehen können, weil die geringe Anzahl der noch im Lager befindlichen Menschen es unmöglich machte, weiterhin unterzutauchen. Da kam plötzlich die Stimme des Rapportführers heiser und aufgeregt durch den Lautsprecher: »Alle SS-Angehörigen sofort aus dem Lager.« Und kurze Zeit danach ertönte eine Sirene, wie ich sie noch nie gehört hatte. »Feindalarm«, sagte einer. Über die Lagerstraße, an unserem Block vorbei, rannte ein Häftling. Man mußte zweimal hinsehen, um es zu glauben, aber es stimmte wirklich: Er trug ein Gewehr über der Schulter. Und dann eine Stimme durch den Lautsprecher – es war nicht die des SS-Rapportführers. Sie sagte: »Kameraden« – auch hier konnte man es zuerst nicht glauben, aber sie sagte tatsächlich: »Kameraden, wir haben das Lager fest in unserer Hand. Alles bleibt in den Blocks. Nur die eingeteilten Kameraden begeben sich auf ihre Positionen.« Am frühen Nachmittag habe ich dann auf dem Appellplatz den ersten amerikanischen Panzer gesehen. Ein amerikanischer Soldat sprach zu uns, irgend jemand dolmetschte. »Der Krieg wird bald zu Ende sein«, so hörten wir. Und mitten in diese Rede hinein erschien völlig unerwartet ganz tief am Himmel ein deutsches Flugzeug, und alle, die wir da standen, rannten in höchster Panik zum Torgebäude, um uns wenigstens dort unterzustellen. Sollten wir jetzt, nachdem alles endlich vorbei zu sein schien, noch bombardiert werden und Buchenwald doch nicht überleben? Aber es passierte nichts.

Und wie ging es dann weiter?

Einige Tage nach der Befreiung saß ich vor unserem Block in der Sonne. Jemand sagte zu mir: »Dahinten ist ein Loch im Zaun, da kann man raus.« Ich hab das nicht geglaubt, hab's aber dann doch versucht und bin tatsächlich durch den Zaun. Der war einige Tage zuvor noch elektrisch geladen. Er zog sich mit seinen Wachtürmen, auf denen die Maschinengewehre standen, um das ganze Lager herum. Ich ging also raus, einen Wiesenweg entlang, weiter und immer weiter. Nach zwei, drei Kilometern kam ich in ein Dorf, in ein richtiges, echtes Dorf, was ich ja seit Jahren nicht gesehen hatte, und ich erreichte einen Friedhof, direkt an der Kirche, und sah, daß da Grabsteine standen. Für jeden Menschen gab es einen Grabstein mit seinem Namen darauf. Ich konnte mir das einfach nicht mehr vorstellen, daß ein einzelner Mensch ein eigenes Grab hatte, denn aus Buchenwald kannte ich ja nur Leichenberge, aufgeschichtet wie Holz, einmal mit dem Kopf auf dieser Seite und einmal mit dem Kopf auf der anderen Seite – und hier hatte jeder sein eigenes Grab.

Das Dorf war menschenleer, doch plötzlich stand eine Frau in ihrem Garten und sah mich in meiner Häftlingskleidung. Sie wollte schnell ins Haus verschwinden, aber ich rief ihr nach: »Warum laufen Sie denn weg?« Als sie mich deutsch sprechen hörte, kam sie näher und sagte: »Ja, wir haben Angst vor Häftlingen.« Ich sagte: »Vor mir brauchen Sie keine Angst zu haben.« Wir kamen ins Gespräch, und sie lud mich ein, mit in das Haus zu kommen. In der Bauernstube saßen viele Menschen, zum Beispiel eine junge Frau aus Köln, die war mit ihren Kindern vor den Bomben evakuiert worden. Wir saßen da und unterhielten uns, und es gab zu essen und zu trinken. Plötzlich aber sprang ich auf und rief: »Um Gottes willen!« Und sie fragten: »Was ist denn los?« Ich sagte: »Ich muß sofort gehen, wir haben Appell!« Und dann, zwei Sekunden später, dachte ich: Es gibt ja keinen Appell mehr, ich bin ja frei. Ich kann hier sitzen bis morgen, bis übermorgen, bis nächste Woche! Ich brauche auf nichts mehr Rücksicht zu nehmen. Und erst da begriff ich, daß ich befreit war ...

Wie lange blieben Sie dann noch in Buchenwald?
Es war ja noch Frontgebiet. Wir durften offiziell das Lager nicht verlassen, bekamen aber nach einiger Zeit, unterschrieben von den Amerikanern, einen Urlaubszettel, mit dem wir uns im Umkreis des Lagers bis inklusive Weimar bewegen durften.

Ich sah schon fast wieder wie ein Zivilist aus. Meine Haare fingen an zu wachsen, und ich trug meine frühere Kleidung. Wie ich an die wieder herankam, habe ich einmal aufgeschrieben.

Ordnung muß sein

»In Buchenwald ist die Bettwäsche überflüssig.« Der SS-Scharführer sagte es mit hämischem Grinsen. Ich stand vor ihm in der Effektenkammer des Konzentrationslagers: kahlgeschoren, nackt und nicht nur vor Kälte zitternd. Am Morgen war ich eingeliefert worden – aus dem Polizeigefängnis.

Als ich zusammen mit meiner Familie verhaftet worden war,

hatte uns die Gestapo zwanzig Minuten Zeit gelassen, um für jeden einen Handkoffer zu packen. Meine Mutter glaubte das Richtige zu tun, als sie mir eine Garnitur Bettwäsche mitgab. »Das Zeug geht an die Heimatadresse zurück. Auch der Koffer!« schnarrte der Scharführer. Aber ich konnte nur die Anschrift von Freunden angeben, die noch nicht deportiert waren. Ich, der Häftling Nummer 10090, wurde nun eingereiht in die anonyme graue Menschenmasse in gestreifter Kleidung.

Nach vielen Monaten, als wir, wie jeden Morgen, auf dem Appellplatz standen und darauf warteten, mit den Arbeitskommandos aus dem Lager auszumarschieren, bekam ich von meinem Blockältesten einen Zettel, mit dem ich zum »Schild 3« bestellt wurde. Dort, neben dem Tor, hatte ich anzutreten, ohne zu wissen, was mich erwartete. Es konnte alles sein: eine Vorladung zur Gestapo mit unabsehbaren Folgen oder auch etwas ganz Harmloses.

Als ich dann von einem Läufer der Häftlingseffektenkammer abgeholt wurde, war ich schon recht erleichtert. Man machte mir eine verblüffende Mitteilung: In einem Schreiben der Kriminalpolizei Weimar stand in ausführlichem Amtsdeutsch die Nachricht, daß mein Koffer mit der Bettwäsche auf dem Wege nach Leipzig aufgebrochen und der Inhalt gestohlen worden war. Ich sollte Angaben darüber machen, welchen Wert die entwendeten Sachen hatten.

Viele Monate später wurde ich abermals zur Effektenkammer bestellt. Ich erfuhr nun, daß auf meiner Karteikarte ein Betrag von Reichsmark 37,50 eingetragen worden war, die eine Versicherungsgesellschaft für mich überwiesen hatte. Das Geld – mit dem ich ohnehin nichts hätte anfangen können – wurde mir allerdings nicht ausgezahlt.

April 1945: Wir waren befreit, und ich saß vor unserer Baracke in der Sonne. Eine Durchsage ertönte im Lautsprecher:»Kameraden, ihr könnt eure Effekten abholen. Heute sind folgende Nummern dran ...« Meine Nummer 10090 war auch dabei.

Ich wußte, daß die SS die Zivilkleidung, mit der die jüdischen Häftlinge eingeliefert worden waren, längst hatte liquidieren lassen. Trotzdem ging ich zur Effektenkammer; vielleicht war wenigstens meine Karteikarte da, die ich als »Andenken« mitnehmen könnte. Und so war es. »Liquidiert« war groß über die Karte gestempelt.

»Geh doch mal rauf zur Ausgabe, Kamerad, vielleicht ist noch was da.«

Als ich an der Reihe war, traute ich kaum meinen Augen: Der Sack mit meiner Kleidung aus vergangenen Zeiten war vorhanden. Und noch etwas. Ein gelb eingefaßter Handkoffer aus schwarzem Lackleder.

Unzählige Menschen waren von der SS umgebracht worden, aber meinen beraubten Koffer hatte die Kriminalpolizei Weimar mit bürokratischer Gründlichkeit an den Schutzhäftling 10090 in das Konzentrationslager Buchenwald zurückgeschickt ...

Wie sind Sie dann nach Leipzig zurückgekommen?

Fünf Wochen nach der Befreiung holten uns zwei Omnibusse der Leipziger Verkehrsbetriebe ab. Es machte mir große Freude, durch das Lagermikrofon ansagen zu dürfen, daß alle Leipziger in zwei Stunden am Tor sein sollten, um nach Hause zu fahren. Etwa achtzig Personen, meist politische Häftlinge, von denen manche bis zu zwölf Jahre erst im Zuchthaus und dann im Konzentrationslager verbracht hatten, fanden sich ein.

Mit einer großen Kanne voll Milch, genügend Broten und Wurst als Reiseproviant für alle Fahrgäste nach Leipzig erschien ein ebenfalls mitfahrender Ex-Häftling, der, wie sich herausstellte, jahrelang in der Häftlingsküche gearbeitet hatte. Ein Gefühl des nachträglichen Bedauerns beschlich mich, daß ich ihm während der Hungerzeit nicht begegnet war. Auf der Heimfahrt saßen wir nebeneinander und kamen ins Gespräch. Unglaublich, aber wahr: Es stellte sich heraus, daß er im Nachbarhaus in der Fregestraße gewohnt und mich als Kind gut gekannt hatte.

In einem Straßenbahndepot im Leipziger Westen mußten wir dann übernachten. Am nächsten Morgen wurden fast alle von ihren Familienangehörigen oder Freunden abgeholt. Nur uns paar Juden – Bruno Gewürz, der das Ghetto Riga und andere Lager überlebt hatte, Käppi (Jakob) Biegeleisen, der seit der Polenaktion vom September 1939 in Buchenwald war, Moses Fisch, der gleichzeitig mit mir verhaftet wurde, und mich – holte niemand ab. Mit der Straßenbahn, die schon wieder in Betrieb war, fuhren wir in die Innenstadt und sahen das von Bomben zerstörte Leipzig. Wir meldeten uns bei der amerikanischen Militärregierung, die in der Auenstraße 14 untergebracht war. Zuvor befand sich hier das Hauptquartier der Leipziger Gestapo. Und die hatte es im Herbst 1942 den ursprünglichen Eigentümern, nämlich der Stiftung Ariowitsch-Altersheim, weggenommen, als sie die Heimbewohner nach Theresienstadt deportierte. Nach den Amerikanern, die Anfang Juli 1945 Leipzig verließen, übernahm die sowjetische Kommandantur dieses Haus. Nun ist es schon lange wieder ein Altersheim.

Haben Ihnen die Amerikaner dann weitergeholfen?

Als wir der Militärpolizei sagten, daß wir aus Buchenwald kamen, brachte man uns zu einem amerikanischen Offizier, der sich unsere Geschichte sehr interessiert anhörte. Er meinte, daß der von ihnen kommissarisch eingesetzte Bürgermeister bald kommen würde, zu dessen Aufgaben es gehöre, sich unser anzunehmen. Doch als der dann da war, fing er an zu jammern, er hätte keine Unterkunft für uns: »Leipzig ist ja so zerstört.« Wir erklärten ihm daraufhin, daß wir auf dem Weg von Lindenau zur Innenstadt noch viele intakte Häuser gesehen hatten, wo vielleicht irgendwo möblierte Zimmer zu finden wären. In Weimar zum Beispiel hätten KZ-Häftlinge ganze Naziwohnungen zugewiesen bekommen. »Dann gehen Sie doch am besten nach Weimar zurück«, schlug er blauäugig vor. – »Wir sind Leipziger, ich bin hier geboren«, sagte ich aufbrausend. »Begreifen Sie denn nicht, daß Sie uns nicht schon wieder von hier vertreiben können?« Der Amerikaner grinste, der Bürgermeister nicht. Er antwortete kleinlaut: »Mein Wagen steht vor der Tür, ich nehme Sie mit zum Rathaus.« Dort konnten wir sogar unsere Wünsche äußern, in welcher Gegend wir wohnen mochten. »Natürlich in der Fregestraße«, sagte ich. Das mir zugewiesene, vom Wohnungsamt beschlagnahmte Zimmer war eigentlich ein kleines Büro, in dem außer dem Schreibtisch nur ein kurzes Sofa stand. Meine neue Wirtin, Frau Schumann, meinte, darauf könne ja niemand schlafen. »Haben Sie eine Ahnung, wie gut ich hier schlafen werde. Ich brauche nur noch einen Stuhl, um meine Beine drauf zu legen.« Dies war mein erstes eigenes Zimmer – ganz für mich allein.

Wann haben Sie vom Schicksal Ihrer Familie erfahren?

Nach vielen Monaten erhielt ich einen Brief von einer Dame aus Berlin, die meine Suchanzeige in einer jüdischen Zeitung gelesen hatte. Sie war mit meiner Mutter und meiner Schwester auf demselben Block im Frauen-Konzentrationslager Ravensbrück gewesen und teilte mir mit, daß beide umgekommen waren. Später erfuhr ich dann noch aus Budapest von der Deportation meines Vaters nach Auschwitz.

Wie viele sind denn überhaupt zurückgekommen?

Erschreckend wenige. Fast alle, die aus Leipzig abtransportiert worden waren, von Kindern bis zu Greisen, wurden ermordet. Die Israelitische Religionsgemeinde zog nun im Laufe des Sommers 1945 wieder in das Vorderhaus der Löhrstraße 10. Auch die Synagoge in der Keilstraße wurde zurückgegeben und im Herbst eröffnet. Außer den paar Leipzigern, die aus den Lagern zurückkamen, stammten die meisten der nun drei- bis vierhundert Mitglieder ursprünglich aus anderen Gegenden und Ländern.

Dr. Fritz Grunsfeld, der bis zur Deportation Leiter der Gemeinde war, hatte Theresienstadt überlebt und gehörte jetzt wieder zum neuen Vorstand.

Sie wohnten wieder in der Fregestraße, wo Sie aufgewachsen waren. Hatten Sie Kontakt zu den Nachbarn, die Sie schon als Kind kannten?

O ja, zum Beispiel zu den Schreibers aus dem Haus, wo wir früher wohnten. Oder zu Günter Steinert von gegenüber und seinen Eltern. Das waren Leute, die sich in der Nazizeit sehr anständig benommen hatten. Es gab auch einen sehr guten

Freund unserer Familie, Curt Lorenz, der uns in schlimmen Zeiten viel geholfen hatte und den ich nun wiedertraf. Ich begegnete natürlich auch einigen, die ich auf der Straße zwar sah, aber nicht mehr so gern grüßte.

Was haben Sie dann in Leipzig gemacht?

Zuerst einmal habe ich eine Weile gebraucht, um mich wieder an ein ziviles Leben zu gewöhnen. Ich war ja noch ziemlich unterernährt und mußte zusehen, genügend Essen zu bekommen. Das war damals noch besonders knapp. Eine gewisse Hilfe hatten wir, die aus den Konzentrationslagern kamen, dadurch, daß uns die beste Kategorie der Lebensmittelkarten zustand. Ich hatte genügend Marken, um jeden Tag in einer Gaststätte essen zu können. Es gab aber zu dieser Zeit nicht viele Lokale. Im ersten Stock eines Gebäudes in der Hainstraße befand sich das »Casino Belge«, das nach Kriegsende belgische »Fremdarbeiter« für sich requirierten. Vorher war es Wehrmachtskasino gewesen, und noch früher hieß das Lokal »Nachtfalter«. Jetzt konnte man dort essen gehen oder interessante Leute kennenlernen. Eines Tages saß ich mit einer jungen Frau und ihrem Partner am selben Tisch, und während einer munteren Unterhaltung parodierte ich Hans Moser und Heinz Rühmann. Dazu erzählte ich ein paar dumme Witze. »Sie könnten doch in meinem Programm konferieren. Ich habe nämlich die Genehmigung der russischen Kommandantur bekommen, in diesem Lokal in einigen Tagen ein Cabaret-Varieté zu eröffnen«, teilte mir die junge Dame – sie hieß Dita Hofmann – mit. »Ich hab das doch noch nie gemacht«, sagte ich, und sie erwiderte: »Das können Sie. Ich zahle Ihnen fünfzig Reichsmark.« Da mir das sehr viel erschien, fragte ich:

»Pro Woche?« – »Nein«, lachte sie, »pro Vorstellung, und zwar täglich.« Ich war engagiert und erhielt den Künstlernamen Rolf Carlo, der auch auf den Plakaten stand.

Es war die erste öffentliche Veranstaltung nach dem Krieg. Die Nachmittagsvorstellung sollte um vier Uhr beginnen. Schon Stunden vorher stand eine Schlange von Menschen, ausgehungert nach jeder Art von Unterhaltung, die Treppe hinunter und die Hainstraße entlang fast bis zum Markt. Ich konferierte ein sehr gutes Programm, denn alle Künstler und Artisten waren Profis, die seit langer Zeit – auch schon in den letzten Kriegsjahren – nicht mehr auftreten konnten, weil die Theater und Varietés geschlossen hatten. Die Direktion und das Publikum schienen auch mit mir ganz zufrieden. Als das Programm nach einigen Wochen wechselte, bekam ich sogar weitere Engagements nach Gera und Bitterfeld, von wo aus wir auf Tournee gingen und an jedem Abend in irgendeinem anderen Ort der Umgebung spielten. Ab Spätherbst gehörte ich dann zum festen Ensemble des Leipziger Palast-Theaters im Zoo. Mein Direktor Bruno Hendel, der als Pächter die gesamten Zoo-Betriebe gastronomisch führte, übertrug die künstlerische Leitung des Palast-Theaters seinem Sohn Günter, der im Terrassensaal das Kabarett eröffnete. Der ziemlich zerstörte große Kongreß-Saal befand sich damals gerade im Wiederaufbau, die anderen Säle aber waren intakt geblieben. Der Zoo entwickelte sich zu einem Unterhaltungszentrum Leipzigs. Die Familie Hendel kannte ich übrigens schon in der Verfolgungszeit. Frau Marga Hendel konnte ihren jüdischen Mann Bruno vor der Deportation retten, während ihr Sohn, mein Freund Günter, die letzten Kriegsmonate illegal in München verbracht hatte.

Also war im Laufe einiger Monate wieder eine gewisse Norma-
lisierung festzustellen?

Einigermaßen – den Verhältnissen entsprechend. Der Krieg
hatte ja bei der gesamten Bevölkerung tiefe Spuren hinterlas-
sen. Nicht nur die zerbombten Häuser, die für jeden sichtbar
waren, sondern vor allem das Leid in fast allen Familien, deren
Angehörige entweder an der Front oder bei Luftangriffen
getötet oder verwundet worden waren. Viele Männer befanden sich auch noch in der Kriegsgefangenschaft. Und trotzdem: Die Menschen gewöhnten sich wieder langsam an einen
Alltag, der zwar schwierig, aber doch friedlich war. Man ging
ins Tivoli zum Tanztee, wo Kurt Henkels mit seinem Orchester spielte, oder auch in die Oper, die ins Haus »Drei Linden«
ausgelagert war. Das Schauspielhaus mit sehr guten Aufführungen von Klassikern und Zeitstücken hatte sich im
früheren CT-Gebäudekomplex in der Gottschedstraße eta-
bliert. In der Hainstraße 18 war aus dem Casino Belge inzwischen das Atrium geworden, und das Gewandhausorchester
spielte zu dieser Zeit im Capitol. Auch die Vorortfestsäle, die
sogenannten Tanzböden, wurden wieder gern besucht.

Wie lange lebten Sie noch in Leipzig?

Im Spätsommer 1946 erhielt ich einen sehr wichtigen Brief
aus New York. Tante Dorchen, die Schwester meiner Mutter,
hatte ihn mir geschickt, um mir mitzuteilen, daß ich versuchen sollte, so schnell wie irgend möglich in die USA zu
kommen. »Nimm diesen Brief mit«, so schrieb sie, »und zeige
ihn der UNRRA – das ist die Abkürzung für United Nations
Relief and Rehabilitation Administration! Vielleicht ist zufällig gerade ein Platz auf einem Schiff frei.« Der Brief enthielt

am Ende noch einen kurzen englischen Text, den ich vorzeigen sollte: »To Whom It May Concern: Please be kind enough to help my nephew, my sister's son to come to New York as soon as possible. He went through so very much and is all alone in Germany.«

Noch schwerer, als diesen englischen Text zu verstehen, war es für mich, nach Amerika zu kommen, denn ich lebte ja in Leipzig, in der sowjetisch besetzten Zone. Grundbedingung für eine Einreise nach den USA war aber, daß man im amerikanischen Sektor von Berlin oder in der amerikanisch besetzten Zone seinen Wohnsitz hatte. Außerdem mußte man – was ich ja war – Verfolgter des Naziregimes und in Deutschland geboren sein. Da ich nun auch schon wußte, daß von meiner Familie leider niemand wiederkommen würde, entschloß ich mich, meine Heimatstadt zu verlassen. Mit einem neuen und einem alten Lacklederkoffer, in denen meine Habseligkeiten mühelos verstaut werden konnten, war es fast unmöglich, in einem der total überfüllten Züge nach Berlin zu fahren. Nachdem ich meine Abmeldung bei der Polizei und alle übrigen Formalitäten erledigt hatte, mußte ich also einen anderen Weg finden. Ein Lastwagen, der in der Nacht nach Berlin fuhr, um die Zeitung »Neues Deutschland« frisch aus der Druckerei nach Leipzig zu holen, nahm mich schließlich mit. Er brachte mich nach Zehlendorf ins amerikanische UNRRA-Lager.

Es dauerte aber dann doch noch bis zum Frühjahr 1949, ehe ich nach New York fahren konnte. Während dieser zweieinhalb Jahre lebte ich in München und verbrachte dort eine schöne und interessante Zeit.

Post aus Israel

Alfred Glaser erzählt

Susanne Kucharski-Huniat aus Leipzig war mit einem Ehepaar Berg in den USA befreundet. Max Berg war ein ehemaliger Leipziger, dem die Ausreise nach Schanghai gelungen war. Kaum vorstellbar, daß die Repressalien der Nazis ihn auch dort erreichten, denn als in Deutschland für jüdische Frauen und Männer die Zusatznamen »Sara« und »Israel« eingeführt wurden, mußte Max Berg auf dem deutschen Konsulat diese Eintragung in seinem Paß vornehmen lassen ...

Den beiden Bergs schickte also Susanne Kucharski-Huniat die »Leipziger Blätter«. Die schrieben ihr, daß es in Israel einen Mann gebe, der sich darüber von Herzen freuen würde. Dieser Alfred Glaser hing immer noch sehr an seiner Vaterstadt, er wäre quasi *der* Leipziger in Israel. Und so leiteten sie ein Exemplar mit ein paar Zeilen in das israelische Dorf Kfar Monash weiter.

Von dort erhielt ich daraufhin einen vierzehnseitigen Brief – meine erste Post aus Israel! Ein Sturzbach der Erinnerungen!

Hier nun einige Passagen des Briefes vom »israelischsten Leipziger«!

»Ich weiß nicht, ob Sie überhaupt ermessen können, was es heißt, einen Brief so plötzlich und unerwartet aus der alten vertrauten Gegend zu bekommen, und das nach so vielen

Jahren und so viel Erlebtem. Ich lag gerade mit Fieber im Bett, als mir meine Frau die Post brachte. Als ich den Poststempel sah, bekam ich fast einen Schock und geriet in eine ungeheure Spannung! Leipzig … stand da … mein altes Leipzig, das ich nie vergaß! Ich weiß nicht mehr, ob mein Fieber in dem Moment gestiegen ist, aber eins weiß ich: Als ich das Päckchen öffnete, die Broschüre durchblätterte, den Brief las, stiegen mir, ich schäme mich nicht, dies zu erwähnen, Tränen in die Augen.

Wer konnte mir schreiben? Meine ganze Familie: meine Mutter, zwei Brüder mit Frauen und Kindern, drei Schwestern mit Männern und Kindern sind in den Gaskammern der Nazimörder grauenhaft ermordet worden!!! Ich konnte mir daher beim besten Willen nicht vorstellen, woher der Brief aus dem lieben alten Leipzig kommt. Ich nahm erst einmal eine Valiumtablette, denn ich konnte meine Erregung nicht unterdrücken.

Langsam gelang es mir, mich zu konzentrieren. Ich las Ihren aufschlußreichen Artikel über die Juden Leipzigs! Es tut unendlich gut zu wissen, daß es noch Menschen gibt, die über solches Geschehen nicht einfach so zur Tagesordnung übergehen!«

Während Glaser den Artikel las, tauchten immer mehr Erinnerungen aus seiner Kindheit auf:

»Ich sah mich mit der großen Zuckertüte zur Schule gehen. Damals wohnten wir in der sogenannten ›Funkenburg‹ in der Thomasiusstraße. Später ging ich dann in das Nikolaigymnasium in der Königstraße. Ja, und dann die Kleinmesse! Ach du lieber Gott … wenn ich daran denke! Erst mal Eis essen bei Stock. Und dann Seiferts Oskar! Das Leipziger Original.

Ach ja, und am Augustusplatz standen die Neuheitenverkäufer zur Mustermesse. Ich fand das als Kind riesig interessant und stand da stundenlang. Einmal stand ich bei einem Zugflötenverkäufer, der legte eine Platte auf und spielte dazu mit einer Flöte. Als die Menschen weg waren, sagte er plötzlich zu mir: ›Kleener, willste dir was verdien?‹ Ich sagte ihm: ›Nu, warum nich.‹ – ›Nu, da gomm mal her!‹ Er gab mir eine Flöte und erklärte mir, wie ich damit umzugehen hätte. Da ich musikalisch bin, ging das bei mir ziemlich schnell. Als er dann mit seinem Verkauf anfing, schrie er: ›Kinderleicht ist das Spielen mit meinen Flöten! Jedes Kind kann das sofort! Komm ma her, Kleener‹, sagte er dann, und ich stand zwischen den Menschen. ›Sehnse, der Junge steht hier zufällig, und nu werdense sehen, wie kinderleicht das ist!‹ Und dann mußte ich auf der Flöte spielen. Er schrie: ›Sehnse … das erschte Mal, un schon spielt der Kleene!‹ Ich bekam dann etwas Geld. Leider hatte mich mein ältester Bruder dabei gesehen, und ich kriegte zu Hause Ärger!«

Während diese Kette von Erinnerungen Glaser übermannte, dachte er auch an seine damalige Lieblingslektüre, die Bücher von Karl May:

»Ich war ein begeisterter Leser von Old Shatterhand und Winnetou. Natürlich war ich auch in Radebeul, hielt den Bärentöter und den Henrystutzen in der Hand. Wir spielten Trapper und Indianer. Ach du lieber Gott, da fällt mir ein: Gibt es denn den Tauchscher noch? Dann verkleideten wir uns, und eine Straße führte Krieg gegen eine andere …

Ja, und dann spielte ich Fußball. Die alten Leipziger werden sich an den V. f. B. Leipzig erinnern. Wie waren wir stolz! Drei- oder viermal war er Deutscher Meister. Da spielte ich

Fußball! Im V. f. B.! Der Platz war in Probstheida hinter dem Völkerschlachtdenkmal. Da spielte der berühmte Eddy Pendorf – er war unser Held!«

Das Leben in der Familie Glaser wurde schlagartig schwerer, als der Vater starb. Alfred war damals gerade dreizehn Jahre alt.

»Ich bin heute froh, daß er eines natürlichen Todes gestorben ist. Mein Vater war ein alter und begeisterter Sozialist. In unserem Wohnzimmer hing ein Bild von Ferdinand Lassalle. Er hätte den Nazismus schwer ertragen und war eine Kämpfernatur. Er und mein Onkel waren 1914 bis 1918 im Krieg. Kaiser Wilhelm gab das große und lügenhafte Versprechen: ›Der Dank des Vaterlandes sei euch gewiß!‹ Viele jüdische Soldaten standen in der Reihe für das Vaterland und waren bereit, das Leben einzusetzen. Der Dank des Vaterlandes war dann, daß mein Onkel, im Krieg schwer verletzt, Träger des Eisernen Kreuzes erster Klasse, am Tag nach der ›Kristallnacht‹ mit einer Zahnbürste den Fußsteig reinigen mußte, und die SA-Leute standen herum und lachten. Er war mit dem Orden aus der Wohnung gekommen. Man riß ihm den laut johlend ab und schlug ihn …«

Doch das war schon ein Vorgriff auf die Ereignisse der Pogromnacht, die Glaser später beschrieb. Zunächst schilderte er die Situation am Ende der Weimarer Republik:

»Ich wurde ein junger Mann. Zuviel sah man in dieser Zeit die braune Uniform mit der Hakenkreuzbinde. Leider nahm niemand diese Horde ernst. Meine christlichen Freunde sagten: ›Irregeführte Menschen! Das hört schon von selbst auf!‹ Hier muß ich vielleicht einflechten, daß wir, meine Familie, sehr assimiliert waren. Ich hatte fast keine jüdischen Freunde, die meisten waren Nichtjuden. Wir feierten auch Weihnachten!

Nach dem Tod meines Vaters mußte ich das Gymnasium verlassen, weil wir wirtschaftlich in keiner guten Lage waren. Meine Mutter riet mir: ›Lerne etwas mit Lebensmitteln, essen müssen die Menschen immer!‹ Und so lernte ich in dem alten, ehrwürdigen Kolonialwarengeschäft Albin Reichel in der Gerberstraße.

Im dritten Lehrjahr kam ich in die Zschochersche Straße. Das Geschäft war nahe am ›Felsenkeller‹. Wenn ich abends nach Hause fahren wollte, kam ich oft nicht durch. Im ›Felsenkeller‹ waren Versammlungen, und dann standen auf der einen Seite der Straße die Kommunisten oder Sozialisten und auf der anderen Seite die SA-Faschisten. Man schrie auf der einen Seite: ›Nazi verrecke!‹ und auf der anderen ›Deutschland, erwache!‹.

Mein Geschäftsführer, stellte sich heraus, war ein Nazi. So machte ich Bekanntschaft mit der Sorte. Ich hatte die echte deutsche Erziehung eines artigen Knaben bekommen, war noch Lehrling und wagte nicht aufzumucken, obwohl er mich manchmal schikanierte! Er wußte, daß ich Jude war, aber das feige Luder ließ mich seine braune Uniform in einem Paket zum Versammlungsort bringen! Es war ihm zu riskant, damit durch diese Arbeitergegend zu laufen!«

Nach der Machtergreifung der Nationalsozialisten gab es in Alfred Glasers Verwandtschaft bald ein erstes tragisches Beispiel für den Terror des neuen Systems:

»Der Schwiegervater meines Bruders, sie wohnten in Grimma bei Leipzig, wurde plötzlich verhaftet. Angeschwärzt von der nichtjüdischen Konkurrenz. ›Unlauterer Wettbewerb‹, hieß es. Ich sehe noch die verweinten Augen von der Frau meines Bruders. Mein Bruder versuchte alles, um ihn herauszukriegen. Nichts gelang! Eines Tages klopfte ein SA-Mann an der Tür, hielt eine Zigarrenkiste in der Hand und sagte zu der Familie: ›Hier ist Ihr Mann!‹ ...«

Dann kam eine Zeit, in der Alfred Glaser arbeitslos war. Eines Tages jedoch hatte er Glück:

»Im Eingang neben dem Kino Wintergarten stand ein Mann mit Aalen und Räucherfisch. Ich sprach ihn an, ob er vielleicht Arbeit für mich wüßte. Er sprach mit seinem Chef, und da ich Lebensmittelfachmann war, nahm er mich, denn es sollte daneben ein Geschäft aufgemacht werden, und er brauchte Verkäufer. Das war der Besitzer der bekannten Aal- und Fischräucherei Grospitsch vom Dösner Weg. Sie hatten in Wismar eigene Halteanlagen für frische Fische, eine Räucherei und auch eine Verkaufsstelle. Es machte mir viel Spaß, dort zu arbeiten. Der Chef war ein ehemaliger Marineoffizier. Er wußte damals noch nicht, daß ich Jude war, denn ich sehe gerade nicht so jüdisch aus, wenn man überhaupt von anders aussehen sprechen kann. Das war ja auch so eine Propaganda der Nazis!

Die Firma Grospitsch verkaufte auch auf Messen und Märkten. Einmal schickte er mich vom Laden mit auf einen Markt. Da ich einen gesunden sächsischen Humor besitze, machte mir das viel Spaß. Optimismus und Humor halfen mir in schweren Zeiten über vieles hinweg!

Ich kann mich noch genau erinnern, wie ich damals auf dem Markt die Leute angesprochen habe: ›Der Aal ist so groß, mei Liewer, da könnse sich reinsetzen un de Elbe raufpaddeln!‹ Stets standen Menschen um mich herum, auch auf der Kleinmesse, wo die alten, sehr bekannten, aus Wollin in Pommern stammenden Neidels standen. Die alten Leipziger erinnern sich sicher daran – gleich am Eingang standen die Aalbuden! Die hatten ›Bammel‹ vor mir, wenn ich anfing zu rufen: ›Die Mutter ist daran schuld! Jawohl, die Mutter ist daran schuld!‹ ... Dann kamen die Leute angeströmt, um zu erfahren, woran eigentlich die Mutter schuld war. Ich sagte: ›Die Mutter ist schuld, wenn die Kinder nicht wachsen, weil sie keine Aale essen!‹

Alles dies gehört vielleicht nicht gerade in eine Abhandlung über das Schicksal der Juden während der Nazizeit, aber wenn ich so an meiner Maschine sitze, erinnere ich mich auch an die schöne Jugend, die ich in Leipzig erlebte.«

Seine Lebenssituation verschlechterte sich zusehends. Bald lernte er auch ein Beispiel von Denunziation kennen, das aber zum Glück ohne schlimmere Folgen blieb:

»Im Geschäft riefen die Verkäuferinnen und Verkäufer laut ›Heil Hitler‹, damit man nicht merkte, daß ich schwieg. In Leipzig gab es, Gott sei Dank, auch noch viele Menschen, die nichts vom Nazismus wissen wollten. Aber überall waren Gefahren. Unsere Konkurrenz im Fischhandel war der Baumann gegenüber. Einmal wartete meine Freundin auf mich. Da kam der Chef der Konkurrenz und fragte sie, ob sie wüßte, daß ich Jude sei. Anstatt ihm zu sagen, daß sie auch Jüdin ist, sagte sie, daß ihn das nichts angehe. Am nächsten Morgen brachte mir einer meiner Brüder einen Aufruf, mich in der Wächterstraße im Polizeipräsidium zu melden. Meine Mutter und Geschwister hatten natürlich große Angst, und ich war auch nicht gerade erfreut. Ich hatte vergessen, daß kurz zuvor die sogenannten ›Nürnberger Gesetze‹ herausgekommen waren

und ein Jude nicht mit einer Arierin befreundet sein darf ...
Ja, wir waren der Auswurf, unser Blut war schwarz. Im ›Stürmer‹, der damals erscheinenden antisemitischen Zeitung, wurden wir als Flöhe und Läuse beschrieben, die man mit den Fingern zerquetschen muß!!!

Also ging ich zur Wächterstraße. Man schrie mich an, daß ich mit nichtjüdischen Mädchen gehe. Der Beamte sprach mich nur immer in der dritten Person an: ›Er geht mit christlichen Mädchen!?‹ Oder: ›Gibt er es zu!?‹ So hörte ich es später auch im KZ ...«

Glücklicherweise erlebte Glaser auch, daß es Menschen gab, die den Rassenwahn des neuen Systems nicht mitmachten:

»Unser Chauffeur war ein Strohmann, damit wir sagen konnten, auch in unserer Firma ist ein Mitglied der Deutschen Arbeitsfront tätig. Er kam manchmal abends zu mir nach Hause und erzählte in seinem Sächsisch: ›Die hamm mir widdr de Hölle heeß gemachd, weil du noch bei uns arbeitest.‹ Mein Chef, der später auf meiner Versicherungskarte las, Religion: mosaisch – so bezeichneten die Beamten unsere Religion –, sagte zu mir: ›Sie hätten mir das ruhig erzählen können. Ich hasse keinen Menschen, weil er zufällig aus einer jüdischen Mutter kam!‹«

Mit den zunehmenden Repressalien des Nazisystems wuchs auch bei Familie Glaser der Wunsch, Deutschland zu verlassen:

»Wir versuchten vieles. Ich hatte immer noch Arbeit, aber eines Tages kam dann mein Chef in meine Filiale und sagte mir, daß man ihn boykottiere und ihn zwinge, mich zu entlassen. Sonst würden die Behörden sein Geschäft schließen. Ich werde das nie vergessen. Er war traurig und ich noch mehr. Ich hatte mich dort sehr wohl gefühlt, alle Angestellten und Arbeiter waren zu mir, dem Juden Glaser, wie Geschwister! Er bat mich um den Schlüssel, denn ich war inzwischen Filialleiter geworden. Er gab mir noch ein schönes Stückchen Geld mit, wir reichten uns die Hand, und er riet mir, so schnell wie möglich das Land zu verlassen ... Aber wohin? Eines Tages kam mein Schwager nach Hause. Er hatte endlich eine Auswanderungsmöglichkeit gefunden – nach Kolumbien! Ach du lieber Gott, dachte ich, das hieß, daß wir alle dahin gingen ... Was mache ich denn in Kolumbien!? Wir fingen an, Spanisch zu lernen ... Ich war nun arbeitslos, aber was geschah? – Die pommerschen Neidels, die alte Familienfirma in Aal und Fisch, kamen zu mir, sie kannten mich ja von der Messe als guten Verkäufer, und nahmen mich mit auf Reisen! Sie sagten, was geht uns das an – Jude oder Nichtjude!

Ja, und dann gingen die ersten von unserer Familie zum Hauptbahnhof und verließen die alte Heimat. Man sah Männer und Frauen weinend Abschied nehmen. Kinder wurden hochgehoben und geküßt. Es war herzzerreißend! Auch ich nahm von ihnen Abschied. Ich hing besonders an meinem mittelsten Bruder. Wir waren immer zusammen ins Casino am Neumarkt gegangen und auf die Kleinmesse. Ich habe sie niemals wiedergesehen!!! Sie konnten in Kolumbien, wo wir uns treffen wollten, das Klima nicht vertragen und kamen zurück nach Europa! Als der Krieg ausbrach, flüchteten sie von Belgien nach Frankreich und kamen ins unbesetzte Südfrankreich. Als auch dieser Teil von deutschen Truppen besetzt wurde und die SS gleich dahinter kam, wurden meine lieben Angehörigen, die schon Europa verlassen hatten, verhaftet und nach Auschwitz abtransportiert ...«

In Leipzig wurde Alfred Glaser dann Augenzeuge des Novemberpogroms:

»… überall waren Menschenaufläufe. Da standen die Menschen, viele bedauernd oder andere gleichgültig. Ich rannte über den Markt, ließ die Fensterglassplitter hinter mir. Ich wollte zu meiner Freundin. In der Nord-, Gerber-, Humboldtstraße jagte man Menschen. Möbel lagen zerbrochen auf der Straße. Und dann sah ich, wie SA und SS jüdische Männer in Gruppen abführten. Ich kam nicht mehr durch und ging zurück zum Markt, Grimmaische Straße. Da kam der Chauffeur der Fischhandlung Grospitsch, wo ich gearbeitet hatte. Er fuhr an die Bordkante, schrie mir zu, ich solle einsteigen! Das war für ihn sehr gefährlich! Er brachte mich nach Hause. In Reudnitz merkte man fast nichts von dem Tumult. Aber meine Mutter stand schon wartend vor dem Haus und fragte mich ängstlich, wo ich so lange geblieben sei. Die Gestapo sei schon dagewesen und habe nach mir gefragt … Ich sagte meiner Mutter, daß ich Deutschland illegal verlassen werde, denn einen Paß hatte ich nicht. Sie fing natürlich furchtbar zu weinen an, auch meine jüngste Schwester, aber sie sagte, daß dies sicher das beste wäre. Ich hatte am Markt von der Sparkasse alle Ersparnisse abgeholt, und meine Mutter gab mir auch noch etwas mit. Ich habe sie nie wieder gesehen!!!«

Glaser, Cäcilie, Ww., O 5, Crottendorfer Str. 14

Mit einem Bekannten hatte Glaser schon über eine eventuelle Flucht gesprochen. Sie fuhren zunächst zu dessen Schwester nach Mülheim an der Ruhr, um von dort über die Grenze nach Holland zu gelangen.

»Eines Abends brachte die Frau ihren Neffen mit, der sich erbot, uns über die Grenze zu bringen. Karl hieß er, und ich werde ihn nie vergessen. Ich hatte stets gehört, daß diese Leute Geld nehmen, und fragte: ›Wieviel?‹ Er guckte mich ernst an und sagte: ›Nichts! Es gibt hier auch noch Menschen!‹

Nachts gingen wir los ... furchtbare Angst ... Novembernacht: kalt und stürmisch. Wir schlichen geduckt über die Weiden, Pferde kamen wiehernd an, Schüsse von irgendwo, denn wir waren nicht die einzigen, die über die Grenze gingen. Ich traf in Holland Hunderte aus Deutschland und Österreich. Durch Wasser watend und über Zäune springend, Scheinwerfer über uns, erreichten wir die holländische Grenze. Dann waren wir zu zweien, liefen bis Valkenburg. Dort nahmen uns Holländer auf und gaben uns ein Zimmer. Den nächsten Tag ging es weiter zu Fuß bis Maastricht, dort gingen wir zum Rabbiner, der uns Fahrkarten nach Amsterdam gab. Das Flüchtlingskomitee brachte uns in einem kleinen Hotel unter. Wir waren in Amsterdam einen Monat frei, bis wir einen Brief von der Ausländerpolizei bekamen, uns zu melden. Wir hatten keine Angst, denn wir wußten, wer in Amsterdam war, wurde nicht zurückgeschickt. Bei der Ausländerpolizei sah ich viele Menschen. Als ich an der Reihe war, wurden mir Fingerabdrücke abgenommen, und ich wurde fotografiert. Wie ein Verbrecher.

Später hörte ich, daß man in Holland viele Arbeitslose hatte, und man wollte sichergehen, wer wir waren und daß wir nicht arbeiteten. Aber für uns, die wir gerade der Hölle entronnen waren, waren das grausame Feststellungen. Ein Beamter sagte mir: ›Nehmen Sie Platz, setzen Sie sich!‹ Und ich kann schreiben, von diesem Moment ab saß ich volle sieben Jahre in allen möglichen Lagern … Man muß trotzdem dem kleinen Staat Holland dankbar sein, daß er so viele Flüchtlinge aufgenommen hatte! Die Großen taten nichts, aber ich saß eben sieben Jahre, zwei Jahre bei den Holländern und fünf, nachdem die Deutschen das Land überfallen und unser Lager mit allem lebenden und toten Inventar übernommen hatten.

Ich war vierundzwanzig, als ich ins Lager mußte, und mit einunddreißig Jahren kam ich heraus!«

Zwischen Kfar Monash in Israel und Leipzig entwickelte sich nun in der Folgezeit ein reger Briefverkehr. Ich schickte Alfred Glaser die Schallplatte unseres sächsischen Programms »Dr Saggse – Mänsch un Miedos«, ein Mitschnitt aus dem »academixer-keller«, Szenen und Lieder aus den zwanziger Jahren. Er bedankte sich mit einem Gedicht »Grüße an die academixer (unbekannterweise!), in meine Geburtsstadt ›Leipzsch‹ aus weiter Ferne!

›Verbrochen‹ von Alfred Glaser, Jahrgang 1914, in Dankbarkeit!«

Darin heißt es unter anderem

Habt Dank. Habt Dank.
Een alder Saggse sacht Eich das!
Fern von der Heimat hört ich Euch,
Glaubt mir, die Augen waren naß!

Glaube … Hoffnung.
Jetzt kommen Briefe, die beglücken,

Aus alter Heimat jetzt zu mir.
Ich möcht Euch gern die Hände drücken!

Habt Dank. Habt Dank.
Ich säh mich schon an Eierm Dische!
Nu lähch ich mal die Bladde druff
Machts gut ... ich grieße Eich in alder Frische!!!

Zur Herbstmesse 1987 erfüllte sich Alfred Glaser einen Traum. Durch die Kontakte mit Susanne Kucharski-Huniat und mir hatte er wieder zwei Adressen in Leipzig, und durch die Briefe, die wir wechselten, »kannte« er wieder jemanden in seiner Heimatstadt. So wagte er die Reise in die Vergangenheit. Glaser nutzte die Reiseerleichterungen während der Messen, die das internationale Image der DDR aufbessern sollten, und kam nach Leipzig ...

Als wir das erste Mal zusammensaßen, schien mir Alfred Glaser schon vertraut. Durch die Briefe, die wir uns geschrieben hatten, kam nicht das Gefühl auf, einem Fremden gegenüberzusitzen. Aufgeregt erzählte er von seinen Erlebnissen:

»Heute filmte ich den Fischladen, wo ich mal gearbeitet habe – vor fünfzig Jahren ... Da fragte mich eine Vorübergehende: ›Sinn Sie vom Fernsehn?‹ Ich verneinte und erzählte ihr von meinem Besuch nach so vielen Jahren. Da antwortete sie traurig: ›Ooch, Sie Ärmster, da hamm Sie awwr viel middgemachd! Nu sinn Se widdor dorrheeme!‹ Du lieber Gott, was soll man da noch sagen!? ... Ich bin wieder dorheeme!«

Alfred Glaser versprach sich in den Leipziger Tagen ständig, wenn er von seiner Familie redete: »Seitdem ich hier bin, spreche ich statt von meiner Frau nur noch von meiner Mutter und von meinem Bruder statt von meinem Sohn ... Ich hör meinen Vater reden, seh meine Mutter ... Ach du lieber Himmel.« Er mußte weinen und ging nach draußen. Am meisten nahm ihn mit, in der Israelitischen Religionsgemeinde die Karteikarten seiner Familie mit dem Vermerk der Deportation zu finden.

Glaser wohnte eine Zeit im Leipziger Osten. Das Haus wollte er unbedingt sehen. Die ehemalige Wohnung stand gerade leer, und Susanne Kucharski-Huniat versuchte, im Haus dafür den Schlüssel zu bekommen. Eine ältere Frau sagte ihr: »Ich kann Ihnen den Schlüssel nicht geben. Die Wohnung ist schon vergeben.« Nun erklärte Susanne der Frau, daß sie nicht die Absicht habe, sich um diese Räume zu bewerben, sondern ein Mann wäre nach über fünfzig Jahren wieder zu Besuch in Leipzig und würde gern einen Blick in seine alte Wohnung werfen.

»Etwa der Herr Glaser!?«

Kommentar von Alfred Glaser, als er die Küche betrat: »Unser alter Kichnofn!«

Anschließend besuchte er im Leipziger Osten die Frau eines verstorbenen Freundes, die nicht wußte, daß er sich in Leipzig aufhielt. Nach dem Klingeln sah sie durchs Fenster. »Ach, du bist's, Safdl!« So lautete sein damaliger Spitzname. »Du hast dich gar nicht verändert. Komm rein! Na, da freu ich mich aber! Ich wollte zum Friedhof gehen, aber ich hatte so ein Gefühl, daß ich nicht gehen soll!«

Wenn Glaser durch die Straßen Leipzigs ging, fielen ihm die verrücktesten Sachen wieder ein: »Hier stand eine Laterne. Die ist weg. Da hab ich mir mal unheimlich den Kopf dran gestoßen!«

Auch Max Berg, der Bekannte von Alfred Glaser aus den USA, war zur Herbstmesse 1987 zum erstenmal nach fünfzig Jahren in seiner Heimatstadt. Er wollte das Haus sehen, in dem er damals gewohnt hatte. Es stellte sich heraus, daß auch Alfred Glaser als Kind eine Zeit in diesem Haus verbracht hatte. Zu jener Zeit kannten sie sich aber noch nicht.

Bei den Bewohnern hieß das Haus nur die »Funkenburg«. Es steht an der Jahn-Allee, Ecke Thomasiusstraße. Wir gingen über den Hof. Noch heute gibt es von dort einen Aufgang A, B und C. In dem Gebäude war zu DDR-Zeiten die Sozialversicherung untergebracht. Max Berg sah nach oben: »Das Fenster, das dort auf ist – das ist unsere Wohnung!«

An der Pforte saß ein junger Mann. Ich erklärte ihm, worum es ging, wer die beiden alten Herren waren und daß sie gern einmal die Räume ihrer früheren Wohnung sehen möchten.

»Heute ist Montag. Wir schließen bald. Ich kann das nicht entscheiden.«

Ich bat ihn, mich mit dem entsprechenden Verantwortlichen zu verbinden, ließ mich aber mit der Frau am anderen Ende des Drahtes auf kein langes Gespräch ein, sondern ging zu ihr. Berg und Glaser blieben an der Pforte zurück. Sie sagten kein Wort mehr, seitdem sie merkten, wie seelenlos der Mann reagierte. Da kamen bestimmt deutsche Erinnerungen der schlechtesten Sorte hoch. Ihre Gesichter hatten jedenfalls einen angespannten Ausdruck.

Der Verantwortlichen erklärte ich: »Zwei ehemalige Leipziger, die nach fünfzig Jahren wieder in ihrer Heimatstadt sind, möchten gern in ihre alte Wohnung.«

»Wo sind die her?«

»Aus Israel und den USA.«

Totale Verunsicherung. »Das geht nicht. Das kann ich nicht entscheiden.« Ich erklärte ihr, daß ich über die Geschichte der Juden in Leipzig arbeite und für meine Spurensuche auch die Unterstützung des Rates des Bezirkes habe. Schließlich wurden die »Leipziger Blätter« von dieser Institution herausgegeben. Dann fiel mir ein Funktionär ein, der diesen Beitrag lobte. Also gab ich noch die Unterstützung der SED-Bezirksleitung als Trumpf dazu und vergaß auch nicht, zu erwähnen, daß ich Mitglied des Kabaretts »academixer« war. Die Fülle der guten Namen zeigte schließlich Wirkung. Sie ließ sich überreden ... Ich bot ihr an, mitzukommen und die alten Herren kennenzulernen.

»Lieber nicht.«

Nun holte ich endlich Berg und Glaser von der Pforte. »Es ist genehmigt. Wir dürfen nach oben.«

Berg fand auf Anhieb seine alte Wohnung. »Die Toilette ist noch am alten Platz. Auch der kleine Korridor mit dem Fenster zum Hof ist original.« Er zeigte auf einen Büroraum: »Das war unser Wohnzimmer. Und dort hinter der Eingangstür hatten wir ein Gitter. Mein Vater handelte auch mit Devisen. Wir besaßen in Leipzig die erste Funkstation, mit der wir die Kurse empfingen.«

In dem Moment kam die Leiterin aus ihrer Tür und sagte: »Herr Lange, es geht nicht, Sie müssen gehen!«

»Wer hat das gesagt? Ich möchte mit ihm sprechen!«

Wir gingen wieder in ihr Zimmer. Sie hatte mit irgendeiner

Stelle gesprochen, um sich abzusichern, vermutlich war es die »Sicherheit«. Sie begann eine Telefonnummer zu wählen, und ich fragte: »Warum sind Sie bloß so ängstlich!?«

»Ich habe erfahren, daß die ›academixer‹ gar nicht in Leipzig sind! Zeigen Sie mir mal Ihren Ausweis!«

»Natürlich sind wir da. Wir waren auf Tournee. Darüber steht heute in der ›Leipziger Volkszeitung‹ eine Mitteilung!«

Sie legte den Hörer wieder auf.

Ich sagte zu ihr: »Hier sind zwei ehemalige Leipziger, die von den Nazis vertrieben wurden, die sich retten konnten und nichts weiter wollen, als einen Blick in ihre alte Wohnung zu werfen. Zwei Männer von über siebzig Jahren!«

Sie war völlig nervös, kam schließlich mit auf den Korridor. Der vierundsiebzigjährige Alfred Glaser ging den Gang entlang, in dem sich seine Wohnung befand. Sie folgte ihm auf dem Fuß, wurde noch unsicherer, als sie entdeckte, daß beide Fotoapparate bei sich trugen. Wenn die nun den Korridor der Sozialversicherung fotografieren!!! Dabei hatte ich ihr im Zimmer scherzhaft gesagt: »Das sind keine Agenten!« Aber ich konnte ihr in ihrem Streß nicht das geringste Lächeln damit entlocken. Nun fotografierte ich erst recht Berg auf seinem alten Korridor ... Schließlich rettete sie die Uhr. »Nun müssen Sie aber gehen. Sechzehn Uhr wird zugeschlossen!«

Dies alles sagte sie nur zu mir. Sie konnte bei der Auswertung des Vorfalls ruhigen Gewissens sagen, daß sie mit den zwei Männern kein Wort gewechselt hatte.

Unten, auf dem Hof, übermannte die beiden die Erinnerung an ihre Familien. Sie weinten und wollten nicht, daß ich ihre Tränen sah.

Nachdem Alfred Glaser wieder in Israel angekommen war, schrieb er mir bald ausführlich. Wie einen Film ließ er in Kfar Monash die vielen Erlebnisse in der alten Heimatstadt abrollen. Seine Resümee am Schluß des Briefes: »... wie ich schon mal sagte, ich habe nun wieder Familie in meinem geliebten Leibzsch, und es ist wie früher, als ich nach Hause schrieb. Ich umarme Euch alle, liebe Leipziger Freunde, meinen allerherzlichsten Gruß aus weiter Ferne ...«

Er schwärmte von den gemütlichen Runden, von einer Feier in einem Garten »mit prima Bockwurst, die es hier so gut nicht gibt, und Kartoffelsalat«.

Was es natürlich in Israel auch nicht gibt, ist ein Weihnachtsstollen. Also schickten wir im Dezember dem alten Leipziger einen. »Gestern ist die große Überraschung angekommen! Ich war außer mir vor Freude. Nicht nur, daß die Stolle phantastisch schmeckt – es ist eine Sendung aus der alten Heimat und ein Stück meiner Kindheit. Auch meine Mutter, seligen Angedenkens, brachte das Brett mit den Stollen zum Bäcker ...«

In Leipzig schenkte jemand Alfred Glaser ein sächsisches Wörterbuch. Er ist ein echtes »Sprachfossil«, denn er hat das Sächsisch der zwanziger und dreißiger Jahre konserviert. Viele Begriffe aus jener Zeit sind heute nicht mehr im Sprachgebrauch. So kam es, daß er in jenem Wörterbuch der Sächsischen Akademie der Wissenschaften Lücken entdeckte. Er reicherte den Fundus zum Beispiel um das Wort »Heemfuhre« an und »schenkte« es der Akademie, denn dort war es nicht bekannt. Wenn ein junger Mann beim Tanzen ein Mädchen gefunden hatte, das er nach Hause bringen durfte, dann war das die »Heemfuhre«.

Heute lebt Alfred Glaser nicht mehr. Er kam noch zweimal nach Leipzig. Besonders hat ihn bewegt, daß er 1992 im Leipziger Rathaus seine deutsche Staatsbürgerschaft, die allen deutschen Juden von den Nazis aberkannt wurde, zurückerhalten hat.

»Meistens weine ich. Heute geht's.«

Karoline Scherf erzählt

Eines Tages erhielt ich eine Postkarte aus einem Altersheim. Ein Herr Rothschuh bat mich um ein Gespräch. Ich war gespannt und hielt ihn, schon wegen des seltenen Namens, für einen Mann jüdischer Herkunft. Dies war nicht der Fall, Rothschuh interessierte dieses Thema einfach. Als Kommunist hatte er im KZ die Leiden mit den jüdischen Häftlingen geteilt. In dem Heim in der heutigen Bornaischen Straße wohnten mehrere Menschen, die wegen ihrer politischen Gesinnung in der Nazizeit Verfolgungen ausgesetzt waren.

»Hier gibt es eine alte Jüdin. Sie redet sehr selten darüber, aber sie überlebte die Nazizeit in Leipzig.«

Ich bat ihn, der alten Dame meinen Artikel zu geben und ihr auszurichten, daß ich mich sehr gern mit ihr unterhalten würde. Einige Zeit später war sie dazu bereit.

Wir trafen uns nach dem Mittagessen im Speisesaal. Scherf war der Name ihres nichtjüdischen Mannes. Mich interessierte ihr Geburtsname.

»Grünwald.«

»Da hießen Sie ja wie der berühmte Maler!«

»Nein, der hieß Grünewald!«

Eins zu null für die alte Dame! Wer mit neunzig Jahren noch solche Feinheiten mitbekam ... Karoline Scherf wirkte hellwach und war über die Tagespolitik genauestens informiert. Sie stammte aus Berlin, und eine Vorstellung von ihrem Alter erhielt ich durch solche Bemerkungen: »Die Trude Hesterberg ging bei mir in die Schule.« Das erzählte sie, als sie erfuhr, daß ich Kabarettist bin. Im Lindenkabarett erlebte sie seinerzeit Claire Waldoff! Sie sang ihr berühmtes Chanson: »Hermann heeßt er!« Das Lied verärgerte Göring, und Goebbels verbot es schließlich.

»Als junges Ding ist in Berlin so viel auf mich eingestürmt!« Kein Wunder! Ist sie doch noch im vorigen Jahrhundert geboren: 1899. »Ich bin bei den Demonstrationen mitgerannt und war dabei, als Liebknecht 1918 seine Rede vom Balkon des Schlosses hielt.«

Die Menschen auf jenen Fotos schienen mir schon so weit weg, und nun saß mir eine Frau gegenüber, die Zeugin der Novemberrevolution war.

»Wenn man so alt wird, verliert man über die Jahre immer mehr Verwandte und Bekannte.« Zum Glück hatte sie Freunde, die sie an Feiertagen zu sich nach Hause holten und im Heim öfter besuchten.

Nach Leipzig kam Karoline Scherf durch ihre Heirat. Ihr Mann war Lehrer. Die Nazis legten ihm bald nahe, sich scheiden zu lassen. Er hielt jedoch zu seiner Frau.

Scherf, Paul, Lehrer, W 33, Schadowstr. 3

Was blieb über so viele Jahrzehnte besonders aus jener Zeit im Gedächtnis haften?

»Wenn ich mit meiner Mutter in Berlin spazierenging, durften wir uns nicht mehr auf eine Bank setzen. Dabei war meine Mutter gehbehindert ...«

Während des Novemberpogroms hat sie das Konfektionshaus Bamberger & Hertz brennen sehen. »Überall wurden
die Scheiben zertöppert! Heller Irrsinn!«

Eines Tages ging sie in ein Textilgeschäft in der Uferstraße:
»Als ich eintrat, sagten die Besitzer: ›Machen Sie, daß Sie
rauskommen, wir warten darauf, daß wir abtransportiert werden!‹«

Sie wohnte mit ihrem Mann in Lindenau. »Die Mitbewoh-
ner waren anständig.«

Und nach einer kurzen Pause: »Wir waren ja auch anständig!«

In der Nähe ihrer Wohnung gab es allerdings eine Frau, die
»total verrückt« war. Sie erinnerte sich daran, wie sie gemeinsam in einem Geschäft standen: »Na, die Judensau kann auch
zu einer anderen Zeit einkaufen gehen!«

Ab 1938 durfte sie nicht mehr ins Theater. Das hat sie besonders schwer getroffen. 1942 besuchte sie dennoch heimlich ein Konzert mit der berühmten Pianistin Elly Ney.

»Den Stern brauchte ich wegen meines arischen Mannes
nicht tragen.« Ihre Eltern kamen mit dem vorletzten Passa-
gierschiff in die USA aus Deutschland heraus. Am 12. Juli
1939 bestiegen sie die »Washington«.

»Ich war dann bei einer Firma dienstverpflichtet: Theuer-
kauf & Scheibner, eine Drogenhandlung in der Mariannen-
straße. Da arbeiteten etwa zehn bis zwölf Leute, die einen
›arischen‹ Lebenspartner hatten. Die Angestellten waren sehr
nett. Ich hing meinen Mantel bei den jüdischen Arbeitskräf-
ten hin. Da sagte mir eine Kollegin: ›Wenn du bei uns hier
arbeitest, hängst du auch deinen Mantel hierher!‹«

Schließlich verschlechterte sich auch die Situation für jene

Juden, die in einer sogenannten privilegierten Mischehe lebten. »Mein Mann versuchte, bei einem evangelischen Pfarrer
Hilfe zu bekommen. Doch das Gespräch war sehr schnell zu
Ende. Dann ging er zur katholischen Kirche, und der Priester
sagte ihm: ›Ich muß mal mit Ihrer Frau reden.‹«

Der mutige Priester war Theo Gunkel vom Oratorium des
heiligen Philipp Neri.

Gunkel, Theodor, Pfarrer, W 33, Karl-Heine-Straße 110 II.
T. 42905

»Pfarrer Gunkel hat noch mehreren Bedrängten geholfen.
Er war auch einige Zeit verhaftet. Aber mit seiner Klugheit
konnten die ihm nicht das Wasser reichen.«

Theo Gunkel sprach dann mit ihr. Vermutlich wollte er
auch zu seiner eigenen Sicherheit zunächst ein unverbind-
liches Gespräch führen.

»Er sagte mir, daß ich für alle Fälle ein paar Sachen ein-
packen und mich parat halten soll.«

Ihr Mann durfte nicht mehr als Lehrer arbeiten, verteidigte
seine jüdische Frau, geriet dadurch in Bedrängnis und kam
1944 ins KZ Osterode. »Mein Mann war im KZ, und ich war
noch frei!«

Die rassischen Verfolgungen des Nazisystems hörten aber
selbst kurz vor Kriegsende nicht auf.

»Am 10. Februar 1945 bekam ich den Bescheid zum Abtransport in das KZ Theresienstadt, der am 13. Februar erfol-
gen sollte. Ich nahm sofort mit Pfarrer Gunkel Kontakt auf.
Und dann ging ich in die Illegalität. An einem Sonntagnach-
mittag betrat ich mit ihm ein Haus gegenüber dem Plagwitzer
Bahnhof. Dort wohnten von der katholischen Gemeinde drei

Schwestern, keine Ordensschwestern, sondern Geschwister. Die hießen Spitzer.

Spitzer, Geschw., kfm. Angest., W 31, Friedrich-August-Str. 29 III

Sie waren sehr fromm und beteten oft. Pfarrer Gunkel und ihnen verdanke ich mein Leben. Ich war voll und ganz auf diese lieben Menschen angewiesen, denn ich hatte ja auch keine Lebensmittelkarten!

Pfarrer Gunkel sagte eines Tages: ›Ich will mal Ihrem Mann schreiben, damit er weiß, daß Sie gut aufgehoben sind.‹ Ich sagte: ›Herr Pfarrer, lassen Sie das, es wird doch alles kontrolliert!‹ Er hat es aber trotzdem irgendwie geschafft, meinem Mann Bescheid zu geben! Das war ein einmaliger Mensch. Und auch die Schwestern riskierten ihr Leben! Bei Bombenangriffen blieb ich oben in der Wohnung. Sie meinten zwar, ich solle mit in den Keller kommen, aber ich wollte sie nicht gefährden. So war ich ganz allein im Haus, wenn draußen die Bomben fielen. Diese Geräusche habe ich noch genau im Ohr. Dieses Pfeifen und die Explosionen. Ich konnte nur hoffen, daß der Spuk bald zu Ende geht. Ja, und dann hängten wir die weiße Fahne zum Fenster raus. Das werde ich nie vergessen!«

Bald kehrte auch ihr Mann aus dem KZ zurück, schwer krank, aber er hatte überlebt.

Als ich sie fragte, wie man das alles verkraften kann und ob es nicht sehr schwer ist, darüber überhaupt zu reden, sagte sie: »Meistens weine ich. Heute geht's.«

Unbekannter Widerstand

Dr. Josef Gülden erzählt

Die Geschichte der Karoline Scherf bewegte mich sehr. Da hatte es also auch in Leipzig Menschen gegeben, die ihr Leben riskierten, um andere zu retten, obwohl sie die- oder denjenigen vorher nicht einmal persönlich kannten.

Vom Widerstand kirchlicher Kreise war in der Öffentlichkeit Leipzigs kaum etwas bekannt. Schulen und Straßen erhielten nach dem Krieg vor allem die Namen von Kommunisten.

Unter den Pfarrämtern der römisch-katholischen Kirche fand ich das Oratorium des heiligen Philipp Neri in der Karl-Heine-Straße. Am Telefon erfuhr ich, daß mir nur noch das älteste Mitglied, Dr. Josef Gülden, über Pfarrer Gunkel Auskunft geben könne. Mit ihm vereinbarte ich einen Termin. Ein freundlicher alter Herr begrüßte mich. Von einem Korridor gingen mehrere Zimmer ab, in denen die Oratorianer wohnten. Neben dem Arbeitszimmer gab es einen kleinen Schlafraum. Im Zimmer von Dr. Gülden standen ein kleiner Tisch mit zwei Sesseln, ein Schreibtisch und viele, viele Bücher, denn er war lange Jahre Cheflektor des St. Benno-Verlages.

Ein Oratorium – so hatte ich im Duden nachgelesen – ist nicht nur ein episch-dramatisches, orchesterbegleitetes Chorwerk, sondern auch eine Hauskapelle beziehungsweise ein

Betsaal in Klöstern. Ein Oratorianer gehört einer katholischen Kongregation an, in der Priester und Laienbrüder ohne Ordensgelübde gemeinsam leben und wirken.

Seit 1930 existiert das Oratorium in Leipzig. Als ich Dr. Gülden nach der Besonderheit der Brüder fragte, erklärte er mir: »Wir wünschten eine deutsche Messe. Das war unseren Bischöfen damals nicht koscher!«

Gülden beschrieb Gunkel als einen mutigen Christen, der sich nicht vom Terror des Systems ängstigen ließ. An seinem Namenstag, am 9. November 1938, erschien bei ihm die Gestapo und verhaftete ihn und zwei seiner Mitbrüder. Bis Weihnachten saß er mit einem Juden und einem Kommunisten in der Zelle. Theo Gunkel hörte aber nach seiner Entlassung nicht auf, jüdischen Menschen zu helfen. »Er versteckte beispielsweise eine Ärztin und besorgte ihr den Paß einer Berliner Katholikin. Den fand die Gestapo bei ihr, nachdem sich diese Jüdin aus Angst das Leben nahm ... Wir sagten ihm damals: ›Theo, du bringst dich um!‹«

Dr. Gülden kannte auch die drei Schwestern, die Karoline Scherf versteckten: »Wir nannten dieses Gebäude das Dreimäderl-Haus.«

Dann erzählte er von Paul Stern, der zum katholischen Glauben übergetreten war.

Stern, Paul, Bibliothekar, C 1, Grassistraße 26 III

»Dieser Philosoph, Musikologe, Dichter und Übersetzer – er sprach achtzehn Sprachen! – wollte Deutschland trotz aller Warnungen und Angebote nicht verlassen. Unser Haus, unsere Bibliothek waren für ihn die letzte Zuflucts- und Arbeitsstätte. Wir verehrten und liebten ihn. 1943 holten sie

Stern aus seiner ärmlichen letzten Wohnung in der Gottsched-straße und deportierten ihn nach Theresienstadt. Dort oder in Auschwitz brachten sie ihn um. Wir hätten ihn gern – wie andere – gerettet, aber er fühlte seinen Weg vorherbestimmt. Ihn deutete Stern in einigen Sonetten an, die er damals schrieb.«

So auch in diesen Versen aus »Letzte Ahnung. La Noche oscura«:

> »... Wenn erst, wenn erst – wer weiß, wer weiß – vielleicht,
> Vielleicht, daß uns Dein starker Arm so stärkt,
> Daß wir Dir ähnlich werden unvermerkt,
> Weil unser Leiden gern dem Deinen gleicht ...«

Josef Gülden erinnerte sich in unserem Gespräch noch an eine andere jüdische Familie: »Es gab in Leipzig eine Ärztin namens Käthe Littauer, die auch zum Christentum übertrat. Ihr Vater, ebenfalls Mediziner, war ein bedeutender Kunstsammler.«

Littauer, Arthur, Dr., San.-Rat, Frauenarzt, C 1, Jacobstr. 11, E. T. Klinik Nr. 20421, Privat 22088
– Kaethe, Dr. med., Fachärztin f. Frauenkrankheiten, C 1, Jacobstr. 11, T. 26641, 11–1, 5–6

»Ein Freund von mir, Dr. Paul Breidert – übrigens ein Schüler von Paul Hindemith –, heiratete Käthe Littauer. Sie rief mich eines Tages an und bat darum, eine Truhe mit kostbaren Dokumenten und Büchern abzuholen und bei uns zu verwahren. Der Anruf wurde vermutlich abgehört. Kurze Zeit darauf tauchten einige junge Burschen bei ihr auf, beriefen sich auf mich und holten die Truhe ab. Käthe Littauer schöpfte keinen Verdacht, denn ich war Studentenpfarrer, und somit schien es logisch, daß ich junge Leute schickte. Dadurch verschwanden unter anderem Reste der Bibliothek von Mendelssohn Bartholdy ...

Beim Stöbern in einem Antiquariat entdeckte Paul Stern ein Buch, das er Dr. Littauer gewidmet hatte. Vom Antiquar erfuhr er, daß es ihm junge Leute mit anderen zum Kauf angeboten hätten ...«

Schließlich erzählte mir Dr. Josef Gülden von einer Frau, die ich unbedingt kennenlernen müßte und die in Konstanz wohnte: »Gerda Gottschalk. Sie hatte einen jüdischen Vater.«

Gottschalk, Hermann, Dr., Just.-Rat, Rechtsanw. b. Amts-u. Landger. u. Notar, C 1, Dittrichring 8 II., T. 22648, 4–6 u. Sonnabend 2–3, BK, Postsch. 4040, Wohn. N 22, Go., Weinligstr. 11 III

»Pfarrer Gunkel taufte Gerda Gottschalk Ostern 1937 in unserer Liebfrauenkirche. Sie war eine begabte Schauspielerin und Tänzerin, die aber unter den Nazis keine Arbeit bekam. Gerda arbeitete dann bei mir als Sekretärin. 1941 wurde sie verhaftet und kam mit ihrer Schwester zunächst in ein Arbeitshaus in der Riebeckstraße.«

Das war aber erst der Anfang einer unglaublich leidvollen Geschichte, die Gerda Gottschalk über das Ghetto Riga in die Konzentrationslager Kaiserwald, Straßenhof und Stutthof führte. Im Herbst 1944 gelang es ihr – als sie außerhalb des Lagers arbeitete –, eine Nachricht an Gülden zu schicken.

»Ich fragte in meiner Studentengruppe, ob jemand Verbindung nach Danzig habe. Jene Stadt war dem Aufenthaltsort von Gerda am nahesten. Es meldete sich jemand. An diese Familie schrieb ich. Als der Brief ankam, war gerade ein Sohn auf Urlaub von der Wehrmacht im Haus. Er ging in Uniform in das Dorf, wo Gerda arbeitete. Als er neben ihr stand, sagte er: ›Gelobt sei Jesus Christus.‹ Da war ihr klar, daß dieser Mann in guter Absicht kam. Hubertus Pfürtner organisierte ihre Flucht.« Gerda Gottschalk beschrieb jene Jahre in ihrem Buch »Der letzte Weg«, das 1991 erschien. Es ist der einzige existierende Erlebnisbericht einer betroffenen Leipzigerin. Gerda Gottschalk lud mich nach Konstanz ein, und ich konnte sie noch im Jahr 1987 besuchen.

Am Ende meines Besuches zeigte mir Dr. Gülden noch einige Eintragungen aus den letzten Tagen des Naziregimes in der Pfarrchronik des Oratoriums:

»Kriegsende: Mittwoch, 18. April (in der Woche nach dem 2. Sonntag nach Ostern, vom Guten Hirten), am Schutzfest des hl. Josef.

Vor dem 18.4.: Die Stadt war seit dem 1. Großangriff vom 3. Dezember 43 oft getroffen worden, der Westen blieb wider Erwarten verschont: Industrieanlagen waren für Demontage nach dem Krieg reserviert.

Gemeinde größtenteils evakuiert, aber viele dienstverpflichtete Ausländer (Franzosen, Holländer, Polen, Ukrainer), am 1. April, Ostern 45, bei vier Gottesdiensten stärkste Beteiligung.

Nach Ostern bis zu 7 x täglich bzw. nächtlich Vollalarm, Angst vor vernicht. Bombenteppich wie in Dresden und Chemnitz.

Angst vor Gestapo: drei Mitbrüder waren zeitweise in Haft gewesen, Hausdurchsuchungen.

Ab 12.2.45 Befehl zum Abtransport der letzten Juden (aus gemischten Ehen), ein Ehepaar mit Kindern und mehrere

Einzelpersonen im Pfarrhaus, im Haus in der Station Großzschocher, bei Leuten in der Gemeinde.

Zwei geflohene Soldaten (›Deserteure‹) verborgen, einen im Kirchturm, ein anderer ohne Wissen der Besitzer in einem von uns benutzten Garten im Gartenhäuschen, drei geflohene Ausländerinnen im Bombenkeller des Pfarrhauses.

Am 17.4.45 floh die HJ aus unserer seit 1937 beschlagnahmten kath. Schule nebenan. Ihre Panzerfäuste lagen hinter der Kirche am Bahndamm. Alle Hitlerbilder verbrannten sie auf einem Scheiterhaufen.

Drei Amis kommen am 4. morgens ins Haus. Sie glauben, aus dem Turm wäre geschossen worden. Gunkel klärt sie auf. Auf den Straßen, unter den weißen Tüchern, die überall aus den Fenstern hängen, laufen die ausl. Arbeiter den Amerikanern entgegen. Plünderungen. Gunkel wird auf der Heimkehr vom Gottesdienst blutig geschlagen und verliert sein Fahrrad.

Ganz andere Plünderungen. Die eigene Bevölkerung beginnt, die geöffneten Speicher und Güterwagen auf dem Plagwitzer Bahnhof zu leeren. Es bleibt auch kein Flüchtlingsgut verschont.

Am 19.4. kapituliert das Leipziger Rathaus. OBM hat sich mit Frau und Kind selbst vergiftet.«

In sein Tagebuch schrieb Theo Gunkel:

»N.S. und alles, was dazugehört, ist wie ein Spuk vergangen. ›Wie ein Traumbild beim Erwachen, machst du ihr Bild zunichte in der Stadt.‹ Man kann es noch gar nicht fassen … Ich freue mich, daß wir noch einigen Menschen entscheidend helfen konnten in letzter Zeit, so daß man doch nicht mit ganz leeren Händen dasteht.«

In Frankfurt

Auf der Rückreise von meinem Besuch bei Gerda Gottschalk machte ich in Frankfurt am Main Station. Ich wollte auch hier kurz auf Spurensuche gehen. Viele Angehörige der Leipziger Pelzbranche siedelten sich nach dem Krieg in dieser Stadt an, da bald zu merken war, daß es im Osten keine guten Aussichten für Handel und Wandel gab. Das Zentrum des Pelzhandels ist in der Frankfurter Niddastraße. Im Jargon der älteren dort Beschäftigten wird es immer noch der »Brühl« – nach dem berühmten Pelzzentrum in Leipzig – genannt.

Ein Bekannter ermöglichte mir den Kontakt zu Arno Lustiger von der Frankfurter Jüdischen Gemeinde. Ich wollte von ihm erfahren, ob er ehemalige Leipziger kennt. Lustiger empfing uns an einem Sonntag zu einer unchristlichen Zeit (kein Wunder!): neun Uhr. Seine Wohnung ist mit viel Kunstsinn gestaltet, voller erlesener Stücke. An den Wänden hängen schöne Bilder. Lustiger war sehr hilfsbereit und rief sofort einige Leute an, von denen er wußte, daß sie aus Leipzig stammten.

Der erste, mit dem ich am Telefon sprach, sagte mir: »Wissen Sie, ich möchte mich gern vor diesem Gespräch drücken. Ich hatte schon einen Herzinfarkt, und das würde mich doch zu sehr mitnehmen.«

Zunächst erzählte aber unser Gastgeber aus seinem Leben.

Arno Lustiger ist seiner Herkunft nach polnischer Jude. Er gehört zu jenen mit einer besonders leidvollen Geschichte. Schon 1939, direkt nach dem Überfall Deutschlands auf Polen, wurde er verhaftet. Im KZ Auschwitz erlebte er schreckliche Jahre. Als die Front näher rückte, begann der Todesmarsch. Wer nicht mehr laufen konnte, wurde erschossen.

»Ich wollte nicht am Tag zuvor und nicht am Tag der Befreiung sterben. Einen Tag danach wenigstens.«

Mit diesem Gedanken schleppte sich Lustiger weiter.

»Dann wurde mir klar: Wenn ich jetzt nicht versuche zu fliehen, ist alles vorbei. Ich habe die letzten Kräfte mobilisiert und bin weggerannt. Doch leider kam ich nicht weit. Der Volkssturm fing mich ein und brachte mich wieder in Richtung meiner SS-Leute. Da bin ich noch einmal geflohen. Sie haben hinter mir her geschossen, aber nicht getroffen. Vielleicht wollten sie auch nicht mehr treffen. In einem Wald stieß ich auf einen desertierten Soldaten der Wehrmacht. Der war davon gar nicht begeistert und wollte mich los sein. Ich neben ihm – mit Sträflingskleidung und kahlgeschorenem Kopf. Er lief mutwillig sehr schnell, damit ich nicht mitkam. Dann traf ich auf eine Panzerspitze der Amerikaner!

Ein jüdischer Arzt aus New York rettete mir das Leben, indem er mir so gut wie nichts zu essen gab. Ganz allmählich erst bekam ich kleine Portionen. Von den etwa 70 000 geretteten Juden sind nach der Befreiung noch ungefähr 15 000 gestorben. Viele nur deshalb, weil sie zu schnell viel gegessen haben. Nachdem ich mich einige Wochen erholte, zog ich die Uniform der Amis an und jagte die SS-Leute, die sich im Harz versteckt hatten, in der Gegend um Hettstedt.«

»Das muß doch für Sie ein unglaubliches Gefühl gewesen sein!«

»Meine schönste Zeit.«

Bekanntlich konnten die Angehörigen der SS durch die Tätowierung ihrer Blutgruppe in der Achselhöhle überführt werden.

»Das haben sie sich auch nicht träumen lassen, daß sie durch dieses Kainsmal eines Tages alle gefaßt werden können.«

Nach einer kurzen Pause schränkte er ein: »Alle stimmt natürlich nicht, denn eine ganze Reihe sind ja auch entkommen.«

Als ich ihn fragte, ob das Reden über jene Zeit für ihn besser ist als das Verdrängen, sagte Lustiger: »Bis 1985 habe ich nicht darüber geredet. Zum 40. Jahrestag der Befreiung wollte eine Zeitung von mir ein Interview. Denen habe ich das zum erstenmal erzählt.«

»Als polnischer Jude waren Sie ja besonders schlimm dran, denn Sie waren ja die ersten in den Lagern ...«

»Das stimmt, aber wir waren dadurch auch besser konditioniert. Als dann beispielsweise die holländischen Juden kamen – von heute auf morgen aus ihrem Leben gerissen, der lange Transport und das ›Essen‹ –, da sind viele sehr schnell gestorben. Wir waren inzwischen schon einiges gewöhnt.«

Das Gespräch endete jedoch nicht in Trauer über jene Jahre, sondern bekam irgendwann eine Wendung ins Heitere. Arno Lustiger sagte: »Sie wissen ja, wo ein Jude ist, ist auch ein Witz!« Und vermutlich ist das auch ein Stück Bewältigung.

Durch die Vermittlung von Lustiger sprach ich in den

nächsten Tagen mit zwei Leipzigern. Der erste war Kurt Rachwalski.

Rachwalski, Salomon, Kfm., Humboldtstr. 33

»Woran erinnern Sie sich, wenn Sie an Leipzig denken?«
»An unsere Wohnung natürlich in der Humboldtstraße. In der Nummer 24 gab es übrigens im ersten Stock eine Synagoge. Dort versammelten sich vor allem Chassidim*. Dann natürlich an meine Schulzeit. In unsrer Klasse war es so, daß zwei Juden die Stärksten waren: mein Freund und ich. Wir konnten ganz schön zulangen, und da hat sich keiner was getraut. Insgesamt gab es in der Klasse etwa sechs bis acht jüdische Schüler, die jeweils vom Religionsunterricht in unserer Volksschule freigestellt wurden. Dann erinnere ich mich an das koschere Restaurant Karger in unserer Nähe – in der Nordstraße. Da gab es auch zwei jüdische Fleischereien. Der eine Fleischermeister war ein bekannter Boxer. Es gab ja in Leipzig jüdische Sportvereine, und selbst dort war die Kluft zwischen deutschen Juden und Ostjuden zu spüren. Die deutschen haben in ihrem Sportverein ›Rot-Weiß‹ keine Ostjuden aufgenommen. Manchmal waren die Juden päpstlicher als der Papst ...«
»Was dachten Sie, als die Nazis an die Macht kamen?«
»Ich hatte eigentlich gleich das Gefühl, daß hier Feierabend für uns war. Ich habe erwartet, daß wir in jeder Beziehung diskriminiert werden. Natürlich gab es auch einige Deutsche, die uns helfen wollten, aber sie hatten alle Angst. Man darf da nicht vorschnell verurteilen und muß sich die Frage stellen: Was hättest du denn getan!?

* Volkstümliche religiös-mystische Bewegung im Judentum.

110

Ich habe gesehen, wie die Nazis die Juden an der Parthe zusammentrieben. Ich konnte zum Glück noch flitzen.«

»Wohin wollten Sie fliehen?«

»Schweiz oder Frankreich. Wen die Schweizer schnappten, der wurde ja zurückgeschickt. Die war'n bekanntlich ziemlich schlimm. Ich bin dann am alten Rhein vorbei, auf einem Schmugglerweg in die Schweiz, später dann nach Frankreich. Dort kriegte ich vier Wochen Knast ohne Verhör. Später lernte ich in der Riesenschlange vor der Präfektur eine Wienerin kennen, die mir helfen konnte. Nun war ich in Paris.«

»Und als der Krieg ausbrach?«

»Da waren wir plötzlich feindliche Ausländer. Fünfte Kolonne. Da war ich kein Jude mehr, sondern Deutscher. Ich bin aus zwei Internierungslagern geflitzt. Lebensrettend war für mich die Bekanntschaft mit Frau Demangel, der Tochter von Louise Gillet. Die hatte den ganzen Keller voller Juden. Zu ihr kamen geflohene Generäle, Mitglieder der Résistance. Sie besorgte falsche Papiere, Brot- und Fleischmarken – eine unglaublich mutige Frau. Es war ja so, daß die meisten Juden in Frankreich falsche Papiere hatten. Da wurden Leute nur wegen ihrer großen Nase verhaftet. Um sicherzugehen, verlangte die Gestapo bei einer Razzia: ›Hosen runter!‹ In einem Café in Marseille geriet ich in solch eine Razzia, die mein Ende bedeutet hätte. Da nahm ich alle Überlebenskraft zusammen, ging auf den Gestapobeamten zu und sagte: ›Was machst du denn hier!?‹ Der Mann war verdutzt, dachte vielleicht, daß ich ein höherer Gestapomann sei, und getraute sich nicht zu fragen. Ich habe ihm auf die Schulter geklopft und bin raus. Als junger Mensch steckt man das im ersten

Moment weg. Aber die Folgen! Wir waren immer auf dem Sprung. Wenn es klopfte, wollte man schon flitzen. Die ersten Jahre danach, wenn es an meine Hoteltür klopfte, dann war ich schon in den Socken. Das passiert mir heute noch. Angst mußten wir nicht nur vor der Gestapo haben. Es gab auch eine Gangsterbande von Franzosen, die im Auftrag der Deutschen Juden fingen. Sie hatten eine Abmachung mit der Gestapo, daß sie alles behalten konnten, was die bei sich trugen, also vor allem Geld und Schmuck. Dann haben sie die Juden an die Gestapo ausgeliefert.«

»Ist Ihnen Frankfurt eine neue Heimat geworden?«

»Ich bin ein Emigrant geblieben. Ich war mehrfacher Deutscher Meister im Bridge-Spielen. Ich habe zwanzig Jahre in der deutschen Nationalmannschaft gespielt, vier Olympiaden mitgemacht und die Welt gesehen. Ob ich in Paris spazierengehe, in New York oder Tel Aviv, am Ende ist es so: Man bleibt ein Kind seiner Zeit, seiner Gegend. Deutsch ist nun mal meine Heimatsprache, drum bin ich hier. Man kann nicht alle Deutschen verantwortlich machen, und jetzt gibt es eine neue Generation. Was kann die dafür, daß die Väter Nazis waren?«

»Haben Sie noch irgendein Erinnerungsstück an Ihre Leipziger Zeit?«

»Als ich aus Deutschland weg bin, hatte ich wenigstens noch ein paar Fotos. Aber als ich dann in Marseille von der Gestapo verhaftet wurde, nahmen sie mir alles ab. Mein Glück war, daß sich in meinem Transport der Chef der Résistance befand und seine Leute uns alle befreiten ...

Nun habe ich gar nichts mehr. Nicht mal ein Bild meiner Mutter ...«

Nach dem Besuch bei Salomon Rachwalski lief ich durch die sonntäglich ruhige Innenstadt von Frankfurt. In einer Fußgängerunterführung war in der Nacht randaliert worden: zwei ausgebrannte Telefonzellen, weitere verwüstet, das Türglas zerschlagen, an einer Tür angesprüht: »Türken raus!«

Ich möchte in Deutschland kein Türke sein ...

Der zweite Leipziger, den ich kurz in Frankfurt sprechen konnte, war David Ober.

Ober, Wolf, Kfm., C 1, Humboldtstr. 33

Erst zu Hause in Leipzig, beim Blick ins Adreßbuch, fiel mir auf, daß Rachwalski und Ober im gleichen Hause gewohnt hatten.

David Ober bekam seinerzeit einen Tip: »Hau ab. Sonst kommst du in den nächsten Tagen ins KZ!« Dies erfuhr er an einem Freitag im März 1938. Am Montag floh er, zunächst in die Schweiz, dann nach Italien. Dort war er im Ausländeramt »ben venuto« – herzlich willkommen. Als Hitler nach Italien kam, wurden die Juden dann vorübergehend eingesperrt. Im Gegensatz zu Deutschland gab es aber auch unter den italienischen Faschisten viele Juden. Als 1939 der Krieg begann, zeigte David Ober dem »secretario politico« Fotos seines Vaters und seiner Schwester. Der sagte: »Die hol ich dir!«

Am 11. September 1940 wurde Ober verhaftet, da man die Juden nun in Lagern internierte. »Ich hätte noch abhauen können. Aber wohin!?« Der Kommandant des Lagers sprach ihn an: »Du heißt Ober!? Du hast hier einen Verwandten!« Er ging mit ihm in eine Baracke und leuchtete mit der Taschenlampe einem Mann ins Gesicht. »Schläft doch dort mein Vater!«

Ober wettete mit mir, daß die DDR in spätestens drei Jahren den Staat Israel anerkennt. Und er hätte die Wette beinahe gewonnen! Wenn es die DDR etwas länger gegeben hätte ...

Er gab mir noch einen Tip mit auf den Weg: Ich sollte auf dem Frankfurter »Brühl« nach einem Herrn Hellmund fragen, einem nichtjüdischen Pelzhändler aus Leipzig, der könnte mir noch was vom legendären Brühl in Leipzig erzählen.

Es gab in Frankfurt tatsächlich ein »Haus Leipzig«, in dem sich kurioserweise die Filiale des DDR-Pelzhandels befand. Im Nachbarhaus traf ich Ewald Hellmund, der im Jahr meines Frankfurt-Besuches 85 Jahre alt war und immer noch einige Stunden täglich arbeitete. 1920 hatte er seine Lehre am Brühl begonnen. Hellmund erzählte mir, daß die Pelzjuden nachmittags zu Zellner und abends vorwiegend ins koschere Restaurant Manelis in der Nikolaistraße gingen. Zu den Verkaufspraktiken sagte er: »Es wurde oft auf der Straße gehandelt, und dann lotste man den Kunden ins Haus.« Ewald Hellmund sprach auch über die Distanz zwischen Ostjuden und deutschen Juden. »Die Ostjuden hatten es oft schwer, die Einbürgerung zu bekommen. Und wenn der Bürgermeister bei einem Antrag in der Israelitischen Religionsgemeinde rückfragte, gab es nicht immer Zustimmung ...«

An die Ereignisse während des Novemberpogroms konnte er sich natürlich auch erinnern. »Zur ›Kristallnacht‹ haben die Nazis am Brühl viel zerstört, die Schaufensterscheiben wurden eingeworfen und die Türen eingetreten!« Und er wußte noch die Worte eines Leipziger Pelzhändlers: »Jetzt haben wir's erreicht! Nach *dem* Schlag kommen sie nicht wieder!«

Für Ewald Hellmund war die Hauptursache des Antisemitismus der Konkurrenzneid.

Wenn die sächsischen Kinder die jüdischen ärgern wollten, dann riefen sie: »Idzsch! Idzsch!« – die Dialekt-Variante von »Itzig«. Zusammenfassend meinte er über die Situation der Juden in Leipzig: »Es war schon oft eine Hetze.«

Erinnerungssplitter

Aus Briefen von Abraham Harribald Salata

Bei der Redaktion der »Leipziger Blätter« meldete sich ein früherer Leipziger aus den USA. Abraham Harribald Salata schrieb aus New York: »… freue mich, daß unser Schicksal doch ans Licht des Tages kommt. Hatte so oft das Gefühl, daß unsere ehemaligen Mitbürger froh sind über unsere Verschollung. Daß das Gegenteil der Fall ist oder sein kann, kommt mir zur Zeit noch fremd vor.«

In dem Brief bietet er seine Bereitschaft an, mir seine Erinnerungen mitzuteilen und beizusteuern: »Wenn mir Herr Lange schreibt, kann er mich Harribald rufen, und ich werde ihn Lutz rufen. Ich bin schon im tiefen Lebensalter (63), und die Formalitäten haben bei mir schon den Wert verloren.«

Und so ist es dann auch geworden, und ich habe ihn in meinem Brief Harribald »gerufen«!

Salata, David, Reisender, C 1, Färberstraße 16 III

Harribald erinnerte sich an seine Leipziger Zeit: »Färberstraße. Ein Haus mit Giebeln. 1927–29. Familienfreunde: Die Fetermanns. Zwei Töchter. Hella und Paula. Die Zaspels: Heinz, Gerhard und Irene. Ich war am 27. Februar 1923 in der Wohnung meiner Eltern geboren. Das war Lange Straße 50. Die Muttersprache beider war deutsch. Wir waren vom kulturellen Gesichtspunkt gesehen Volksdeutsche mosaischen

Glaubens. Aber auch dieses nicht 100%. Gewisse Familienmitglieder waren Christen. Tante Mathilde hatte eine Privataudienz mit dem Papst zirka 1912. Der Onkel Armin war sechzehn Jahre alter Freiwilliger von 1916 bis 1918. Er war bei einem K&K-Regiment in Bosnien und Montenegro. 1944–45 war er bei den Slowakischen Partisanen in der Hohen Tatra.

Der Stiefgroßvater war Litauer. Er diente beim Zaren von 1886 bis 1905. Als Obergefreiter fochte er die Japaner (1904).

Mutter sang vor dem Sachsenkönig in der Schönefelder Volksschule (1915).«

In einem Brief erklärte mir Harribald, warum sein Deutsch nicht mehr ganz flüssig ist: »Seit meine Mutter hier ermordet wurde (1963), habe ich fast keine Gelegenheit, deutsch zu sprechen. Das Schreiben fällt mir wegen wenig Übung auch nicht leicht.«

So rettete seine Mutter ihr Leben, indem sie aus Deutschland floh, um Jahre später in den USA einem Verbrechen zum Opfer zu fallen ...

»Meine Mutter zündete am Freitagabend Kerzen an. Wir gingen in den deutschen Tempel am Tag der Versöhnung und am Neujahrstag. Bei uns wurde nicht koscher gehalten.«

Seit wir miteinander korrespondierten, kramte Harribald unentwegt in der Erinnerungsschublade seiner Leipziger Jahre. Blitzlichtartig tauchte dabei immer wieder die Stadt vor seinem geistigen Auge auf: »Stettiner Straße 133, Leipzig-Schönefeld. Die Großeltern wohnten hier im obersten Stockwerk. Links wohnte die Familie Bartsch. Der junge Bartsch war ein Auswurf. Er drohte den Vater anzuzeigen, weil derselbe eine jüdische Großmutter gehabt hatte.

Die Schönefelder Volksschule. Oberlehrer Dietzsch, Bey-gang, Schäfer und Fichtner. Der ATV (Arbeiter-Turnverein) benutzte die Turnhalle. Ich gehörte dazu.

Der Brühl. Die Nikolaistraße. Das Goldhahngäßchen. Die Alberthalle. Das Alte Theater. Sah Iphigenie auf Tauris ... auch Götz von Berlichingen.

Der Augustusplatz. Café Felsche. Das Krochhaus. Die Carlebach-Schule. Der Bar-Kochba-Platz. Der Neue Jüdische Friedhof. Auerbachs Keller. Café Reichskanzler. Kaufhaus am Brühl. Die Mädler-Passage. Der Hauptbahnhof. Die große Wiese im Schönefelder Park. Das Rosental. Der Zoo.

Ich glaubte, Sachse zu sein. Sprach auch gut sächsisch, z.B.: ... der sieht wie Leckarschensholzkatze aus! Das Schimpf-wort stammt noch aus Kaiserszeiten. Der Kaiser war der Oberste. Der Politiker, welcher unter ihm stand, wurde Leck-arsch gerufen. Der Untertan, welcher sich beim Politiker ein-kratzen wollte, wurde Holzkatze genannt. Also deswegen: Leckarschensholzkatze.

Wie gesagt, ich glaubte, Sachse zu sein. Die Erwachsenen mußten mich umschulen – du bist Fremdling in Deutschland.

Von 1923 bis 1929 wußte ich von keiner Judenhasserei. 1929 fuhren wir nach Piešťany in der ČSR. Dort wurde ich fast täglich von den Bauernjungen gehänselt, weil ich Jude war. Manchmal wurden Steine nach mir geworfen. In der Schule war ich als Deutscher geächtet.

Im Sommer 1933 wollten mich meine Altersgenossen er-saufen. Das war in Thekla. Der Sohn meines Geigenlehrers verhinderte dieses zur rechten Zeit.

Im Herbst 1934 kriegte ich zwei Maulschellen vom neuen Rektor der Schönefelder Volksschule. Meine Klassenkameraden hatten mich verpetzt. Wischte mir den Arsch mit einem Hitlerbild ab.«

Ganz betroffen nahm Harribald durch meinen Beitrag in den »Leipziger Blättern« zur Kenntnis, daß 1986 die Israelitische Religionsgemeinde nur noch einundvierzig Mitglieder zählte. Dazu schrieb er: »Wenn die Regierung das enden will, dann muß sie annoncieren. Die Annonce sollte ungefähr so sein:

Kommt nach Deutschland! Ehemalige Bürger und deren Kinder sowie Enkelkinder sind zur Heimkehr eingeladen. Wir brauchen Euern Fleiß, Euern Mut und Euer Talent auf allen Gebieten. Eure Konfession steht unter staatlichem Schutz genauso wie jede andere Konfession. Die Zukunft gehört uns. Wir wollen sie mit Euch teilen. Gemeinsam werden wir ins einundzwanzigste Jahrhundert unter der Fahne des Fortschritts und der Menschenrechte einziehen. Kommt heim!«

Harribald zog in seinem Brief folgendes Fazit: »Deutschland ohne Juden (Ost und West) ist wie Brot ohne Salz und ohne Hefe.« Aber als ehemaliger Kriminalbeamter geht er natürlich auf »Nummer Sicher«: »Weil wir kein Volk von Engeln sind, haben wir auch schlechte Elemente – sie sollten im voraus gewarnt werden, nicht nach Deutschland zu kommen. Die Warnung sollte ungefähr so lauten:

Gaunern und allen anderen kriminellen Elementen ist die Heimkehr verboten. Die Gesetze sind streng, und die Gerichte sind unerbittlich in der Verurteilung. Der gesetzestreue Mensch hat nichts zu fürchten.

Die Annonce soll in Israel und in den USA erscheinen.«

Harribald schickte mir Bilder von seiner Familie, und so steckte ich in den nächsten Brief auch ein Foto.

»Danke für das Familienbild. Der moderne Haarschnitt aller beweist, daß die Menschen der DDR doch im gewissen Maß in der Gegenwart leben. Hörte des öfteren, daß die Gesellschaft eine Mischung von Kaiserszeiten und Sowjetismus darstellt. Zum Beispiel: Es scheint Staats-, Regierungs- und Beamtenbeleidigung zu geben. Wenn das nicht traurig wäre – wäre das lächerlich.

Wenn ich den Staat einen Zoo nennen will, die Regierung eine Versammlung von Affen schimpfen will und einen bornierten Beamten als Schimpansen betrachte – dann muß ich ein Recht haben, so zu handeln und zu sprechen oder zu schreiben. Das Zeug hat doch einmal Majestätsbeleidigung geheißen. Wenn ich nicht irre, hat da einer der Vorläufer des Sozialismus deswegen Festungsstrafe absitzen müssen. Nun, da es Glasnost in der UdSSR gibt, wäre es höchste Zeit für die DDR, dem Freidenker Raum zur Äußerung seiner Meinung zu machen. Die menschliche Gesellschaft ist dauernd auf dem Weg der Entwicklung und des Fortschritts. Auf die Dauer kann man den Geist des denkenden Menschen nicht abriegeln.«

Auch Harribald zog es nach Leipzig. Er wollte auf den Spuren seiner Kindheit die Stadt durchstreifen und prüfen, ob die immer mal wieder auftauchende Verbundenheit mit Leipzig in der Realität Bestand hat. 1988 kam er in die Messestadt und besuchte auch eine Vorstellung im »academixer-Keller«. Er zeigte sich verwundert über die Deutlichkeit, mit der im Kabarettprogramm die Probleme im Land angesprochen wurden, und stellte zu Recht fest, daß dies im Gegensatz zu den üblichen Verhältnissen stand. Was fiel ihm in Leipzig sonst noch besonders auf? »Es gibt zu viele Uniformen. Es sieht deswegen wie Kriegszustand aus.« Und dann, als er wieder in New York angekommen war, schrieb mir Harribald von seinen Gefühlen:

»... nun zu meiner Heimatstadt. Mein Gemüt ist jetzt schon ruhig. Das Heimweh hab ich in Leipzig gelassen. Stellte fest, daß ich da keine Wurzeln mehr habe. Schlug neue in New York.«

Dokumente eines Lebens

Heinz Zaspel erzählt

Silvester 1986 las ich Freunden den Brief von Abraham Harribald Salata vor, in dem er die Namen von Kindern aus der Nachbarschaft nannte: »Die Zaspels: Heinz, Gerhard und Irene.«

»Heinz Zaspel!? Das ist doch unser Klempner!«

Ich rief ihn an und erzählte, daß ich einen Brief aus den USA bekommen habe, in dem sein Name steht. Da war er doch etwas verwundert. Als ich ihn aufklärte, von wem der Brief stammte, meinte er: »Guck an, der Salata! Der wohnte in der Nummer 16. Im Vorderhaus. In der dritten Etage links.«

Ich fragte den Klempnermeister Zaspel, ob er mir zu den Juden Leipzigs etwas erzählen könne.

»Da kann ich Ihnen einiges erzählen. Ich kannte viele. Was denken Sie denn, wie alt ich bin!? Na, raten Sie nicht groß rum. Ich bin achtzig!«

An einem Januartag besuchte ich ihn. »Man wird alt. Voriges Jahr bin ich noch Ski gefahren!«

Neben seiner Schwester ist er der letzte in der Färberstraße, der von Geburt an hier wohnt.

»In unserem Viertel lebten viele Juden. Wir haben viel zusammen gemacht. Ich hab mit ihnen gefeiert – von der Bar Mizwa bis zur Hochzeit! Bei Beerdigungen war ich dabei.

Wissen Sie, daß es bei den Juden nur einen Typ von Sarg gibt? Ein schwarzer Sarg für alle, ob reich, ob arm.

Mein bester Freund hieß Jack Parnes. Den hab ich in der Glasnacht versteckt.«

Der Begriff ist eine Wortschöpfung von Zaspel für die sogenannte »Kristallnacht«.

»... in Marienbrunn. In einem Keller. Bis der größte Rummel vorbei war. Mein Vater war immer für soziale Gerechtigkeit. Der hat den Parnes zum Klempner ausgebildet. Das nahm man ihm übel, daß er einen Juden unser Handwerk lehrte. Später durfte er keine Lehrlinge mehr ausbilden. Zum Glück ist der Parnes beizeiten fort. Ich hab ihm noch 'ne Kiste mit Werkzeug eingepackt. Der ist in Australien gelandet.

Nach der Glasnacht kam ein Jude zu meinem Vater. Der brauchte Geld, weil er fortwollte. Er bot uns einen Schreibtisch und einen Bücherschrank an. Vom Bücherschrank waren die Glasscheiben kaputt. Die wurden ihm in der Nacht zerkloppt. Die hatten ja sogar Möbel auf die Straße geschmissen! Aber mein Vater kaufte den Schrank. Das waren aber auch Zeiten! Einmal hab ich mal Haue gekriegt, weil ich die Fahne nicht grüßte. Mein Vater hat in den ganzen Jahren nicht einmal ›Heil Hitler‹ gesagt.

Hier um die Ecke wohnte ein berühmter Jude, der Wunderrabbiner Friedmann – in der Leibnizstraße 24. Ein feiner Mann, der Friedmann. Der ging immer im schwarzen Kaftan. Zu dem kamen sie von überallher. In unsrer Gegend wohnten viele orthodoxe Juden. Im Naundörfchen wurde geschächtet*. Da haben sie den Hühnern und Gänsen die Gurgel durchgeschnitten, und dann drehten sie den Hals um. Der

* Rituell vorschriftsmäßiges Schlachten der Tiere.

Schächter hatte so einen Franz-Josefs-Bart. Schweinefleisch essen sie nicht! Tabu. Und an einem Ei durfte kein Fleckchen sein! Am Sabbat faßten die Strenggläubigen auch kein Geld an, fuhren nicht mit der Straßenbahn, sondern sie liefen! Am Freitagabend wurde bei denen ein Brunnen aufgedreht und am Sonnabend wieder geschlossen. Das war dann die einzige Stelle, wo sie Wasser entnahmen.

Ostern (zum Pessachfest* – d. A.) holten sie vom Boden anderes Geschirr. Da durften sie nicht dasselbe nehmen wie sonst. Wir brannten mit der Lötlampe den ganzen Herd ab. Bis alle Reste weg waren. Das mußte absolut sauber sein! Zum Laubhüttenfest** bauten sie dann auf dem Hof ihre Hütte auf und kamen mit ihrem Palmwedel.

Wir kannten auch den Vater von Kurt Weill. Der war Oberlehrer. Er hatte, wie wir, sein Wochenendhaus in Waldsteinberg.

Namen hatten die manchmal, die Juden! Einer in der Kundschaft hieß Ferkel. Der ließ sich umtaufen in Merkel. Weil es aber in unsrer Kundschaft noch einen Merkel gab, war das für uns der Ferkel-Merkel! Und in meiner Klasse hieß einer Affenkraut!

Ein Freund von mir hieß Jacob Schwarzmann. Das war ein Hütehändler. Der sammelte alte Hüte aus ganz Deutschland. Einmal sagte ich zu ihm: ›Hier kauft doch keiner einen alten Hut!‹ Da sagte er: ›Nee, die exportieren wir ja nach China!‹ Da haben die ein Bombengeschäft gemacht – mit alten Hüten!

* Eines der drei höchsten Feste des jüdischen Kalenders, das zur Erinnerung an den Auszug aus Ägypten im März gefeiert wird.

** Weiteres Freudenfest des jüdischen Jahres im Monat September/Oktober, das an das Hüttenleben während der Wüstenwanderung erinnert.

Und was am Brühl los war! Die verkauften ja am Brühl im Zickzack! Von einer Straßenseite auf die andere. Der Brühl brachte der Stadt Leipzig ein Drittel der gesamten Umsatzsteuer!

Ja, und als das dann hier mit den Transporten losging ... da kamen die Bereitschaftswagen von der SS. Hier gegenüber war eine Zeitlang ein jüdisches Altersheim. Da haben sie die alten Leute auf den Wagen geschmissen! Ein Justizrat wollte sich aus'm Fenster stürzen ... meine Mutter hat geheult. Grausam war das. Da spielten sich viele Tragödien in der Kundschaft ab. Wir haben sehr darunter gelitten. Eine schreckliche Zeit. Was kann man denn dafür, wenn man als Jude geboren wurde ...

Eines Tages kam der Nathansen zu meinem Vater und brachte ihm verschiedene Dokumente. Er hat sie dann in eine Schachtel gepackt, in Zinkblech eingelötet und vergraben. Das hat er aber nicht einmal uns gesagt!«

Heinz Zaspel stand auf, holte die einst verlötete Blechhülle und zog eine Mauxion-Pralinenschachtel heraus: Darin war nun seit Jahrzehnten alles aufbewahrt, was von Familie Nathansen geblieben war. Hätte Zaspels Vater den Krieg nicht überlebt, hätten wir nie davon erfahren und nichts mehr von ihnen gewußt ...

Nathansen, Gabriel, Hypothek. Makler, C 1, Gustav-Adolf-Str. 19 a pt., T. 20338

»Nach dem Krieg hat er's wieder ausgegraben und gesagt: ›Wenn sich jemand von der Familie Nathansen meldet – hier in dieser Schachtel sind die ganzen Dokumente.‹ Es meldete sich aber niemand mehr ... Wolln wir's uns mal ansehn ...«

Neben verschiedenen Mesusot, kleinen Röhrchen, die eine Pergamentrolle mit einem Gebet enthalten und von frommen Juden an der Türfüllung angebracht werden, enthielt die Schachtel eine Reihe von Dokumenten zur Familiengeschichte der Nathansens (siehe Abbildungen 10 bis 13). Sie zeigen den Leidensweg der jüdischen Familie und ihre Verhöhnung durch die nationalsozialistische Bürokratie: Es fing an mit einer alten Urkunde über das Bürgerrecht für Gabriel Nathansen, dann folgte eine Urkunde über seine Auszeichnung mit dem Ehrenkreuz für seine Verdienste als Frontkämpfer im Ersten Weltkrieg, die er – wie viele Juden – noch 1935 verliehen bekommen hatte! Inventarlisten zeugten von der Zerstörung der Wohnung der Nathansens während der Pogromnacht und ihrer anschließenden Verpflichtung, eine »Judenvermögensabgabe« als »Sühneleistung« zu zahlen. Geburtsurkunden erzählten davon, wie Gabriel und Lea gezwungen wurden, die Zusatznamen »Israel« und »Sara« anzunehmen, andere Schriftstücke berichteten von ihren gescheiterten Ausreisebemühungen. Zuletzt noch Fotos von einer Hochzeit, wie man sie selten sieht: Sie zeigen ein unbekanntes Brautpaar, das auf seiner Festkleidung den Stern trägt.

Während Heinz Zaspel diese Schachtel jahrzehntelang verwahrt hatte, ohne daß jemand danach gefragt hatte, erfuhren Verwandte der Nathansens durch die erste Auflage dieses Buches von ihr. Mittlerweile sind die Unterlagen bei ihnen in Israel. Auch die auf dem Foto abgebildete Braut meldete sich bei mir – sie heißt Ruth de Paauw-Knoller und ist eine Nichte der Nathansens. Sie lebt heute ebenfalls in Israel.

Pogrom in Borna

Aus einem Brief von Frederick Rose

Einer der Briefe, den ich als Reaktion auf meinen Artikel erhielt, kam aus Toronto in Kanada. Der ehemalige Leipziger Frederick Rose, dessen Eltern die Nazis umbrachten, berichtete mir, was er als Jugendlicher in der Pogromnacht erlebt hatte. Damals hieß er noch Siegfried Rose. Sein Vater, Abraham Rose, besaß in Borna das Kaufhaus Britania, ein Herren-, Knabenbekleidungs- und Schuhwarengeschäft.

»In der berüchtigten Novemberwoche im Jahre 1938 war mein Vater krank und blieb in unserer Wohnung, da mein Onkel, Carl Rose, der im 2. Stock des Geschäftshauses in Borna wohnte, meinen Vater als Geschäftsführer vertreten konnte. Um meinem Onkel im Geschäft behilflich zu sein, hatte ich mir einen Tag freigenommen und bin nach Borna gefahren. Am Nachmittag hörten wir schon durch Nachbarn das Gerücht, daß am Abend das Kaufhaus Britania eingeschlagen und angezündet werden würde. Mein Onkel schloß daher sofort und ließ die Stahlrolläden vor den Schaufenstern herunter. Kurze Zeit später sammelte sich schon eine Menge vor dem Geschäftshaus und begann, Steine und Flaschen ans Haus zu werfen. Das Haus war von meinem Onkel und mir hinten abgeriegelt worden, da meine Tante und ihre drei kleinen Kinder sich noch in der Wohnung befanden und nicht unbelästigt das Haus verlassen konnten.

Nach Einbruch der Dunkelheit hörten wir Axtschläge, und

kurz darauf wurde die hintere Eingangstür vom Garten aus eingeschlagen. Ein Kommando von ungefähr acht Mann in Schaftstiefeln stürmte die Treppe herauf: ›Raus mit den Judenschweinen!‹ Sie schlugen die verriegelte Wohnungstür ein, und unter Drohung mit Revolvern wurden mein Onkel und ich gezwungen, das Geschäft vom Hintereingang aufzuschließen und alle Türen und Schaufensterrollläden zu öffnen. Alle Schaufenster wurden darauf sofort von draußen eingeschlagen und die Ware herausgerissen. Während mein Onkel und ich noch im Geschäft waren, wurden wir mit einem zerbrochenen Stuhl geschlagen, bis wir beide am Kopf bluteten. Nachdem die gesamte Einrichtung zertrümmert war, brachten Männer Benzinkannen, bespritzten Wände und Kleidungsstücke, auch im Warenlager im ersten Stock. Innerhalb weniger Minuten war das Geschäft von allen Seiten angezündet. Mein Onkel und ich wurden dann durch die Vordertür hinausgestoßen und nochmals von der Menge öffentlich verprügelt. Wir wurden verhaftet, aber am nächsten Tag freigelassen. Wir begannen sofort, meine Tante und die Kinder zu suchen, und hörten später, daß sie von einer tapferen, befreundeten Familie aufgenommen und versteckt gehalten wurden. Wir fanden das Geschäft völlig ausgebrannt, einschließlich der kleinen Wohnung und des Warenlagers. Nach drei Stunden Freiheit kam anscheinend eine Anordnung von Leipzig an die Bornaer Polizei, uns beide offiziell zu verhaften, angeblich wegen Brandstiftung ... Am nächsten Morgen wurden wir mit anderen verhafteten Juden der Umgebung zur SS-Judensammelstelle am Leipziger Ausstellungsgebäude gefahren, wo ich von meinem Onkel getrennt wurde und von wo ich dann, einen Tag später, trotz meines 17jährigen Alters, in das KZ Sachsenhausen abtransportiert wurde.«

Der Nobelpreisträger

Von Frederick Rose erfuhr ich folgendes über einen ehemaligen Schüler des Leipziger König-Albert-Gymnasiums: »Dieses Gymnasium erzog den meines Wissens einzigen Nobelpreisträger von Leipzig, den in London lebenden und von der britischen Regierung geehrten Mediziner Sir Bernard Katz. Vielleicht ist noch Zeit für die Medizin-Fakultät der Leipziger Universität, diesen früheren Mitbürger zu einem Besuch einzuladen.«

Da im Brief aus Toronto auch die Anschrift von Prof. Katz stand, schrieb ich ihm. Sehr schnell erhielt ich Post. Meine Hoffnung, daß er etwas über seine Leipziger Jahre niedergeschrieben hatte, erfüllte sich leider nicht, aber ich erfuhr, daß Bernard Katz von 1929 bis 1934 in Leipzig Medizin studierte und seitdem nicht wieder in seiner Heimatstadt gewesen war. Er schickte mir seine Dankesrede anläßlich der Übergabe des großen Ordenszeichens des Pour le mérite für Wissenschaften und Künste. Und in diesen wenigen Sätzen findet sich auch etwas zu seiner Leipziger Zeit:

»... aber ich vergesse nicht, wieviel von meinen eigenen Grundlagen ich meinen deutschen Lehrern auf dem Albert-Gymnasium in Leipzig schulde, Herrn Hans Lamer, der uns die Wurzeln unserer Kultur in der Geschichte und Literatur von Athen und Rom aufzeigte, und Hans Leisegang, der uns ganz streng beibrachte, die deutsche Sprache und damit alle Sprachen als Präzisionsinstrument zu behandeln und zu respektieren.«

Der 1911 in Leipzig Geborene war Sohn eines Pelzhändlers.

Katz, Max, Rauchwr., C 1, Nikolaistraße 31, T. 10479, Wohn. C 1, König-Johann-Str. 13

Nachdem mir diese Fakten aus dem Leben von Bernard Katz bekannt waren, rief ich im April 1987 den damaligen Rektor der Karl-Marx-Universität an und fragte, ob ihm dieser Nobelpreisträger aus Leipzig ein Begriff sei. Nein, so wurde mir beschieden, der Mann sei an der Universität nicht bekannt. Ich wies darauf hin, daß Katz in Leipzig geboren wurde und zur Schule gegangen ist, an der Universität studierte und noch kurz vor seiner Emigration im Jahre 1934 hier promoviert habe. Ich sagte, daß Leute Ehrenpromotionen erhielten, die überhaupt keine Verbindung zu unserer Stadt haben, und bei Prof. Katz gebe es ja nun mehrere Gründe für eine Ehrung.

»Das ist sehr interessant. Schreiben Sie das alles mal auf, und schicken Sie mir die Fakten ...«

Ich sprach auch den damaligen Sekretär für Wissenschaft von der SED-Bezirksleitung an. Der sagte mir in seiner saloppen Art: »Nu ja, wenn das ein ordentlicher Kerl ist, da können wir schon was machen.«

Aber erst 1990 war es dann soweit: »Leipzig (ADN). Dem britischen Nobelpreisträger Prof. Sir Bernard Katz wurde am Donnerstag an der Leipziger Karl-Marx-Universität die Würde eines Ehrendoktors der Medizin verliehen. Katz, der an der Leipziger Universität seine Laufbahn als Biophysiker sowie Neurobiologe begonnen hat, war 1934 vor den antisemitischen Verfolgungen der Nazis nach England emigriert und hatte später am Londoner University College gelehrt.«

Der Albertiner-Verein, den ehemalige Schüler des König-Albert-Gymnasiums gegründet haben, stiftete einen Gedenkstein für Prof. Bernard Katz, der auf dem Klinikgelände der Universität steht. Der Stein mit seinen Lebensdaten wurde im Jahr 2000 eingeweiht. Der bedeutende Wissenschaftler starb 2003.

Jahre im Versteck

Dr. Ludwig Glass erzählt

Durch die Kunstwissenschaftlerin Dr. Susanne Heiland bekam ich Kontakt zu Dr. Ludwig Glass aus Amsterdam. Er schrieb mir:

»Ich bin 1909 im Alter von sechs Jahren aus Warschau zur Kusine meines Vaters, Regina Rabinowitz, nach Leipzig gekommen. Bei ihr wuchs ich auf, bis sie 1915 plötzlich verstarb. Ihre Tochter Eugenie war mit Max Katz verheiratet. Deren einziges Kind war der spätere Nobelpreisträger Bernhard Katz. Wir wohnten in demselben Haus. Nach dem Tod von Regina Rabinowitz versorgte mich die Familie Katz. Deshalb teilte ich zwei Jahre lang das Schlafzimmer mit Bernhard Katz. Obwohl er 1923 die beste Aufnahmeprüfung am Schiller-Realgymnasium absolvierte, wurde er dennoch nicht aufgenommen, da der Rektor Prof. Dr. Zöllner erklärte, erst müßten deutsche Kinder an die Reihe kommen. Dabei hatte Bernhard eine deutsche Mutter und war in Leipzig geboren. Aber er galt als Russe, da sein Vater aus Rußland stammte.

Derselbe deutsch-nationale Rektor Zöllner machte auch mir das Leben auf dem Schiller-Realgymnasium nicht leicht. Ein Schikaneur! Im Jahre 1921 hielt ich in der Oberprima einen Vortrag über Ibsens ›Peer Gynt‹. Als ich im Laufe des Vortrags über Kultur sprach, unterbrach er mich mit den Worten: ›Ihr Polen habt auch Kultur!?‹ – obwohl er wußte, daß ich mich 1918 als 16jähriger kriegsfreiwillig gemeldet hatte und beim Train gegen die Russen war –, wonach der antisemitische und chauvinistische Teil der Klasse brüllte und grölte. Schon zwölf Jahre vor dem 3. Reich …!«

Dr. Glass hatte von meinem Kontakt zu Prof. Katz erfahren und bat mich um dessen Anschrift. Und so kam es, daß Dr. Ludwig Glass und Prof. Bernard Katz nach über fünfzig Jahren Briefe tauschten …

1989 konnte ich Dr. Glass in Amsterdam besuchen, wo er mir von der damaligen Zeit in Leipzig erzählte:

»Ich studierte in Leipzig Jura und promovierte noch 1933. Mir ging es in Leipzig als junger Mann sehr gut. Ich bekam in einer Bank jeden Monat einen Wechsel von meinem Vater. In Dollar! Für Dollar konnte man in Deutschland in den zwanziger Jahren alles haben. Mit Freunden traf ich mich jeden Abend in der ›Weinklause‹. Siegbert Adler, ein Österreicher, der Spanier Lopes und der feine Grieche Scaljoras. Und eigentlich – das klingt schon größenwahnsinnig – lebte die ›Weinklause‹ von uns. Wenn wir einen Dollar wechselten, konnten wir einige Flaschen Champagner bestellen. Es gab dort auch ein jüdisches Orchester, die emigrierten später nach Amerika. Wenn ich ganz vornehm war, ging ich zum Fünf-Uhr-Tee ins Astoria. Ich bekam damals, glaube ich, neunzig Dollar im Monat. Das konnte ich gar nicht ausgeben.«

Dann erzählte Dr. Glass von einem seiner besten Freunde: »Einige Zeit nachdem die Nazis an der Macht waren, erhielt ich einen Brief von meinem Freund Walter Möhring. Er schrieb, daß er mit mir breche, weil ich Jude bin. Das war jedoch alles so übertrieben formuliert und leicht zu merken, daß das kein freiwilliger Brief war. Ich dachte damals: Der leidet mehr als du. Walter Möhring war in seiner Familie der einzige, der kein Nazi war. Er ist dann durch das Examen gefallen. Sein Vater hat ihm deshalb schreckliche Vorwürfe gemacht. So hat sich Walter schließlich das Leben genommen ... Und dann ist der Vater zum Grab des Sohnes gegangen und hat sich darauf ebenfalls das Leben genommen.«

Nachdem die Deutschen Polen überfallen hatten, waren alle Verwandten von Dr. Glass in größter Gefahr: »Meine Verwandten versuchten, in Richtung Osten aus dem Land zu kommen. Zwei sind gleich an der Grenze umgebracht worden. Sie wollten nach Litauen flüchten, und es war natürlich klar: Wenn Juden flüchten, dann mit Geld. Und so haben Polen oder wer es war, die sie gegen Bezahlung über die Grenze bringen wollten, die Fliehenden umgebracht und ausgeraubt. Mein Vater war ein reicher Mann. Er stand übrigens auf der Liste der Geiseln 1939 in Warschau an erster Stelle. Für seine Reise durch die UdSSR mußte an die Russen alles in Dollar bezahlt werden – das Durchreisevisum, die Fahrt und so weiter. Die Stationen seiner Flucht waren Litauen, Rußland, Sibirien, Schanghai, Japan, Australien. Mein Vater hat mit seinem Geld siebzehn Menschen das Leben retten können – Verwandten und Freunden.

Vor ein paar Jahren habe ich in dem Zusammenhang erstmalig etwas erfahren. Eine Schwägerin von mir, die in Australien lebt, hat mit ihren achtzig oder einundachtzig Jahren noch einmal durch Europa eine Reise gemacht, um sich von Freunden und Verwandten zu verabschieden ... Sie erzählte, wie sie trotz aller Dollar-Zahlungen in Sibirien von der Staatspolizei im Zug ›besucht‹ wurden. Meine Schwägerinnen, die leider immer protzen mußten und große Ringe an den Fingern hatten, die sie natürlich auch für ihre neue Existenz verwenden wollten, waren die Opfer. Die russische Geheimpolizei sagte: ›Alles ab! Alle Ringe runter!‹ – ›Aber wir haben doch schon alles in Dollar bezahlt!‹ – ›Raus aus dem Wagen!‹ Und da bettelten sie und durften im Waggon bleiben, aber sie nahmen ihnen alles weg.

Als mein Vater gerade ein paar Tage in Sydney war, bekam er einen Herzanfall. Es war einfach zuviel für sein Alter. Meine Brüder wußten nicht, wo sie in der Straße einen Arzt finden sollten, und so ist er nach ein paar Stunden gestorben.«

Schließlich erzählte Dr. Glass, wie er in Amsterdam überlebte: »1939 zog ich in dieses Haus in der Rooseveltlaan. Meiner Vermieterin Mizzi Gall und anderen Freunden verdanke ich mein Leben. Viereinhalb Jahre wohnte ich hier versteckt!

Zu dieser Wohnung gehören auch die Räume auf dem Boden. Dort gibt es eine Nische. Ein Freund sagte mir, daß er einen guten Schreiner kenne: ›Der macht uns dein Versteck! Der verrät nichts – und wenn sie ihn erschießen wollten!‹

Und dieser Mann hat das phantastisch gemacht! Ich saß in dem Versteck hinter einem Regal, das in diese Nische eingepaßt war. Den Sitz verband er mit dem Regal. So erschwerte mein Gewicht bei einer eventuellen Durchsuchung den Versuch, das Regal vorzurücken. Außerdem gab es eine Klingel zur Verständigung.

Die Deutschen waren dreimal im Haus. Es ist schon ein Wunder, daß sie mich nicht fanden. Sie kamen ja auch nachts und fühlten, ob das Sofa oder die Couch warm waren. Wenn sie das feststellten, dann durchsuchten sie das Haus von oben nach unten und fanden meist die versteckten Menschen.

Eine Situation war besonders schlimm. Es klingelte mehrmals, ich dachte, die Gefahr wäre vorüber, und kletterte heraus. Da begann am hellichten Tag in Amsterdam zum erstenmal ein Luftalarm. Nach einer Viertelstunde kam Mizzi Gall hoch und sah, daß ich mein Versteck verlassen hatte.

›Wie konntest du das aufmachen‹, rief sie, ›die Nazis waren mit einem Hund unten!‹ Sie war vor Schreck weiß wie eine Wand.

Der Luftalarm rettete mir das Leben, denn die Deutschen stiegen in den Keller. Das war schon 1945, und ich hatte mehr Glück als Verstand. Ich schlief vollständig angezogen auf einer kleinen Couch und mußte immer auf dem Sprung sein. Es gab auch einen Nazi im Haus, der von den Deutschen als Hauptbuchhalter in einer großen holländischen Konfektionsfirma eingesetzt war. Die Frauen der deutschen Offiziere holten bei ihm – ohne Bezahlung selbstverständlich – Bekleidung und Pelze für sich ab.

Einmal plagten mich schreckliche Zahnschmerzen. In unserer Straße, in der Rooseveltlaan 35, wohnte Dr. Leo, ein jüdischer Zahnarzt aus Leipzig. Ich kannte noch vom König-Albert-Gymnasium einen Freund von ihm. Er hieß Eugen Graf und war sein bester Freund. Leo war mit einer Christin verheiratet und hatte auch ein getauftes Kind. Mizzi Gall wußte sich keinen Rat, und die Emigranten kannten sich ja alle. In der Dämmerung ging die Tür auf, sie kam mit Dr. Leo, und der bohrte mir den Zahn auf. Da hat er viel Mut bewiesen ...

Nach der Befreiung, am 5. Mai 1945, nahmen mich meine Vermieterin und eine andere Frau unterm Arm, trugen mich nahezu die Treppe hinunter und setzten mich vors Haus auf den Rasen.

Ich war nach diesen Jahren einfach fertig und hätte wohl dieses Leben nicht mehr lange ertragen ...

Nur drei oder vier Personen wußten, daß ich versteckt lebte. Zwei Frauen sorgten für Lebensmittelkarten, die zumeist aus Ämtern gestohlen waren oder bei Überfällen erbeutet wurden.

Einmal kam auch die holländische Polizei in unser Haus: ›Gibt es hier nicht einen Juden?‹ – ›Nein‹, wurde ihnen gesagt, ›der ist schon lange weg!‹«

»Ich betrachte mich immer noch als Flüchtling.«

Hans Weinberger erzählt

Schon bevor mein Beitrag »Juden in Leipzig« vom New Yorker »Aufbau« (der 1934 gegründeten Wochenschrift der deutschen Juden in den USA) übernommen wurde, brachte die Post manchem ehemaligen Leipziger eine Kopie ins Haus. Wer in den Besitz des Artikels kam, schickte ihn an Bekannte weiter. So erhielt ihn zum Beispiel Hans Weinberger in den USA von Frederick Rose aus Kanada. Eines Tages saß ich dann mit Ingeburg und Hans Weinberger in der Halle des Hotels »Merkur« in Leipzig.

Weinberger, Theodor, Direktor der Fa. Schweitzer & Oppler Aktiengesellschaft, N 22, Springerstr. 21 II. T. 53162

»In der sogenannten ›Kristallnacht‹ kam die Gestapo sechs Uhr in unsre Wohnung und wollte meinen Vater verhaften. Er war sehr leidend. Da sagte einer von den SA-Leuten: ›Der ist sowieso am Verrecken. Den nehmen wir nicht mehr mit!‹ Dann haben sie im Herrenzimmer nach Waffen gesucht. Dort stand ein Bild. ›Wer ist das?‹ fragten sie meine Mutter. ›Mein Sohn.‹ Ich war wegen Kinderlähmung im Krankenhaus St. Georg gewesen. Die Gestapo kam an mein Bett: ›Anziehen. Mitkommen!‹ – ›Ich bin aber sehr ansteckend.‹ – ›Wer ist sein Arzt?‹ – ›Dr. Lange am Georgiring.‹ Sie haben ihn sofort angerufen. ›Ist der Jude Weinberger bei Ihnen in Behandlung?‹ – ›Ja.‹ – ›Ist der Jude haftfähig?‹ – ›Keinesfalls.‹ Daraufhin zogen sie zum Glück ab. Ich ging dann vormittags gleich in seine Praxis.«

Lange, Joachim, Dr. med., Facharzt für Orthopädie, C 1, Georgiring pt. T. 23946, Sprechstunden 9–11, 4–6, auß. mi. u. sbd. nachm.

»Dr. Lange sagte zu mir: ›Sie bleiben den ganzen Tag im Wartezimmer.‹ Abends bekam ich dann von ihm ein Attest, daß ich stark behindert sei. Ich habe ihn nach dem Krieg überall gesucht. Aber er war verschwunden. Die ganze Häuserzeile war weg. Schließlich habe ich ihn doch gefunden. Stellen Sie sich vor: Er lebt in Frankfurt am Main, ist jetzt vierundachtzig Jahre. Morgen fahren wir hin und werden ihn wiedersehen!

Aber ich kann Ihnen noch eine andere Geschichte aus jener ›Kristallnacht‹ erzählen. Eine SA-Horde kam in unser Haus. Im Erdgeschoß wohnte Leopold Strauß.«

Strauß, Leopold, techn. Oele, O 28, Vo., Verl. Wissmannstr., Wohn. N 22, Springerstr. 21

»Er war 1914 als Achtzehnjähriger freiwillig in den Weltkrieg gezogen. Er wurde von den Franzosen im Niemandsland angeschossen, als er einen Kameraden bergen wollte, und verlor dadurch sein rechtes Bein.

Strauß zog seine Uniform an, steckte sich die Auszeichnungen an die Brust, und dann rollte der große, stattliche Mann sein Hosenbein hoch, so daß sein Holzbein zu sehen war. So stand Leopold Strauß wortlos in der Tür der Springerstraße 21, als die SA, alles zertrümmernd, durch die Straße zog. Als die Verbrecher an unser Haus kamen, sahen sie ihn an, stutzten und gingen weiter.

Noch eine andere Begebenheit: In der Stadt standen wir einmal neben einem Auto, in dem ein Standartenführer saß, und ich sagte zu meinem Freund: ›Das ist ein hohes Tier!‹ Der hörte es und meinte: ›Was fällt euch Judenlümmeln ein, einen deutschen Offizier zu beleidigen!‹ Er befahl einem Schupo, uns mit zum Revier zu nehmen. Ich hatte keinen Ausweis mit. Meine Mutter kam mit den Papieren. Ich erhielt einen Strafbefehl wegen öffentlicher Beleidigung. Sechs Wochen Gefängnis. Die Begründung: Wenn ein Jude ›hohes Tier‹ sagt, dann meint er auch Tier!«

Nach dem Krieg kam Hans Weinberger mit der US-Army nach Leipzig. Er erinnert sich an Gespräche aus jener Zeit: »Vor allem waren Reden wie diese sehr verbreitet: ›Das haben wir alles nicht gewußt! Unsere Großmutter war doch auch jüdisch versippt. Wir standen mit einem Bein im KZ!‹«

Als ich ihn zum Abschluß unseres Gesprächs fragte, mit welchen Gefühlen er in den USA lebe, sagte er: »Ich betrachte mich immer noch als Flüchtling.«

Das Foto

Erika Müller erzählt

Auf der Suche nach Augenzeugen, die jüdische Familien kannten, nahm ich mir eines Tages die Humboldtstraße vor, in der seinerzeit viele von ihnen lebten und in der die Nazis später in »Judenhäusern« Menschen auf engstem Raum zusammenpferchten.

Eine Frau, die schon über fünfzig Jahre in einem Haus dieser Straße wohnte und vieles davon mitbekommen haben mußte, wollte jedoch »nichts gesehen« haben. Schließlich erhielt ich einen Tip, daß in einem Eckhaus unterm Dach schon so lange eine ältere Frau wohne, daß sie schon zum »Inventar« des Hauses gehöre.

Sie hieß Erika Müller und ließ mich ohne Umschweife ein. Es stellte sich heraus, daß ich zufällig an einen besonderen Zeugen des Novemberpogroms von 1938 geraten war.

»Meine Mutter sagte, es muß irgendwo brennen! Von unserem vierten Stockwerk aus war Rauch zu sehen. Ich ging über die Promenade, da bemerkte ich dicke Rauchschwaden und sah, daß die Synagoge in der Gottschedstraße brannte. Ich arbeitete direkt gegenüber im ersten Stockwerk in einer kleinen Bank. Vormittags kamen Männer in Zivil in den Kassenraum, gingen in sämtliche Räume und sagten, daß es verboten wäre, von hier Fotos zu machen. Außerdem dürfe kein Fremder an die Fenster treten. Meine Kollegen waren von den Ereignissen entsetzt. Sie hatten auf dem Weg zur Arbeit noch anderes gesehen: ›Wir hamm nich durch de Grimmsche gekonnt! Bamberger & Hertz brennt!‹ Ich habe dann am nächsten Tag trotzdem meinen Fotoapparat mitgenommen und die Ruine fotografiert. Leider habe ich aber die Fotos vor ein paar Jahren alle weggeworfen.«

Das fand ich natürlich außerordentlich bedauerlich. Aber Erika Müller suchte noch einmal in ihren Schubladen und konnte mir schließlich doch noch ein erhalten gebliebenes Negativ übergeben (siehe Abbildung 23).

»Die Synagoge wurde sehr schnell abgerissen, weil sie die Straße nicht so lange absperren konnten. Da bog ja die Linie 6 von der Gottsched- in die Zentralstraße, und wir merkten immer, wenn sich das Wetter änderte. Da quietschte die – das war kaum zum Aushalten!«

An der Parthe

Margarete Kampf erinnert sich

»Ich wohnte in der Uferstraße 10 im ersten Stock und wurde so Augenzeuge, wie die Leipziger Juden an der Parthe zusammengetrieben wurden. Ich holte meinen Fotoapparat und wollte vom Fenster aus fotografieren. Zwei SA-Männer schrien mich von unten an: ›Apparat rein!‹

Nach wenigen Minuten klingelte es, und man wollte den Apparat beschlagnahmen. Ich meinte, das käme nicht in Frage, da ich nicht zum Fotografieren gekommen wäre. Schließlich verlangten sie den Film. Ich sagte, da wären noch Urlaubsbilder drauf, woraufhin sie entgegneten, die könne ich mir am nächsten Tag am Dittrichring 11 abholen. Als ich dort hinging, erfuhr ich, daß nichts abgegeben wurde. Dann ging die Tür auf, und ein betreßter großer Nazi kam rein.

›SA-Leute? Waren da gar nicht beteiligt!‹ – ›Aber ich habe sie doch gesehen, und sie haben doch den Film mitgenommen!‹ – ›Wenn ich sage, die waren nicht beteiligt, dann waren sie es nicht!‹«

Die Fotos von Margarete Kampf wären heute das einzige Dokument des Zusammentreibens Leipziger Juden während des Novemberpogroms 1938.

Das Versäumnis

Nie gab es nach dem Krieg aus Leipzig einen Ruf an die deutschen Frauen und Männer jüdischer Herkunft, die ihre Heimat hatten verlassen müssen. Niemand ermunterte sie: Kommt zurück! Oder wenigstens: Besucht Leipzig!

Andere Städte in der alten Bundesrepublik luden ihre ehemaligen Bürgerinnen und Bürger ein und bezahlten ihnen sogar die Reise.

Aus Leipzig kam kein Signal, daß man ihrer überhaupt gedachte.

Zum 50. Jahrestag des Novemberpogroms im Jahre 1988 schlug ich vor, daß der Oberbürgermeister in der »Leipziger Volkszeitung« wenigstens ein Grußwort an diejenigen richten solle, die heute in Israel oder Kanada, in den USA, in Großbritannien oder in der Schweiz leben.

Doch nichts geschah. In seiner Rede anläßlich des Gedenkens würdigte er die jüdische Widerstandskämpferin Erica Gottschalk und wußte nicht, daß sie in Lidingö bei Stockholm lebt und er sie hätte einladen können – zusammen mit ihrer Schwester Gerda, die – wie in diesem Buch schon erwähnt – in Konstanz wohnt …

Eine Leipzigerin

Sie möchte nicht, daß ihr Name genannt wird. Ihre Erinnerung an jenen Tag im November 1938:

»Wir wohnten in der Humboldtstraße. Die Nazis kamen die Treppe hoch. Ich habe mich mit meiner Mutter und Schwester in dem hinteren Zimmer unserer Wohnung eingeschlossen. Sie zertrümmerten die Wohnungstür und schrien: ›Ihr verfluchten Judenschweine!‹ Wir zitterten vor Angst. Dann schlugen sie die Möbel kaputt und demolierten die Wohnung.

Ich besaß ein Zwanzigmarkstück, das war im Frieden viel Geld. Einer von ihnen fand es und nahm es mit.

Meinen Schwager verprügelten sie auf der Straße und schafften ihn noch in der Nacht nach Buchenwald.«

Die Heirat mit einem Chinesen schützte sie vor der Deportation. »Mein Mann war sehr krank, aber er ging nicht ins Krankenhaus, weil er Angst hatte, daß sie mich dann abholen würden. Er rettete mir das Leben. 1948 starb er.«

Als ich mich mit ihr 1988 unterhielt, erzählte sie auch diese Begebenheit: »Als ich einmal hier in Mockau zur Post ging, stand davor eine Clique Jugendlicher rum. Während ich vorbeiging, sagte ein kleiner Junge zu mir: ›Heil Hitler!‹«

Vererbte Vorurteile

An einem Tag des Jahres 1986 kam mein Sohn Sascha aufgeregt aus der Schule: »Stell dir vor, heute hat einer mitten im Unterricht laut gesagt: ›Juden und Türken müßte man erwürgen!‹«

»Was hat die Lehrerin dazu gesagt?«

»Sie tat so, als habe sie nichts gehört.«

Darauf bat ich um einen Termin bei seiner Klassenlehrerin und erzählte ihr von diesem Vorfall. Ich fragte sie auch, ob ihr bekannt sei, daß »Du Jude!« als Schimpfwort auf dem Hof der Arthur-Hoffmann-Oberschule zum normalen Ton gehöre und antisemitische Witze gerade große Mode seien …

Die Klassenlehrerin hatte keine Ahnung und zeigte sich sehr betroffen. Ich bot ihr an, mit den Kindern über dieses Thema zu sprechen, und sie stellte mir sofort ihre nächste Geschichtsstunde zur Verfügung.

Zu Beginn fragte ich die dreizehn- bis vierzehnjährigen Schülerinnen und Schüler, wodurch sich denn Juden in besonderem Maße von anderen Menschen unterscheiden würden. Ich erhielt drei Antworten:

1. »Wetten tun die Juden!«

2. »Die Juden haben Banken.«

3. »Knoblauch essen die Juden!«

Nicht einer von ihnen kannte einen jüdischen Menschen.

Ihre Eltern, zumeist in den vierziger Jahren geboren, konnten in ihrem Leben weder positive noch negative Erfahrungen mit Juden gemacht haben. Hier mußten schon die Großeltern mit ihren Klischees nachgeholfen haben.

Und die wirken bis heute.

Geradezu volkstümlich ist die Meinung: »Die Juden hatten doch die ganzen Banken.« In einer Statistik von 1930 fand ich für Deutschland 495 jüdische und 2166 nichtjüdische Banken.

Wenn ich bei Gesprächen frage, wie viele von den etwa fünfundsechzig Millionen Deutschen im Jahre 1933 denn nun Juden gewesen wären, so belaufen sich die Schätzungen bei alt und jung immer zwischen zwei und zehn Millionen. Im Juni 1933 lebten in Deutschland 502 799 Menschen jüdischer Herkunft. Die Goebbels-Propaganda wirkt noch bis in die Gegenwart.

Hools

Am 3. November 1990 kam es anläßlich eines Fußballspiels in Leipzig zu schweren Krawallen zwischen Hooligans und der Polizei. In einer brenzligen Situation begann die Polizei sogar zu schießen und tötete dabei einen jungen Mann. Anschließend zogen die Hools in die Stadt und tobten sich dort, unbehelligt von Sicherheitskräften, in etlichen Straßen aus.

Am Tag danach sah ich mir mit meiner Frau die Verwüstungen an. Dutzende Schaufensterscheiben waren eingeschlagen. Makaber war für mich die Tatsache, daß die am stärksten betroffenen Straßen bereits das Ziel des Nazimobs im November 1938 waren: der Brühl und die Nikolaistraße. In den gleichen Häusern gingen damals die Scheiben zu Bruch, nur gehörten die Geschäfte Leipziger Juden, und der Anlaß war von anderer Art. Aber die Brutalität und die Dumpfheit ähnelten sich ...

Überall im nahe gelegenen Hauptbahnhof fanden wir Zeichen der Neonazis: das Wort »Skins« so geschrieben, daß die beiden S an den schrägen Schrifttyp der SS erinnerten, »Sieg Heil« und ein großes Hakenkreuz ...

Begegnung mit Neonazis

Im März 1992 hatte die »Leipziger Volkszeitung« in einen Raum der Reformierten Kirche zu einer Gesprächsrunde eingeladen. Es ging um »Null Bock« und »Führertraum«, das Spektrum der jungen Leute reichte von links bis rechts, von liberal bis christlich. Auch ein Vertreter einer neonazistischen Partei war eingeladen. Allerdings kam er nicht allein, sondern brachte ohne Vorankündigung zwei seiner »Kameraden« mit. Alle drei in Uniform. Als sie mit dem festen Tritt ihrer Schnürstiefel eintraten, wirkte die Szenerie auf mich, als hätten sich drei Komparsen eines Nazifilms in den Kirchenraum verirrt. So blieb der Redakteurin der »LVZ« nur noch die Feststellung: »Sie sind also nicht allein gekommen.«

Einer wurde als Schriftführer vorgestellt, vermutlich hatten aber beide Leibgardenfunktion. Da saßen sie nun unterm Kreuz in ihren Braunhemden, mit schwarzem Koppel und schwarzweißroten Armbinden, auf denen das etwas veränderte Zahnrad der nazistischen Arbeitsfront zu sehen war – nur das Hakenkreuz fehlte. An der Stelle standen die drei Buchstaben FAP (Freiheitliche Deutsche Arbeiterpartei) im typischen Schriftstil der Zeit des Nationalsozialismus. Ein schwarzes Dreieck auf dem Hemd gab an, daß die drei Uniformierten aus Sachsen stammten. »Wir sagen ›Gau

Sachsen‹.« Auf meine Frage, ob die FAP die Nachfolgepartei der NSDAP sei, lächelten meine Gegenüber. »Das dürfen wir nicht sein.«

Die Absurdität der Szene steigerte sich, als der moderierende Pfarrer Christian Führer nach einem kurzen Stutzen die drei mit Handschlag begrüßte und dabei logischerweise seinen Namen nannte: »Führer«.

Der »Führer« der FAP war – wie schon damals – kein blonder, blauäugiger Hüne, sondern ein kleiner, dunkelhaariger junger Mann von einundzwanzig Jahren mit dunkelbraunen Augen. Ein fanatischer Typ, ein Eiferer. Wenn er in seiner Rede unterbrochen wurde, knallte er mit martialischer Geste den Kugelschreiber auf den Tisch, um sich Respekt zu verschaffen: »Läßt man mich hier nun mal ausreden!« Die beiden anderen, etwa im gleichen Alter, wirkten zurückhaltender. Natürlich waren alle drei gegen »sinnlose Gewalt«. Unter sinnvoller Gewalt verstanden sie Verteidigung. Ihr Ziel: ein »nationaler Sozialismus«.

Die FAP-Leute wetterten auch gegen Drogen und gegen die Abholzung der tropischen Regenwälder. Ich kann ja nun nicht plötzlich dafür sein, nur weil ich gegen Neonazis bin …

Als Pfarrer Führer von den sechs Millionen ermordeten Juden sprach, ging ein Grinsen über das Gesicht des Eiferers, und er sagte höhnisch halblaut: »Ja, ja, sechs *Milliarden*!« Wir alle hier am Tisch wären die Opfer einer subjektiven Geschichtsschreibung und grober Fälschungen. Drei zwanzigjährige Burschen fühlten sich im Besitz der Wahrheit und sprachen von den großen »Leistungen« des deutschen Nationalsozialismus.

Die schon geahnte Konsequenz eines solchen Gesprächs wurde reale Erfahrung: Fakten und Argumente prallten am Panzer der Ignoranz, Unwissenheit und Überheblichkeit ab.

Dennoch bleibt für jeden von uns die Entscheidung: zusehen, ignorieren oder etwas dagegen tun ...

»Ihr Judenschweine! Ihr müßtet
den Rosentalteich aussaufen!«

Sascha Hammerstein erzählt

»Wir wohnten im damaligen Ranstädter Steinweg 49, also Ecke Thomasiusstraße/Jahnallee. Am 10. November 1938 wurden wir aus der Wohnung geholt. Besonders tat sich damals der Hausmeister von diesem Grundstück hervor. Das Haus hatte vier Aufgänge. Hausmeister Siegel holte uns mit weiteren vierzehn Mann aus unserer Wohnung. ›Ihr Judenschweine!‹ sagte Siegel und nahm uns den Wohnungsschlüssel weg.

Sie führten uns über die Färberstraße. Dort gab es auch eine Synagoge. Vorbei an brennenden Thorarollen und Gebetbüchern, die sie auf die Straße warfen, in Richtung Parthe. Und immer wieder hieß es: ›Ihr Judenschweine! Ihr müßtet den Rosentalteich aussaufen! Ihr macht euch hier überall breit und tut nichts!‹

Kurz vor der Parthe begegnete uns ein Fahrzeug, ein PKW, mit dem polnischen Konsul. Er hat dann unsere Familie, meine Eltern, zwei Schwestern und mich, rausgelotst. Nun muß ich sagen, ich bin kein Volljude, meine Mutter war Christin.«

Hammerstein, Arnold, Kaufm., C 1, Ranstädter Steinweg 49, Aufg. A II

»Wir konnten wieder nach Hause. Wir hatten noch einen Zweitschlüssel. Damit haben wir die Wohnung zugeschlossen und verriegelt. Nach einer Weile merkten wir, daß jemand versucht, die Tür aufzuschließen – da haben sie uns den Wohnungsschlüssel zurückgebracht, ohne daß in unserer Wohnung etwas demoliert wurde.

Am gleichen Abend, halb acht, klingelte es. Gestapo und zwei SS-Leute holten meinen Vater ab. Der Gestapobeamte kannte meinen Vater, weil er bei jüdischen Veranstaltungen Ordnungsdienst gemacht hat. Da saß ja immer einer von der Gestapo mit drin. Und der sagte: ›Nehmen Sie sich das Notwendigste mit, Zahnbürste und so weiter Wir müssen Sie mitnehmen. In Schutzhaft.‹

Nach drei Wochen kam mein Vater aus Buchenwald zurück. Er wurde entlassen, weil er 1935 vom Führer und Reichskanzler als erster Jude in Leipzig das Frontkämpferehrenkreuz mit Schwertern für die Teilnahme am Ersten Weltkrieg bekommen hatte. Nun war er die erste Zeit verpflichtet, sich täglich bei der Gestapo zu melden.

Ab 1933 durfte mein Vater nicht mehr als Bücherrevisor arbeiten, war lange Jahre arbeitslos und dann bei der Firma Böhmelt, einem Baubetrieb, tätig. Die Juden mußten dort in Kolonnen arbeiten. Mein Vater machte eine Art Kalfaktor, kaufte für die Leute ein, die an der Baustelle beschäftigt waren. Eines Tages hatte er Gerangel mit einem von der Straßenbahn. Der sagte, er solle ihm mal das und das mitbringen. Da sagte mein Vater: ›Also, weißt du, gib mir erst einmal mein Geld wieder, das ich dir ausgelegt habe – dann bring ich dir's mit.‹ Es ging etwas hin und her, bis der von der Straßenbahn schrie: ›Na warte nur, du Judenschwein, eines Tages erwisch ich dich!‹

Und er hat ihn erwischt.

Mein Vater mußte den Stern tragen. Wir durften nicht

mehr zum Friseur und nicht zum Schuhmacher gehen, wir sollten möglichst ungepflegt aussehen. Mein Vater kannte einen Schuhmacher in Rückmarsdorf, Wohlers hieß der, für den machte er die Buchführung, und der besohlte uns dafür die Schuhe. Um nach Rückmarsdorf zu kommen, mußte er mit der Straßenbahn fahren, denn die Fahrräder hatten wir ja abgeben müssen. Aber Juden durften auch nicht Straßenbahn fahren, außer zur Arbeit. Mein Vater fuhr also damals mit der 17 bis zum Leutzscher Rathaus, um dort in die 27 umzusteigen. Ohne Judenstern. Wie er dort aussteigen will, haut ihm einer von hinten auf die Schulter und sagt: ›Du Judenschwein läufst getarnt!‹ Es war der besagte Mann, mit dem er auf Arbeit diesen Streit hatte. Er schob also meinen Vater in die Polizeiwache und erstattete Anzeige. Der Polizist sagte noch: ›Hören Sie, das ist ein Familienvater von drei Kindern, geben wir ihm eine Verwarnung, lassen wir ihn gehen.‹ – ›Nischt gibt's, du willst wohl noch die Judenschweine unterstützen!?‹

Nach zwei oder drei Wochen hat es früh um fünf geklingelt. Erst sechs Wochen Polizeigefängnis Leipzig, anschließend Auschwitz. Die letzte Nachricht war vom Januar 1945. Dann war Schluß. Es hat sich bei uns noch ein gewisser Kappel aus Eisenach gemeldet, der hatte in Birkenau mit meinem Vater auf einer Pritsche geschlafen. Der hat's überlebt und wollte meinen Vater besuchen. Und der hat uns gesagt: ›Also, wenn er bis jetzt nicht da ist‹, das war so im August/September 1945, ›dann braucht ihr keine Hoffnung mehr zu haben.‹

Doch nun noch einmal zurück zur Situation unserer Familie im Leipzig der Nazizeit: Wir wohnten dann in einem sogenannten Judenhaus in der Packhofstraße. An der Wohnungstür wurde der Judenstern angeklebt, kein gelber, sondern in Weiß. Ausgangsverbot gab es im Winter von abends acht bis früh um sechs, im Sommer von abends neun bis früh fünf Uhr. Also klingelte es im Winter Viertel neune abends Sturm – das hatten die immer drauf, den Finger so lange auf der Klingel lassen, bis die Tür geöffnet wurde. Und dann kam die Geheime Staatspolizei und wollte die Sachen sehen, wo der Stern dran war. Und wehe, der war bloß an den Ecken angenäht! Die nahmen einen Bleistift und haben genau kontrolliert, ob er ringsum fest angenäht war! Dann haben sie in die Töpfe geguckt, was wir drin hatten, und wehe, wir hatten ein Stückchen Fleisch! Wir bekamen ja Judenmarken, also kein Fleisch, kein Weißbrot, keine Eier, keine Kleider-, keine Kohlenkarte ... zwei Zentner Briketts im Jahr. Und wenn ein Stück Fleisch oder Weißbrot auftauchte: ›Wo haben Sie das her!?‹

Erinnerlich ist mir noch ein Erlebnis: Ich ging die Straße entlang. Da kamen Kinder und sahen meinen Judenstern. Sie spuckten mich an und versuchten, mich zu schlagen. Ich konnte mich nicht wehren! Also blieb bloß eins – Beine in die Hand und wegrennen! Ganz kompliziert wurde das Leben für meine große Schwester. Sie stammte nicht von meinem Vater. Wir wußten das nicht. Für uns war sie unsre Schwester. Aber mein Vater war lediglich ihr Vormund. 1939 sollte sie zum Arbeitsdienst einrücken. Da erfuhr sie, daß er nicht ihr leiblicher Vater war. Sie bekam einen anderen Vormund, irgend so einen Nazibonzen. Meine Schwester konnte das nicht verstehen mit ihren achtzehn Jahren. ›Mein Vater hat immer für mich gesorgt‹, sagte sie, ›ich kann doch jetzt nicht mit der Uniform mit dem Hakenkreuz rumlaufen!‹ Sie durfte nicht mehr im Judenhaus wohnen und zog zu den Eltern meiner Mutter nach Plagwitz. Ihr Freund war auch Jude. Mit ihm ist sie Weihnachten 1939 nach Ungarn emigriert. Als die Deutschen kamen, sind die beiden nach Jugoslawien, dann nach Griechenland geflohen. Doch auch dorthin kamen die Deutschen, und sie konnten nicht mehr weg. Inzwischen hatten sie geheiratet. Dann hat meine Schwester ein Kind geboren, das sie bloß kurz nach der Geburt einmal sah, dann war's angeblich krank und ist gestorben. Den Mann haben die Nazis geholt. Auch sie selbst war für kurze Zeit in Auschwitz und ist dann in Bergen-Belsen befreit worden, hat's überlebt, lebt heute noch, ihren Mann und ihr Kind hat sie jedoch verloren ...

Meine andere Schwester, Esther, wurde im Mai 1942 nach Lublin deportiert. Der letzte Brief stammt vom September 1942. Dann hörten wir nie wieder von ihr ...

Am 12. Februar 1945 mußten wir uns für den letzten Transport bereitmachen. Dann kam der Angriff auf Dresden, und wir sind kreuz und quer gefahren. Am 18. Februar sind wir in Theresienstadt angekommen. Meine Mutter war die einzige, die in Leipzig zurückblieb, sie hatte dreimal einen Nervenzusammenbruch. Ich verstand das damals als Kind nicht, heute, wo man selbst Kinder hat, ist einem erst klar, was das für eine Situation war. Ich habe meiner Mutter immer gesagt, ich komme wieder. Die Russen standen schon in Breslau, die Amis in Aachen, es konnte nicht mehr lange gehen. Die Frage war, ob wir noch vergast werden konnten!? Denn am Gaskammerbau in Theresienstadt mußte ich noch selbst mitarbeiten. Da gab es bekanntlich Kasernen, Wallgräben in der Festung, Schießscharten. Und die mußten wir zumauern. Wir standen bis zur Wadenhöhe im Schlamm in den schmalen Gängen. Dort sollten die Menschen vergast werden, doch die Gasleitung lag noch nicht drin. Es kam nicht mehr dazu. Am 8. Mai rollten die sowjetischen Panzer durchs Lager.«

Im Waldplatzviertel

Obwohl die jüdischen Leipziger Familien über die ganze Stadt verstreut lebten, gab es ein Gebiet, in dem besonders viele wohnten. Dieses Gebiet erstreckte sich vom Hauptbahnhof bis zur Gegend um den Waldplatz, von der Berliner Straße bis in das Viertel um den Nordplatz. Während die Ärmsten der Armen sogar über den Pferdeställen in der Gerberstraße wohnten, hatten andere hochherrschaftliche Wohnungen am Kickerlingsberg.

An einem Nachmittag bin ich einmal im Waldplatzviertel zwischen Wald- und Leibnizstraße spazierengegangen. In einigen Häusern klingelte ich an Türen mit alten Namensschildern, hinter denen ich auch ältere Bewohner vermutete.

Eine Legende hält sich bis heute bei vielen Bewohnern: Das Waldplatzviertel wurde nicht zerstört, weil viele Häuser in jüdischem Besitz waren.

Der Volksmund nannte die Gegend auch »Neu-Jerusalem« und das Gebiet um den Nordplatz die »Jüdische Schweiz«.

In einem Haus der Tschaikowskistraße kam ich mit einer Frau ins Gespräch: »Ja, nebenan wohnte der Chef von meinem Mann. Also: er hatte zwei Chefs – einen jüdischen und einen christlichen. Der jüdische war sehr fleißig. Er hatte eine ganz liebe Frau. Die Familie hieß Rosenthal. Die Frau ist vergast worden. Der Sohn hat überlebt. Aber wir hatten keinen weiteren Kontakt mit Juden. In unserem Haus haben keine gelebt.«

In der Leibnizstraße klingelte ich bei einer Frau, die unterm Dach wohnte. Als ich ihr erklärte, daß ich auf den Spuren jüdischen Lebens in Leipzig sei, sagte sie sofort: »Kommen Sie rein. Ich hab damals am Fenster gestanden und geheult. Sie haben die Kinder aus dem Haus herausgeholt und auf den Lastwagen geschafft! Das war so grausam …!« Ihr kamen bei der Erinnerung an diese Bilder gleich wieder die Tränen. Es stellte sich heraus, daß sie von ihrem Fenster aus den jüdischen Kindergarten sehen konnte und den Abtransport miterlebt hatte.

»Die haben geschrien! Es war furchtbar!« Sie schüttelte immer wieder den Kopf. »Später war das ein Heim mit deutschen Kindern. Bei einem Bombenangriff wurde das Haus getroffen. Ich half mit, die Kinder aus dem Keller zu holen. Links und rechts hatte ich eins unterm Arm. Da hat es dann unsere Kinder auch erwischt! Das jüdische Kinderheim war die Nummer 30 in der Leibnizstraße. Furchtbar, was die Nazis mit den Juden gemacht haben! Das sind doch auch Menschen!«

Ich fragte sie nach jener Stelle im Rosental, wo sich noch Juden aufhalten durften, denn es war ihnen ab 1939 verboten, in den Anlagen spazierenzugehen. »Ja, ja, das war hier ganz in der Nähe, gleich über der Straße. Ich hab sie oft gesehen. Ich hab sie sogar einmal singen gehört. Als dann in Leipzig alles zerbombt wurde, war dort Ruhe … Danach war niemand mehr da.«

Ich fragte sie auch, ob sie aus ihrer Kindheit Erinnerungen an Juden habe.

»Da fällt mir was ein! Zu meinen Eltern kam manchmal ein jüdischer Hausierer. Der sagte immer: ›Mein Name is Fisch. Ich komme gerade aus dem Wasser.‹ Das letzte Mal hat er die Bettwäsche ganz billig verkauft. Wahrscheinlich ist er weg. Aber mal was andres: Es wurde doch immer erzählt, Goebbels wäre auch Jude … Stimmt denn das nu!?«

In der Auenstraße hat ein jüdischer Name über der Tür die Nazizeit überstanden: »Ariowitsch-Stifung« steht über dem Eingang zu diesem 1928 eingeweihten Altersheim. Die Stifterin Louise Ariowitsch, Frau eines bekannten Leipziger Pelzhändlers, wohnte nicht weit entfernt in der Färberstraße. Das Haus hat eine bewegte Geschichte: Nachdem es nicht mehr als jüdisches Altersheim genutzt werden durfte, zog die Gestapo ein … Auch der Leipziger Maler Alfred Frank, so erzählte mir die Leiterin, soll hier inhaftiert gewesen sein. Nach dem Krieg zog zunächst die amerikanische, dann die sowjetische Armee ein.

Noch ein Erlebnis dieser Art hatte ich auf meinem Spaziergang, als ich einen älteren Mann ansprach: »Ja, hier haben viele Juden gewohnt, aber ich weiß nichts!« Solche Sätze machen mich mißtrauisch. Eine andere Überlegung: Wo sind die beschlagnahmten Möbel, Gemälde, Vasen und anderen Sachen, die sich in den Wohnungen dieser Familien befanden? In Leipzig existiert bestimmt noch so manches Stück. Nicht nur Bücher, auch diese Dinge haben ihr Schicksal …

1 *Jüdisches Leben in Leipzig vor der NS-Zeit:*
Das Israelitische Krankenhaus wird 1928 eingeweiht.

2 *Das Kaufhaus Held beim »Judenboykott« am 1. April 1933*

*3 Rolf Kralovitz (stehend, zweiter von links)
mit Freunden in der Israelitischen Schule, 1939*

*4 Rolf Kralovitz (Mitte) und seine Mutter Martha (rechts) 1941
im »Judenhaus« mit Else Freier und ihrer Tochter, die kurz darauf
deportiert wurden*

5 *Rolf Kralovitz (links) spielte nach Kriegsende im neueröffneten* »*Palast-Theater im Zoo*«.

6 *Pfarrer Theo Gunkel vom Oratorium des heiligen Philipp Neri*

7 Pelzlager am Leipziger Brühl

8 Der Brühl in den zwanziger Jahren

9 Vernagelte Schaufenster in der Nikolaistraße
nach dem 10. November 1938

10 und 11 Lea und Gabriel Nathansen

12 Die Schachtel mit den Dokumenten und Fotografien der Familie
Nathansen, die Heinz Zaspels Vater vergeblich für sie aufbewahrte

13 Hochzeit mit Davidstern: Ruth de Paauw-Knoller, die Nichte der Nathansens, und ihr holländischer Bräutigam 1942 in Amsterdam

14 *Harribald Salata mit seiner Mutter im Jahr 1934, noch vor ihrer Flucht in die USA*

15 *Das ausgebrannte Konfektionshaus Bamberger & Hertz am Augustusplatz nach dem Pogrom im November 1938*

16 *Das Leipziger Warenhaus Joske 1933 mit einem Plakat, das zum Boykott auffordert*

2.12.43.

Meine geliebten Kinder. Am 1. Advent
ging Vater ruhig heim. Herzschwäche
durch die vorangegangene Lungenentzündung nahm ihn uns. Er war
hier in vorbildlicher Pflege und
ich bin täglich 4 mal bei ihm gewesen. Eure 2 Karten vom 10. 10. und
31. 10. 43. und das Päckchen von
Euch haben ihn noch sehr erfreut.
Seine Gedanken waren immer um
Euch. Seid tapfer wie ich es auch
sein muß und denkt: „Was Gott
tut, das ist wohlgetan."
In inniger Liebe küßt Euch
Eure
Mutti.

17 Brief von Luise Gottlieb aus Theresienstadt, in dem sie, merklich
von der Zensur beeinflußt, vom Tod ihres Mannes berichtet

5 h

Rudolf Gottlieb, Theresienstadt, Hauptstr. 9

POSTKARTE
DOPISNICE

Rückantwort nur auf
Postkarten in deutscher Sprache

Frau
Marianne Gottlieb

Leipzig O 5
Roßbach-Str. 20 II

Theresienstadt, am 23. März 1944.

Meine lieben Kinder

Ich bestätige dankend den Empfang Ihres (Deines) Paketes

vom _____ 1944.

Luise Gottlieb
Unterschrift.

Große Freude
Sendung herrlich
Innigste Grüße Mutti.

18 Karte von Luise Gottlieb aus dem KZ an ihren Adoptivsohn Wolfgang und seine Frau Marianne

Name _Schapira Maria_ Nr. 35212

Geboren _28. 5. 21._ Gestorben _4. 3. 43._

Verzeichnis der Nachlass-Sachen

___ Koffer	___ Kragen	___ Taschentuch
___ Aktentasche	___ Binder	___ Ziertuch
1 Bademantel	___ Fliege	___ Handtuch
___ Hut	1 Halstuch	
___ Mütze	1 Kopftuch	___ Bürsten
1 Mantel	1 Schuhe	___ Kamm
2 Rock Kleid	___ Stiefel	___ Spiegel
1 Jacke Rock	1 Pantoffeln Jacken	___ Messer
___ Hose	2 Strümpfe	___ Schere
___ Weste	1 Handwärmer	___ Nagelfeile
2 Pullover	1 Strumpfhalter Sockenhalter	___ Feuerzeug
	___ Ärmelhalter	___ Geldbörse
3 Hemd	___ Hosenträger	___ Brille/Etui
6 Unterhosen	___ Leibriemen	___ Schlüssel/Ring
1 Unterrock	2 Büstenhalter	
___ Alaunstein	___ Seifennapf	___ Brieftasche
___ Hautcreme	___ Seife	___ Fotos
___ Rasierapparat	___ Zahnbürste	___ Pass
___ Rasiermesser	___ Zahnpasta	___ Inv. Vers. Karte
___ Rasierklingen		___ Aufrechnungsbesch.
___ Rasierpinsel		___ Füllhalter
___ Rasierseife		___ Drehbleistift
___ Rasiercreme		

Ausgefertigt: am _12. 5. 43._

von _Bock N 18809_

19 Alles, was von Maria Schapira blieb: ein Dokument
aus Auschwitz

20 Martha Klapisch mit ihrem Sohn Jascha, der in der Haft
zu Tode kam

*21 Ein Nobelpreisträger aus
Leipzig: Sir Bernard Katz,
Anfang der fünfziger Jahre*

*22 Simson Jakob Kreutner bei
seinem Besuch in Leipzig, fünfzig
Jahre nach seiner Flucht*

*23 Das Foto, das Erika Müller nach dem Pogrom im November 1938
heimlich von der zerstörten Synagoge machte*

24 Alfred Glaser im Alter
von vierundzwanzig
Jahren nach seiner Flucht
nach Holland im Jahr
1938

25 Alfred Glaser (links)
und Oskar Grau 1989
in Israel

26 Aron Adlerstein (Mitte) liest in den achtziger Jahren in der
Jüdischen Gemeinde zu Leipzig aus der Thora.

Der Panther

Das ist schon ungewöhnlich – ein Panther im Kaufhaus! Ich entdeckte ihn in den sechziger Jahren im CENTRUM-Kaufhaus in Leipzig-Lindenau.

Dort hockte er links im Treppenaufgang vom Erdgeschoß zum ersten Stockwerk. Eine schöne metallene Tierplastik, gestiftet »von der dankbaren Belegschaft« anläßlich eines Geschäftsjubiläums. So etwas gab es also auch, daß Angestellte den Besitzern etwas stifteten, denn aus der volkseigenen Zeit stammte der Panther nicht. Seit den zwanziger Jahren lag er neben der Treppe auf der Lauer, der Zeit, als dieses Kaufhaus den Gebrüdern Held gehörte.

Spare Geld, kauf bei Held!

Frau N. hat dort 1928 ihre Lehre begonnen. Der Arzt schickte sie jedoch zu Lehrbeginn wegen ihres Gesundheitszustandes erst einmal zur Erholung. – »Das war meiner Mutter und mir sehr peinlich. Da sagte der Herr Held, erhol dich, dann kannst du immer noch was lernen! Und gab mir noch zehn Mark!«

Alte Lindenauer schwärmen von diesem Kaufhaus und sagen heute noch: »Wir gehn mal zu Helds.« In Lindenau gab es in den zwanziger Jahren besonders viele Arbeitslose. Die Gebrüder Held holten sie in den Erfrischungsraum im zweiten Stock und verköstigten sie. Kostenlos. Täglich.

Frau Sch. erinnert sich: »Ich hatte ein Kleid in der Hand und konnte es nicht kaufen, weil mir ein paar Mark fehlten. Da kam einer von den Helds vorbei, fragte, wieviel Geld ich hätte, und da war's mir.«

Schaufensterware wurde oft an Mittellose verschenkt.

Frau N.: »Was wir Weihnachten in die Queckstraße geschleppt haben! Da war ein Heim für Geschädigte.« Zum Ausverkauf konnten die Mitarbeiter eine Stunde vor Öffnung kommen und erhielten nochmals zehn Prozent Nachlaß. »Wir kriegten so einen Topf Bohnenkaffee für 'n Fünfer!« Frau N. formt mit ihren Händen eine imaginäre, ordentlich große Tasse. Und auch das hat sie über Jahrzehnte behalten: »Da kam der Leo Held mal in unsere Abteilung und sagte: ›Du und du, ihr seht blaß aus, geht mal zwei Stunden in den Charlottenhof baden!‹«

Natürlich haben die Helds trotzdem verdient! Schließlich waren es Kapitalisten, die konnten und mußten rechnen. Aber die Leute sagen immer noch: »Wir hätten für sie die Nacht durchgearbeitet!« und: »Ich habe da die schönste Zeit erlebt!«

Deshalb also die Stiftung von der dankbaren Belegschaft.

Eines Tages kam die SA mit Knüppeln in den Erfrischungsraum und jagte die Arbeitslosen die Treppe hinunter – die Helds waren Juden.

Eine Lindenauerin erzählte mir, daß die SA am Tag des Judenboykotts im April 1933 umsonst vor dem Kaufhaus stand. Die Lindenauer wären alle einen Tag früher gekommen und konnten bald nur noch schubweise eingelassen werden. Schließlich hätte man gar wegen Überfüllung schließen müssen.

Aber wo beginnt die Legende?

Drei Augenzeugen schilderten mir, daß in der Pogromnacht von 1938 im Kaufhaus Held keine Scheibe zu Bruch ging: »Lindenau war rot. Die Bevölkerung stand wie eine Eins hinter den Helds. Da ist nichts kaputtgegangen! Da hat sich die SA nicht herangetraut!«

Ein jüdisches Kaufhaus in Deutschland, dessen Kunden den Nazipöbel an der Zerstörung hinderten? Ein Zeichen von Solidarität und Zivilcourage in schlimmster Zeit?

Frau N.: »Das ist Quatsch! Die Helds haben das Kaufhaus schon vor der ›Kristallnacht‹ an einen Arier verkauft. An Herrn Gohlisch. Dann war's nicht mehr schön auf Arbeit.«

Deshalb klirrten also keine Scheiben bei »Helds«. War das wirklich nicht bekannt, oder haben die Augenzeugen sich nur eingeredet, daß, wer so sozial handelte wie die Brüder Held, in Gefahr nicht im Stich gelassen wurde von denen, die einst Gutes erfahren hatten ...?

Frau N.: »Moritz und Albert Held hielten vor der ganzen Belegschaft noch eine Rede. Sie sagten, daß sie das Kaufhaus verkauft haben und nach England gehen. Viele haben geheult. Sie standen auf der Treppe neben dem Panther, und da stand ja an der einen Seite: ›Sei wachsam!‹ Das ist ja für ein Kaufhaus wichtig, nicht wahr!? Und ihre letzten Worte waren: ›Seid wachsam!‹«

Ende der siebziger Jahre wurde das Kaufhaus rekonstruiert. Seitdem ist der Panther verschwunden. Auf meine Nachfrage bei der Leitung im Jahre 1988 erntete ich zunächst Verwunderung: »Ein Panther? Hier im Kaufhaus?« Eine Kollegin wurde angerufen, und ich hörte ihre Erklärung, wo denn ein angeblicher Panther abgeblieben sein könnte: »Na, bei der

Reko irgendwie …« Inzwischen kam der Chef, freundlich und hilfsbereit: »Wir wissen nur, daß dieses Kaufhaus früher den Gebrüdern Held gehörte, aber von damals existiert nichts mehr.«

Wieso störte niemanden, daß ein inzwischen volkseigen gewordener Panther verschwindet?

»Wissen Sie, da waren hier vierzig bis fünfzig Handwerker! Vielleicht ist er beim Ausbau kaputtgegangen und im Altstoffhandel gelandet.«

Schließlich fand ich den damaligen Leiter der Rekonstruktion und sagte ihm, daß eigentlich nur zwei Varianten in Frage kämen: Entweder ist die Tierplastik wirklich im Schrott gelandet, oder sie ziert eine Datsche.

»Ja, ja«, erwiderte er, »das ist alles möglich …«

Erinnerungen eines Friseurs

Martin Matthes erzählt

»Leo Held vom Kaufhaus Gebrüder Held war einer meiner Kunden.«

Held, Leopold, Kfm., C 1, Fregestr. 32 pt., T. 23429

»Ich rasierte und frisierte ihn täglich. Sonntag früh war ich bei ihm Frühstücksgast. Er aß immer ein weichgekochtes Ei und einen Bückling, ausgegrätet. Leo Held gründete im Warenhaus auch aus dem Personal eine Fußballmannschaft. Er kaufte bei mir sämtliche Odeurs! Dabei gab es die alle in seinem Kaufhaus!

Held hatte eine Einlage im Schuh, damit er größer wirkte. Der Schuhmacher für die bessere Gesellschaft Leipzigs war übrigens im Waldplatzviertel der Marek. Der fertigte für diese Leute Maßschuhe, machte auch Schuhe für Jockeys – die durften kein Gewicht haben.

Wir hatten viele jüdische Kunden. Zum Laubhüttenfest waren die nicht knickrig, gaben was aus. Vorher wurde gefastet. In der Nazizeit sagte ein Parteifritze zu mir: ›Herr Matthes, Sie haben einen Juden eher drangenommen als mich! Wenn Sie mir nicht so sympathisch wären, würde ich eine Staatsaktion draus machen!‹«

Das ehemalige Warenhaus M. Joske & Co.

Aus einem Brief von Gideon Bar-Joseph

»Die sich Ende des 19. Jahrhunderts entwickelnde Industrie verwandelte damals den ländlichen Westen Leipzigs in ein Arbeiterviertel rings um die entstehenden Fabriken. Mein Großvater Max Joske kam aus Saalfeld. Da er Bäckermeister war, erwarb er eine Bäckerei in der Karl-Heine-Straße 43 in Plagwitz. Im Jahre 1900 baute er sie zu einem Warenhaus um, nachdem er das Haus Nr. 45/Ziegelstraße 1 hinzugefügt hatte.

Die Käuferschaft kam hauptsächlich aus Arbeiterkreisen und fand Gefallen an der Art des Geschäftes, da mein Großvater auf Qualitätswaren zu Billigpreisen achtete.

Im Jahre 1925 wurden seine beiden Söhne, Julius und Hans Joske, die sich nach ihrem fünfjährigen Militärdienst ausbilden konnten, Mitinhaber. Die Anhänglichkeit der ansässigen Käufer sowie die Umstellung des Geschäftssystems auf Einheitspreise ermöglichte es ihnen, im Jahre 1929 einen Neubau, vom Leipziger jüdischen Architekten Wilhelm Haller entworfen, und neue Abteilungen, wie Lebensmittel und Schnellimbiß, anzugliedern. In dieser Zeit waren über hundert Angestellte beschäftigt. Die Schattenzeiten zeichneten sich jedoch bereits damals ab, da in jenen Jahren der Warenhausvorplatz ein bevorzugtes Aufmarschgelände von Nazigruppen bildete, die an Sonntagen oft mit herausgerissenen

Pflastersteinen einige der sechsundzwanzig großen Schaufenster einschlugen.

Die kurz danach anschwellende Arbeitslosigkeit machte sich langsam auch bei uns bemerkbar. Aber das eigentliche Unheil begann am Boykottag, dem 1. April 1933. Die beiden Inhaber wurden gezwungen, vor ihrem Geschäftseingang zu stehen, um angepöbelt zu werden.

Das traditionelle Käuferpublikum war den Nazis ein Dorn im Auge, und im Jahre 1934 begann die Zwangsliquidation des Geschäfts, wobei alle eingehenden Gelder beschlagnahmt wurden, offiziell zur Tilgung von Schulden, die infolge des Boykotts sicherlich entstanden. Sogar private Gelder wurden eingezogen, so daß die beiden Inhaber nicht mehr imstande waren auszuwandern. Meinem Onkel Julius Joske und Frau sowie meinem Vater Hans Joske gelang die völlig mittellose Flucht noch wenige Stunden vor Ausbruch des Krieges, während meine Mutter Kläre zusammen mit ihrer Tochter Ruth, nach drei verzweifelten Jahren, scheinbar am 13. Juli 1941 nach dem Osten mit unbekanntem Ziel deportiert wurden und niemals zurückkehrten …«

Schocken

Wenn meine Mutter mit mir »in die Stadt« wollte, also ins
Zentrum von Zwickau, dann gingen wir garantiert auch zu
»Schocken«. Das war ein Begriff meiner Kinderzeit, den ich
damals nicht hinterfragte. Ich wußte nur, daß sie damit
eines der beiden großen Kaufhäuser in der »Wilhelmstraße«
meinte, die wiederum inzwischen Hauptstraße hieß.

Später erzählte sie mir, daß »Schocken« ein jüdisches Kauf-
haus war. Meine Mutter sprach anerkennend von den sozialen
Leistungen, in deren Genuß seinerzeit die Mitarbeiter kamen:
»Die haben viel für ihre Leute getan!«

In der schönen Zwickauer Schocken-Siedlung wohnen die
Menschen heute noch sehr gern. Was dachten damals die Bewohner, als das Denkmal des Gründers entfernt wurde?

Die Namen blieben im Sprachgebrauch. Man ging in
Zwickau weiter zu »Schocken«, in Berlin zu »Wertheim« und
in Leipzig zu »Held«, als die Träger jener Namen längst außer
Landes waren oder ihnen Schlimmeres widerfahren war.

Im Faßkeller des berühmten »Auerbachs Keller« zu Leip-
zig lernte ich eines Tages Gershom Schocken kennen, einen
Sohn des Kaufhausgründers. Er war aus Anlaß des 50. Jahres-
tages der nazistischen Pogromnacht Gast der Regierung der
DDR. Zur Aufpolierung ihres Images hatte die Führung des
Landes internationale jüdische Persönlichkeiten eingeladen.

Die Regierung stellte Schocken einen Volvo zur Verfügung, der Berliner Autor Michael Grüning begleitete ihn. Der stellvertretende Kulturminister Dr. Dietmar Keller war da, der staatliche Kulturchef des Bezirkes, Jochen Geldner, Prof. Manfred Unger und Hubert Lang, die den Katalog zur ersten Ausstellung »Juden in Leipzig« erarbeitet hatten. Auch ich wurde wegen meiner Beschäftigung mit diesem Thema hinzugezogen.

Gershom Schocken wollte am nächsten Tag in die einstige König-Johann-Straße, um dort das frühere Wohnhaus seiner Großmutter zu sehen.

Ich schenkte Schocken eine alte Ansichtskarte aus unserer gemeinsamen Heimatstadt Zwickau. Die Karte stammte aus einer Serie, die jenes Kaufhaus herausgegeben hatte. Und ich erzählte von meiner Mutter, die mit mir immer zu »Schocken« ging. Er war schon in Zwickau gewesen und zeigte sich überrascht, wie gut die Mitarbeiter des CENTRUM-Warenhauses über die Geschichte des Hauses Bescheid wüßten.

Als sich Schocken zurückzog, erzählte der stellvertretende Minister, daß es ein Politikum sei, diesen Mann, dem eine der wichtigsten Zeitungen Israels gehöre (die »Haaretz«), durch die DDR zu fahren. Außerdem besäße er eine bedeutende Kunstsammlung, man erhoffe sich Leihgaben oder noch mehr …

Ich konnte nur staunen, daß sich ein Staat, der vierzig Jahre gegen Israel Propaganda machte, von einem Israeli etwas erhoffte!

Am nächsten Tag trafen wir uns, um in die König-Johann-Straße zu fahren, die jetzige Tschaikowskistraße. Schocken meinte, seine Großmutter habe in der Nummer 15 gewohnt.

Ich sagte ihm jedoch, daß wir in die Nummer 16 müßten. Er war sehr verblüfft, und ich verwies auf mein Adreßbuch von 1928:

Ehrmann, Amanda, Ww., Privata, C 1, König-Johann-Str. 16 I, T. 25074

»So was haben Sie!?« Das hat ihn sehr beeindruckt. Er erkannte das Haus sofort wieder, und auf dem Friedhof fanden wir auch das Grab seiner Großmutter. Da stand der alte Mann einige Zeit reglos. Gefühle zu zeigen war wohl nicht seine Art, trotzdem spürte man, daß es ihm ein großes Anliegen war, noch einmal hier zu stehen.

Als ich Schocken erzählte, daß ich – so Gott und die Behörden wollten – im Frühjahr des Folgejahres nach Israel fahren werde, sagte er, daß ich mich melden solle.

Als ich ihn dann in Tel Aviv anrief, war ich unsicher, ob er sich überhaupt an mich erinnerte. Schocken wußte jedoch sofort Bescheid, und wir verabredeten einen Termin in seiner Redaktion.

Zwei ehemalige Zwickauer trafen sich in Tel Aviv.

Beim Betreten seines Zimmers fiel mir sofort eine alte Radierung an der Wand auf: der Hauptmarkt. Das hätte ich mir nicht träumen lassen, in Tel Aviv eine Grafik mit dem Zwickauer Rathaus und dem Haus »Zum goldenen Anker« zu sehen! Als ich das Schocken sagte, meinte er: »Im Goldenen Anker bin ich geboren!«

Und anschließend schlug er ein Fotoalbum aus seiner Zwickauer Zeit auf …

Leipziger Ware

Im November 1988 besuchte nach dreiundfünfzig Jahren Simson Jakob Kreutner noch einmal seine Vaterstadt. In einem Vortrag führte er aus, wie vor allem die im Handel tätigen Juden den Ruhm Leipzigs in alle Welt brachten. Der größte Schriftsteller Israels, der Nobelpreisträger Samuel Josef Agnon, schrieb darüber in einem seiner Bücher: »In unserer Stadt pflegte man über jede gute Ware ›Leipziger Ware‹ zu sagen. Wenn der Mond in seiner ganzen Schönheit zu sehen war, sagte man in unserer Stadt: ›ein Leipziger Mond‹.«

So sahen es jüdische Kaufleute, die vor allem aus dem Osten Europas nach Leipzig kamen und während der Messen die Qualität der Waren bewunderten. Und die alten Generationen halten hartnäckig daran fest! Denn zur Verblüffung aller Zuhörer konnte Kreutner mit dem Text eines aktuellen Plakates dienen, das er in jenem Jahr in Jerusalem an einem Geschäft entdeckte:

»Wozu die Mühen, wozu den Aufwand an Zeit, nach Leipzig zu reisen, um dort einzukaufen? Sie finden alles, was Sie wünschen, bei uns im Laden: Damen- und Herren-Bekleidung, Schuhe und Galanteriewaren.«

Stühle

Irgendwann in den siebziger Jahren erfuhr ich, daß ein privater Schuhladen in der Georg-Schwarz-Straße volkseigen geworden war und deshalb alte Stühle verkaufe. Für unseren Haushalt erwarb ich sechs Bugholzstühle aus der Zeit der Jahrhundertwende. Zu Hause entdeckte ich unter drei Stühlen das Original-Etikett von Thonet! Da hatte ich also einen guten Kauf gemacht – für fünf Mark das Stück!

Später erfuhr ich, daß jener Laden nicht immer nach der Familie Schaefer hieß, sondern einmal in Leipzig als »Schuh-Bär« bekannt war.

Schuh-Baer, Isidor Baer, W 33, Li., Holteistr. 28 pt., T. 3432

Sofort fuhr ich zum HO-Schuhladen in die Georg-Schwarz-Straße. Und richtig: Ich entdeckte an der Fassade des Hauses ein Medaillon mit einem Bären. Auf der Treppe zum ersten Stock des Geschäftes fand ich ein farbiges Bleiglasfenster mit einem echten »Schuh-Bären«.

Einige Zeit später war der Laden geschlossen, das Haus selbst in so desolatem Zustand wie fast die ganze Stadt. Und als ich das nächste Mal vorbeikam, da war das Haus verschwunden …

Sechs Stühle blieben von Isidor Baer in Leipzig.

Und was wurde aus Familie Baer?

Das Israelitische Krankenhaus

Wenn jemand erzählt, daß Frau Müller ins Krankenhaus mußte, und nun der andere gern wissen möchte, in welches, so kann in Leipzig die Antwort auf gut sächsisch lauten: »Ins Eidinngonn.«

Dahinter verbirgt sich die Städtische Frauenklinik, die einstmals das Israelitische Krankenhaus war. 1928 eingeweiht, stand es Patientinnen und Patienten aller Konfessionen offen. Bei genauem Hinsehen ist heute noch am Giebel bei einem runden Fenster zu erkennen, daß sich dort einmal ein Davidstern befand. Chaim Eitingon, ein berühmter Pelzhändler vom Brühl, begründete die nach ihm benannte Stiftung für dieses Krankenhaus.

Ch. Eitingon Aktiengesellschaft, Rauchwr., C 1, Brühl 37–39, T. 71166
Eitingon, Chaim, Kfm., C 1, Döllnitzer Str. 9 I, T. 13858

Während der Einweihungsfeierlichkeiten gab der Oberbürgermeister der Stadt Leipzig, Dr. Karl Rothe, bekannt, daß die angrenzende Straße den Namen des Stifters erhalte.

Die Nazis nannten 1938 die Straße um, und seit Kriegsende hieß sie wieder nach dem Mann, der das erste jüdische Krankenhaus Sachsens gründete. Auf Anordnung der nazistischen Stadtverwaltung hatten auch die beiden Stiftertafeln im

Foyer entfernt werden müssen. Sie wurden bei Aufräumungsarbeiten 1992 zufällig in einem Keller entdeckt. Im gleichen Jahr beschlossen die Leipziger Stadtverordneten, daß die Städtische Frauenklinik künftig Eitingon-Krankenhaus heißt, und im August 1992 wurden die Tafeln wieder an alter Stelle angebracht.

Eines Tages informierte mich Dr. Jürgen Friedel, daß die Eltern seiner Mutter in jenem Krankenhaus gewohnt hatten, da sein Großvater dort Hausmeister war. Seine Mutter habe noch Fotos von der Einweihung! Johanna Friedel ist es zu danken, daß diese Bilder erhalten geblieben sind (siehe Abbildung 1). Zumindest in Leipzig sind es die einzigen, die von diesem Ereignis noch existieren!

Die alte Frau aus meiner Kirche

Lydia Schapira erzählt

Wenn ich hin und wieder in meine Kirchgemeinde kam, saß sie immer auf dem gleichen Platz und hatte einen schwarzen Hut auf. Eines Tages sprachen mich Verwandte von ihr an. Ich würde mich doch für die Geschichte der Juden in Leipzig interessieren – ob ich denn einmal mit ihrer über neunzigjährigen Tante sprechen möchte, die mit einem Juden verheiratet war ...

»Er hieß Albert Schapira und stammte aus Galizien. Sein Großvater war Rabbiner. Albert arbeitete zeitweise für Lenin und für Alexandra Kollontai als Journalist. Als er nach Deutschland ging, vernichtete mein Mann alle Unterlagen. Hier durfte er sich nicht politisch betätigen. Also arbeitete Albert am Brühl.«

Schapira, Albert, Rauchwr., C 1, Auenstraße 31 I

»Mein Mann starb 1936. Ich war die ganze Nacht bei ihm. Seine letzten Worte waren: ›Ich bin im Licht.‹ Er blieb immer Kommunist, legte sich ständig mit den Reichen an. Trotzdem gehörten wir zur Jüdischen Gemeinde. Ich bin nach seinem Tod aus der Gemeinde ausgetreten – ein Federstrich, und ich war keine Jüdin mehr.

Unsere Tochter Maria, wir nannten sie ›Migge‹, wollte gern Medizin studieren. Sie machte ihr Schwesternexamen mit

›sehr gut‹ und arbeitete dann in einem jüdischen Krankenhaus in Berlin. Eines Tages kam sie nach Leipzig, sie fühlte sich dort unsicher, weil so viele Transporte abgingen.

Meine Verwandten rieten mir, sie doch lieber bei der Polizei anzumelden, damit alles seine Ordnung habe. Ich wußte nicht so recht, was ich tun sollte. Schließlich ging ich doch mit ihr in die Wächterstraße. Sie mußte dableiben.

Nach vier Wochen erhielt ich die erste Post aus einem Lager am Werbellinsee, und am 10. Februar 1943 kam sie nach Auschwitz ...«

Später erhielt Lydia Schapira ein Schriftstück aus Auschwitz, das die »Nachlaß-Sachen« ihrer Tochter auflistet (siehe Abbildung 19) – alles, was von Maria Schapira geblieben ist.

»Deine Mutti ist Jüdin!«

Liane Wenzel erzählt

»Es war in der Schule. Im Gespräch sagte eine Mitschülerin plötzlich zu mir: ›Deine Mutti ist Jüdin!‹

Ich war maßlos empört und meinte, daß das eine Unverschämtheit sei! Ich dachte: Das laß ich nicht auf mir sitzen! Morgen muß mein Vati mit in die Schule kommen und gegen diese Beschimpfung vorgehen. Das war damals für mich als Kind eine schlimme Beleidigung. Ich wußte, daß meine Mutter außer deutsch auch französisch und russisch sprechen konnte. Aber sie war doch keine Jüdin! Geboren wurde sie im Jahr 1901 in Charlottenburg. Ihre Eltern stammten aus Odessa, heirateten dort 1898. Mein Großonkel kam seinerzeit auf Ehrenwort aus dem Gefängnis. Er hatte mit den Dekabristen zu tun. Und er sagte, daß ein Pogrom kommen würde. Daraufhin legte die Hochzeitsgesellschaft Geld zusammen, damit wenigstens das junge Paar noch fliehen konnte. Sie gingen noch in der Hochzeitsnacht über die Grenze und fuhren nach Berlin. Mein Großvater schrieb als Korrespondent für Petersburger Zeitungen Beiträge über Kunst und Kultur. 1906 wurde er mit seiner Familie als unliebsamer Ausländer aus Berlin ausgewiesen. Sie gingen nach Wien, weil er ja außer Russisch nur Deutsch konnte und diesem Kulturkreis nahestand. Um einer Internierung zu entgehen, floh die Familie 1914 dann in die Schweiz. Als mein

Großvater 1921 in Genf starb, ließ er seine Frau und die beiden Kinder völlig mittellos zurück. Nach der Oktoberrevolution wurde die Familie staatenlos, da sie nicht nach Sowjetrußland zurückkehren wollte. Sie erhielten den ›Nansen-Paß‹ der Staatenlosen. Meine Mutter arbeitete neben dem Studium als Aushilfe in der Universitätsbibliothek.

Mein Vater studierte damals Jura. Er hatte eine Tante in Genf, die für ein Jahr seinen Aufenthalt finanzierte. Im germanistischen Seminar lernten er und meine Mutter sich kennen und heirateten 1926 in Leipzig.

Aber nun zurück zu dem Satz aus meiner Schule: ›Deine Mutti ist Jüdin!‹ Als ich damals nach Hause kam – wir saßen mittags immer gemeinsam am Tisch –, sagte ich zu meinem Vater: ›Du mußt morgen unbedingt in die Schule kommen, denn die hat gesagt …‹ Da verständigten sich die Eltern mit einem Blick, und meine Mutter sagte: ›Und wenn es so wäre?‹

Da fing ich an zu schreien und war vier Wochen krank. Nervenfieber oder so etwas. Ich verkraftete das nicht! Ich kam 1935 in die Schule, und die Nazipropaganda zeigte schon ihre Wirkung: Juden und Kommunisten waren eben ganz üble Verbrecher …

Die zunehmenden Einschränkungen, die sich für meinen Vater als Mann einer Jüdin ergaben, hat er immer schlechter ausgehalten. Ende 1938 deutete er zum erstenmal an, daß er sich scheiden lassen wolle. Eines Tages kam er von einem Prozeß zufällig früher zurück als geplant. Er fand meine Mutter vor, die eine Überdosis Veronal genommen hatte. Mit dem Flugzeug wurde ein Gegenmittel gebracht und sie gerettet.

Als Rechtsanwalt wußte er ganz genau, was meiner Mutter

passieren konnte, wenn sie nicht mehr den Schutz einer ›privilegierten Mischehe‹ genoß.

Im Frühjahr 1939 sollte ich auf die Oberschule kommen. Etwa im Februar machte man eine Aufnahmeprüfung. Die bestand aus einem freien Aufsatzthema. Das hieß so ähnlich wie ›Ein großartiges Erlebnis‹. Die besten Aufsätze wurden später vorgelesen. Eine Mitschülerin hatte doch tatsächlich über den Brand in der Synagoge, das brennende Konfektionshaus Bamberger & Hertz am Augustusplatz und die anderen schlimmen Verwüstungen des Novemberpogroms geschrieben – als ›großartiges Erlebnis‹!

Mein Vater ließ sich im Frühjahr 1939 scheiden. Er trennte sich von seiner Frau und von uns drei Mädchen und zog zu einer Witwe mit vier Kindern. Eines Tages hieß es, wir sollten Weihnachten zu ihm kommen und dann dort bleiben. Die Jüngste war erst vier und wurde wieder zurückgebracht. Dann kam aber mein Vater als Soldat nach Norwegen, und wir durften unsere Mutter überhaupt nicht mehr sehen. Meine Mutter hat schon damals vermutet, daß die Stiefmutter eine Gestapo-Agentin war. Dies bestätigte mir Max Schwimmer, der nach 1945 kurze Zeit Polizeipräsident gewesen ist. Er hat sich in der Kriegszeit sehr um meine jüngste Schwester gekümmert, die nur eingeschränkt Lebensmittelkarten erhielt.

Die zweite Frau meines Vaters brachte es fertig, so lange auf mich einzureden, bis ich eigentlich selbst nicht mehr zu meiner Mutter wollte. Ich verkraftete diese wahnsinnige Trennung nicht, dieses dauernde Hinundhergezerre. Immer dieses Überlegen, was sagst du da, was sagst du dort … Es war bei dieser Stiefmutter ganz fürchterlich, aber wenn man einem Kind lange genug etwas einredet, bleibt auch was hängen. Und als die Stiefmutter sagte, wir dürften da nicht mehr hin, war das im ersten Augenblick eine absolute Katastrophe, aber ich habe nicht versucht, meine Mutter heimlich zu sehen.

Meine Mutter erhielt vom Staat einundzwanzig Mark für jedes Kind und neunundfünfzig Mark für sich selbst. Und die Miete. Sie mußte aber aus der großen Wohnung ausziehen und in den Keller des Hauses in eine nasse, fürchterliche Wohnung. Als wir sie noch besuchten, vermied meine Mutter, jemals etwas gegen die Stiefmutter zu sagen, denn das hätte unter Umständen ihren Tod bedeuten können.

Die Kinder der Stiefmutter wurden nach dem Motto ›Gelobt sei, was hart macht!‹ erzogen. Wir waren das nicht gewöhnt und erkälteten uns oft. Einmal besuchten wir unsere Mutter, und meine Schwester hatte Fieber. ›Ich geb dich nicht zurück‹, meinte sie, und ich mußte ohne meine Schwester zurück und wußte, daß die Stiefmutter schimpfen würde. Aber zu dieser Zeit besaß meine Mutter noch das Sorgerecht. Das war ja auch so eine Niedertracht von meinem Vater, daß er den Antrag stellte, meiner Mutter das Sorgerecht zu entziehen.

Ostern 1943 beendete ich die 8. Klasse. Ich durfte keinen Beruf erlernen. Es wurde gesagt, ich müßte ein Pflichtjahr machen. Aber: Das Pflichtjahr war zwar für ein deutsches Mädchen eine Ehrenpflicht, aber ich war ja keins! Wohin also mit dem Judenbalg?

Es wurde die Variante gefunden, daß ich bei meiner Stiefmutter das Pflichtjahr machte. Schließlich lebten – mit uns – sechs Kinder in der großen Wohnung. Ich habe, glaube ich, jede Woche einen Zentner Kartoffeln geschält ... Meine Stiefmutter war eine absolute Nazifrau! Ein Beispiel: Ich ging nach getaner Arbeit ins Bad und wusch mir die Hände mit warmem Wasser. Nun sollten wir aber Strom und Gas für den Endsieg sparen! Sie kam ins Badezimmer und fauchte mich an: ›Du Stalindiener!‹ ...

Ich wollte am liebsten aus der Wohnung fliehen und sah mir eine Karte an. Eythra, fand ich, sei schon ganz schön weit weg von Leipzig, und ich behielt tatsächlich dann heimlich ein paar Lebensmittelmarken ... Aber es wurde natürlich nichts daraus. Inzwischen verpflichtete man mich zur Arbeit in einem Rüstungsbetrieb. Auch meine Mutter wurde dienstverpflichtet, zunächst zum Sortieren von Lumpen, später, nachdem dieser Betrieb durch einen Bombenangriff zerstört wurde, mußte sie in Leipzig bei der Trümmerbeseitigung arbeiten.

Meine Mutter war nach ihrer Heirat Dissident geworden, und alle drei Kinder waren evangelisch getauft. Unterschreiben mußte sie natürlich trotzdem mit ›Nora Sara‹. Der Schutz einer ›Privilegierten‹ endete im Februar 1945. Noch mit dem letzten Transport kam sie ins KZ Theresienstadt.

Von den Fotos ihrer Kinder und dem Scheidungsurteil trennte sie sich nie. Die für sie so wichtigen Dinge nahm sie mit nach Theresienstadt und brachte sie auch wieder zurück ...«

Seit dem Sommer 1958, nachdem der Mann von Liane Wenzel gestorben war, lebten Mutter und Tochter zusammen ...

Die Mutter, die keine war

Mit Marianne Frankenstein-Weinhold im Gespräch

Ich wohnte mit meinen Eltern im Leipziger Osten. In unserem Haus lebte ein Jude, mit dem ich mich gut verstand. Ich besuchte ihn oft. Meine Eltern schimpften jedoch, wenn ich bei ihm war. Irgendwann mußten auch meine Eltern ihre »arische« Abstammung nachweisen. Und in diesem Zusammenhang setzte mich meine Mutter großen Gefahren aus: Als »gute Deutsche« bekannte sie, daß ich ein uneheliches Kind von einem Juden war!

Das bedeutete, daß mich die Nazis als Mischling ersten Grades einstuften. Ich verließ als Jugendliche meine Eltern, hatte große Schwierigkeiten, eine Beschäftigung zu bekommen. Ich arbeitete dann in jüdischen Familien als Kindermädchen oder besorgte den Haushalt älterer Leute.

Im damaligen »Judenhaus« Nordplatz 7 lernte ich Elisabeth Frankenstein kennen. Sie verfügte in dem Haus über ein Zimmer und eine kleine Küche. Damit war sie die einzige, die ein Zimmer für sich allein besaß. Die Frankensteins hatten einen guten Ruf in Leipzig, vor allem in Schleußig, wo sich einmal die Arztpraxis ihres Mannes befand.

Frankenstein, Josef, Dr. Arzt, W 31, Schleu., Stieglitzstr. 87 I E., T. 40582, 8–9, 2–3

Frühere Patienten schätzen ihn heute noch! Ich habe Leute gesprochen, die verehren ihn, als wäre er erst vor einem Jahr gestorben.

Nachdem die Nazis an der Macht waren, durfte er keine »Arier« mehr behandeln. Es kamen aber trotzdem alte Patienten weiter zu ihm. Er wurde verwarnt, schließlich beobachtet und verraten. Nazis holten ihn aus seiner Praxis und wollten ihn zwingen, sein Schild abzumachen und »Hilfsarzt« oder »Krankenbehandler« dranzuschreiben. Er wäre Arzt, sagte er, davon ginge er nicht ab. Nach diesem Vorfall schnitt er sich die Pulsadern auf. Man brachte ihn noch zu Sanitätsrat Dr. Goepel in die »Funkenburgklinik«, aber er überlebte es nicht.

Hatten Sie keine Angst, wenn Sie sich in einem »Judenhaus« aufhielten?

Diese Menschen waren mein Zuhause. Ich konnte ihnen helfen, zum Beispiel dadurch, daß ich für sie in Fischgeschäften einkaufte. Dazu benötigte man noch keine Lebensmittelkarten. Und mit Frau Frankenstein verstand ich mich so gut – sie war wie eine Mutter zu mir! Die Frankensteins hatten zwei Jungs adoptiert. Einer blieb im Krieg, der andere wurde Arzt und legte später unter dem Druck der Ereignisse seinen Namen ab – das hat Frau Frankenstein sehr erschüttert.

Ich entsinne mich an einen Freitagabend in ihrer Wohnung. Es kam eine Gestapokontrolle. Die durchwühlten alles in ihrem Zimmer und kippten die Schubladen aus. Ich versteckte mich auf dem Balkon, und sie entdeckten mich nicht. Zum Glück war es Erdgeschoß – ich hätte noch springen können. Da hatte ich große Angst, denn das wäre für mich sehr schlecht ausgegangen.

Dann begannen die Deportationen ...

Ja, es wurde mitgeteilt, daß sich die Juden früh um fünf Uhr melden sollten. Und da sagte ich: »Ich komme mit!« und meldete mich freiwillig. Das war im Januar 1942. Der Transport bestand aus etwa 600 Menschen aus Leipzig und 400 aus Dresden. Wir kamen zunächst ins Ghetto Riga, anschließend ins KZ Kaiserwald und ins KZ Stutthof.

Wie war im Rigaer Ghetto die Versorgung mit Lebensmitteln?

Wer zur Arbeit ging, erhielt früh zwei Scheiben Brot, wer im Ghetto blieb, bekam eine Scheibe. Man kann sich nicht vorstellen, daß man damit überleben konnte. Ich rede auch sehr selten darüber, weil es so unvorstellbar ist, und ich könnte es nicht ertragen, wenn man mir nicht glaubte.

Wie begann der Tag im KZ?

Wir wurden um halb fünf geweckt. Waschräume und Toilette waren ziemlich weit entfernt von unseren Baracken. Toilette kann man es gar nicht nennen – es war furchtbar! Wir hatten kaum eine halbe Stunde Zeit, denn um fünf Uhr mußten wir zum Appell bereitstehen. Es war eine einzige Hetzerei und Jagerei! Und dann wurde rausgewinkt. Einfach so: »Du! Du und du! Komm raus!« Und man sah diese Menschen nie wieder. Ich hab immer die Mutter versteckt ...

War bekannt, daß Sie Frau Frankenstein als Ihre Mutter ansahen?

Nein, das durfte niemand wissen. Mutter und Tochter blieben ja nie zusammen, sondern wurden getrennt. Ich nannte sie auch nicht »Mutter«, ich hab sie »Ulli« gerufen. Nur einmal nannte ich sie »Mutter« ... das war nachts in einer großen Scheune. Wir hatten noch Zivilkleidung an und bekamen dort unsere KZ-Kleidung. Einige Frauen besaßen noch Schmuckstücke, die sie in der Scheide versteckten, an die Fußsohlen klebten oder in den Mauerritzen verbargen.

Wir nackten Frauen liefen durch ein SS-Spalier. Mit einer Kopfbewegung entschied der Kommandant über Leben und Tod. Wer noch zu gebrauchen war, durfte anschließend aus dieser Scheune hinaus.

Der Kommandant bestimmte meine Mutter für den Tod.

Ich wußte, daß ich jetzt gleich mit den Knüppeln der SS Schläge bekommen würde, aber es war mir egal. Ich stand, nackt mit meiner Kleidung unterm Arm, vor diesem Mann und schrie: »Herr Kommandant, meine Mutter! Geben Sie mir meine Mutter zurück! Meine Mutter!!!« Ich sage immer, ein steinernes Herz wurde erweicht – er veranlaßte tatsächlich mit einer Kopfbewegung, daß meine Mutter aus dieser Ecke wieder herauskonnte! So habe ich sie von den Toten zurückgeholt. Es war mir egal, was er mit mir gemacht hätte. Ich dachte, wenn sie umgebracht würde, dann wollte ich auch nicht mehr leben ... Wenn also beim Appell rausgewinkt wurde, hab ich es immer so arrangiert, daß sie entweder hinter mir stand oder jemand anders sie verdeckte.

Der Terror war alltäglich. Welche Erlebnisse sind Ihnen aus dieser Zeit besonders gegenwärtig?

Zum Beispiel die Nacht, als uns die Haare abgeschoren wurden. Am nächsten Morgen lagen wir alle mit kahlen Köpfen im Bett. Ob Sie's glauben oder nicht, da haben wir gelacht. Da wußte ich, was Galgenhumor ist. Es gab immer mal nachts Aktionen, die uns in besonderer Weise terrorisierten. Plötzlich hieß es, daß zwanzig Frauen auf den Appellplatz kommen sollen. Die SS brauchte einen guten Zahnarzt. Unter den Juden gab es ja die verschiedensten Ärzte. Da mußten wir kommen, und uns wurden ohne Betäubung die Zähne gezogen. Und wer es am besten machte, der wurde dann für die SS genommen. Manchmal hat die SS nachts die Männer durch das Gelände gehetzt. »Hasenjagd« nannten sie das. Die Männer wurden geschlagen und bluteten noch früh zum Appell. Wir sahen es durch die Latten vom Zaun, und wenn sie es entdeckten, dann traf es diejenigen ebenfalls.

Einmal stand ein kleines Mädchen am Zaun, vielleicht vier, fünf Jahre alt. Sie schenkte meiner Mutter ein paar Himbeeren. Das beobachtete ein SS-Mann. Da mußte sie ohne Kopftuch – wir hatten ja alle keine Haare – den ganzen Tag von früh acht bis abends acht an einem Baum in der Sonne stehen ...

Wenn die Transporte zusammengestellt wurden, waren die SS-Leute meistens betrunken. Ich weiß noch, wie die Kinder geholt worden sind. Die Mütter schrien und wurden geschlagen. Den Kindern erzählte man, daß sie Puppen und Spielzeug bekommen ...

Zum Überleben gehörte natürlich auch Glück. Eines Tages erlebte ich folgendes: Ich mußte im Keller Kartoffeln sortieren. Dabei fand ich ein kleines Säckchen mit Seifenpulver. Die Frage, wem das gehörte, erübrigte sich, man hätte denjenigen ohnehin nicht gefunden, und außerdem wußte man nicht, ob der Besitzer überhaupt noch lebte. Das Seifenpulver war für uns sehr wertvoll, denn wir bekamen sonst nur ein Stück Tonseife für den ganzen Monat. Also steckte ich das Säckchen in die Hose und schmuggelte es in die Baracke. Irgendwann kam dann meine Mutter ganz aufgeregt zu mir und sagte: »Sieh mal, was ich gefunden habe!« In dem Seifenpulver waren zwei Brillantringe gewesen! Die haben uns sehr geholfen, denn wir konnten sie gegen Essen eintauschen. Schwierig war, das Essen ins Lager zu bringen. Die Letten haben uns manchmal, wenn wir Schnee schippten, etwas Brot zugeworfen. Aber wenn es ins Lager zurückging und bis hinten durchsickerte, daß kontrolliert wurde, mußten wir Brot oder Wurst wieder wegwerfen ... Auch wenn im Lager selbst kontrolliert wurde, haben wir das Essen schnell zum Fenster hinausgeworfen und abends wieder reingeholt.

Wie war die Situation im Lager, als es dem Ende entgegenging?
Dazu hat meine Mutter im Jahre 1960 einiges aus ihrer Erinnerung aufgeschrieben:

Der Bericht der Mutter

In einigen Monaten werde ich achtzig Jahre alt. Ich kann es selbst kaum glauben. Die Jahre – gute, sehr gute und böse, sehr, sehr böse – sind an mir vorübergerauscht. Es ist nur natürlich, daß jetzt, wo nach menschlicher Voraussicht keine Zukunft mehr vor mir liegt, die Vergangenheit ihre Rechte geltend macht. Und da beschäftigt mich vor allem eines: meine Flucht, meine Rettung aus dem KZ.

Ich schreibe dies nieder für mich – um mich mit mir selbst auseinanderzusetzen, um mir ins Gedächtnis zurückzurufen: Wie kam es, daß ich nicht das Schicksal von Millionen meiner Leidensgefährten teilen mußte, daß ich im letzten Augenblick ins

Leben und nicht in den Tod ging? Ist das mit natürlichen Dingen zugegangen? Bin ich eigener Überlegung gefolgt? Oder bin ich einer höheren Gewalt gefolgt, hat Gott mich gestoßen? Den so oft gepriesenen glücklichen Zufall möchte ich ausschließen. Zu logisch fügt sich Glied an Glied in der Kette des Geschehens. Und nur ich allein kann dem Faden nachgehen, dessen Ende ich in der Hand halte, denn allein war ich in der Stunde der Entscheidung, nicht einmal Marianne, meine Kameradin und Gefährtin in all den Schreckensjahren, war bei mir. Und doch war wieder sie es, deren Abwesenheit meinen Entschluß beeinflußte, wenn von einem »Entschluß« überhaupt die Rede sein kann.

Wir waren in unserem letzten Lager, und das war ein Todeslager. Da gab es nur noch eine Mahlzeit am Mittag, Wassersuppe mit drei Kartoffeln, und fast alle Leute starben. Das war im März 1945. Wir waren nur sechs Tage in diesem Lager, weil wir vernichtet werden sollten. Am sechsten Tag kam die SS. Marianne arbeitete tagsüber bei der Wehrmacht. Die lag ein Stück von uns entfernt, und sie ging früh hinaus und wusch den Soldaten mal ein paar Strümpfe aus und so weiter. Dafür bekam sie dann abends einen großen Topf Kartoffeln, den ließ sie der Offizier in unser Lager bringen, und dann konnten wir wenigstens einigen etwas zu essen geben. An diesem sechsten Tag kam Marianne zu mir und sagte, es darf kein Mensch mehr heraus, aber sie versucht es doch, denn wenn sie die Kartoffeln nicht bekommt, dann verhungern wir hier. Und es gelang ihr auch. Sie ging in ihr Wehrmachtsquartier und blieb da. Als sie eine Stunde weg war, kam eine SS-Abordnung und sagte, das Lager wird aufgelöst, nur die Schwerkranken bleiben, und die anderen müssen antreten. Ich wollte liegenbleiben, denn ich war schwer krank. Ich konnte schon nicht mehr allein stehen, aber dann war ich doch auf meinen Füßen, fuhr in ein Paar Stiefel, die mir gar nicht gehörten, die da herrenlos herumstanden. Hohe Rindslederstiefel mit Holzsohlen. Zog den Mantel an, den mir Marianne in der Kleiderkammer aus einer Decke hatte machen lassen, das heißt zwei Löcher rein und vorne zu. Ich bin raus, obwohl ich schon drei Tage nicht mehr allein aufgestanden war, und bin durch das Lager gelaufen. Alles war im Aufbruch. Es glückte mir, hinter dem Rücken des Postens aus dem Lager zu kommen, weil die Pforte offenstand. Ich lief in der Richtung, von der ich wußte, daß Marianne dort war, über einen Sturzacker, einen Kilometer ungefähr. Ich fiel hin, ich stand wieder auf. Über mir pfiffen die Granaten. Ich weiß selber nicht, wie ich da hingekommen bin, aber ich bin an die drei Häuser gekommen, von denen ich wußte, daß in einem von diesen Marianne arbeitete. Dann war ich an der ersten Pforte, es waren Bauernhöfe. Aber alle drei waren zu. Dann bin ich an dem letzten stehengeblieben. Auf dem ganzen Weg habe ich immer gebetet. Richtig gebetet: »Herr Gott im Himmel, hilf, hilf!« Und dazwischen rief ich in diese Öde hinein: »Marianne, Marianne, Marianne!« Als ich in keines dieser Häuser hineinkonnte, stellte ich mich an den Zaun. Ich habe mich da angeklammert und wirklich gesagt: »Lieber Gott, nun mach es kurz.« Eine Granate und Schluß. Ich fühlte mich ganz allein auf der Welt. Und wie ich da stehe, kommt Marianne!

Marianne war im Waschraum im Keller, um für die Soldaten Wäsche zu waschen. Da kam ein Soldat herein und sagte, man schieße auf das Lager. Und da sagte sie, um Gottes willen, da muß sie raus, ihre Mutter ist dort. Da sagte er, sie könne jetzt nicht raus, das wäre Selbstmord! Sie blieb noch ein paar Minuten, und dann ist sie doch hinausgegangen, und in dem Moment, wo

sie vor die Tür tritt, da hört sie mich rufen: »Marianne! Marianne!«
Und dann ist sie geduckt um das Haus herum, hinaus zu diesem
Holzturm, und da sah sie mich! Sie hat mich dann hineingezo-
gen, und so sind wir wieder zusammengekommen.

Dann sind die Deutschen weg. Zu dem Offizier, der uns noch
mitnehmen wollte, sagte ich: »Mein lieber Junge! Du kannst deinen Revolver nehmen und uns erschießen, denn lebend gehen
wir hier nicht raus.« Sie haben dann natürlich gemacht, daß sie
wegkamen, denn die Russen waren vielleicht noch einen Kilometer von uns entfernt. Nun blieben wir beide allein in dem
Haus. Wir suchten erst einmal etwas zu essen. Wir fanden bloß
noch ein paar rohe Kartoffeln und ein paar Möhren. Am Abend
sagte ich zu Marianne, daß wir nicht bleiben können, hier verhungern wir. Wir sind dann in eins der anderen Häuser. Dort war
eine junge Polin. Ihre Familie war mit anderen bei dem Angriff
dahin geflüchtet. Sie gab uns zu verstehen, daß sie uns nicht
hereinlassen will, weil wir Deutsche waren. Da kam der Vater
und sagte ihr, daß wir verfolgte Frauen seien und bleiben dürften. Wir bekamen zuerst einmal wieder etwas Warmes zu essen.
Aber wir konnten nicht viel essen, der Magen nahm es nicht an.
Wir blieben noch einen Tag und eine Nacht in diesem Haus.
Dann kamen die Russen und fragten: »Wo Lager?« Wir zeigten
ihnen die Richtung. Sie gingen in das Lager. Nach einiger Zeit
kamen sie zurück und sagten: »Alles tot! Ihr seid frei, ihr könnt
nach Hause gehen ...«

Wie war der Weg nach Hause?

Sehr schwierig und nicht ohne Gefahren. Wir übernachte-
ten zum Beispiel einmal auf einem Bahnhof. Da kamen Rus-

sen und bedrängten mich. Da sagte meine Mutter, ich wäre krank, geschlechtskrank. Einer zog den Revolver und meinte, er würde sie erschießen, wenn sie nicht die Wahrheit sagte. Sie war sehr mutig und blieb dabei. Da ließen sie mich in Ruhe.

Auf dem Weg nach Hause hatten wir keinen Ausweis, kein Dokument – nur die Nummer …

Als Sie zurück nach Leipzig kamen, standen Sie doch vor dem Nichts?

Wir erlebten damals eine schöne Geschichte. Meine Mutter ging mit mir in eine staatliche Stelle in der Karl-Liebknecht-Straße, um über diese Probleme mit einem Beamten zu reden. Er sagte, daß es sehr schwierig sei, von dem Besitz der Frankensteins etwas wiederzufinden beziehungsweise den Besitz nachzuweisen. Da sagte meine Mutter: »Dieser Ohrensessel zum Beispiel gehört mir!« Der Beamte machte große Augen. Tatsächlich war der irgendwie durch die Beschlagnahme jüdischen Eigentums in dieses Haus geraten. Der Sessel war eine Sonderanfertigung. Der Doktor hatte ihn seiner Frau zum Geburtstag geschenkt. Es existierte wohl noch ein Foto, das den Beweis erbrachte, und so erhielt ihn meine Mutter zurück. Außerdem halfen uns in rührender Weise eine ganze Reihe ehemaliger Patienten und brachten uns viele Sachen. Da klingelte es immer mal, und es schenkte uns jemand Stühle, Weingläser, Töpfe oder ein Bild – fast die ganze Einrichtung unserer Wohnung ist uns geschenkt worden! Daran sehen Sie, wie beliebt der Doktor und seine Frau hier in Schleußig waren. Einmal brachte eine Frau einen Koffer mit Wäsche. Sie solle aber nicht sagen, von wem das sei. Meine

Mutter sagte, dann könne sie es nicht annehmen, sie will sich ja bedanken. Es stellte sich heraus, daß die Sachen von der Frau stammten, die damals gemeldet hatte, wenn Patienten zu Dr. Frankenstein kamen. Von ihr hat sie natürlich nichts angenommen. Man fragte Mutter auch, wer von den Nazis zu ihnen besonders schlecht war. Sie antwortete, da möchte sie niemanden nennen, sie wolle nicht Gleiches mit Gleichem vergelten ...

Kommt die Erinnerung an diese schrecklichen Zeiten oft ins Gedächtnis?

Ich kann's nicht vergessen. Wenn ich mit meinen Enkelkindern zusammen bin oder irgendwie abgelenkt werde, da geht es, aber wenn ich alleine bin, denke ich oft daran. Reden kann ich darüber inzwischen. Bis vor ein paar Jahren konnte ich das noch nicht. Es hat auch nach der Befreiung eine ganze Zeit gedauert, bis ich mich wirklich frei fühlte. Ich konnte damals nicht sofort mitten auf dem Fußsteig gehen, lief eher an der Hauswand entlang. Wenn Mutter länger wegblieb, hatte ich gleich Angst, sie hätten sie wieder geholt.

Wie lange lebte Ihre Mutter?

Bis 1972. Kurz vor ihrem 92. Geburtstag ist sie gestorben. Sie saß noch bis zuletzt an ihrem Flügel, gab übrigens auch Klavierunterricht. Sie wurde dann auch nach dem Gesetz meine Mutter, weil sie die Adoption beantragt hatte. Wir haben ein Leben geführt – das war einmalig. Wir waren viel mehr verwandt, als das manche Mutter mit ihrer Tochter ist.

Wieder zu Hause, sah ich in die von Gerda Gottschalk geretteten Tagebuchblätter von Dora Hansen, die sie in ihr Buch »Der
letzte Weg« aufnahm, und fand unter dem 1. Mai 1942: »War
für Arbeitskommando Riga ausgesucht, bin wegen Alters
überzählig zurückgeblieben. Bekanntschaft, fast Freundschaft:
Frau Hoffmann (Ölde/Westfalen), Frau Levy (Lippstadt/
Westfalen), Frau Dr. Frankenstein, Leipzig …«

»Hitler hat mich zum Juden gemacht!«

Ein ehemaliger Leipziger erzählt

Sein Schicksal ist ein besonders absurdes Beispiel für die Mühlen der nazistischen Rassenbürokratie. Er möchte anonym bleiben. Als seine nichtjüdische Mutter an den Folgen eines amerikanischen Bombenangriffs auf Leipzig im Dezember 1943 verstorben war, waren er und sein Vater nicht mehr durch eine »Arierin« geschützt.

»Eine Woche später waren wir im Lager. Erst in Theresienstadt, dann kam ich nach Auschwitz. Und wenn man einmal in so einem Lager landete, dann spielte es keine Rolle mehr, ob man Halb-, Viertel- oder Dreivierteljude war. Im Lager war man einfach ein Jude! Es gab übrigens da auch jüdische ›Kapos‹, also diese Art Vorarbeiter. Manche waren schlimmer als die SS. Sie waren oft auch deshalb mehr oder weniger unangenehme Menschen, weil sie schon ziemlich lange im Lager lebten – seit 1941/42. Die SS verließ sich auf diese Leute.

Ich gab im Lager ein Viertel Brot, eine ganze Tagesration, in der Woche für zehn Zigaretten weg. Die kamen irgendwie schwarz rein. Wer Geld besaß, konnte auch Essen kaufen, aber ich hatte kein Geld. Nach Auschwitz war ich noch in zwei anderen Lagern, in Gleiwitz und Blechhammer. Von 30 000 überlebten elf junge Leute. Die SS kam und schoß zwischen die Baracken, von der anderen Seite ballerten schon die Russen. Wir nahmen den Holzfußboden raus, kratzten

194

den Sand raus und krochen da rein. Und wir elf überlebten. Ich wog bei meiner Befreiung achtunddreißig Kilo. Das Lager war in der Nähe von Kattowitz. Als erster kam ein russischer Offizier rein. Und ich hatte so ein Gefühl, wie der aussah und so – das war ein Jude. Nein, meinte er, er wäre ein Russe. Und im Januar 1945 gab er uns den Tip: ›Sagt nicht, daß ihr Juden seid! Seid Holländer oder sonst was!‹ In meinem Leben werde ich das nicht vergessen. Der wußte schon, warum er uns das rät ...

Im Mai fuhr ich nach Theresienstadt und fand meinen Vater. Er war sehr krank. Dann sind wir zurück in Richtung Leipzig, kamen aber nicht über die Elbe. Wir mußten warten, bis die Amerikaner aus Leipzig abzogen. Schließlich erhielten wir als Opfer des Faschismus eine Wohnung in der Brockhausstraße.

Ich überlegte damals, ob ich einem Kapo, der ziemlich übel war, nicht etwas am Zeug flicke. Dann dachte ich, ach scheiß drauf. Soll er leben. Wir haben überlebt und fertig.

Nach all diesen Erfahrungen trat ich in die KPD ein. Dann kam das mit der SED, aber da wollte ich nicht rein. Ich kehrte Leipzig den Rücken und bin zunächst nach Berlin. So im Januar/Februar 1948 war ich zum letztenmal in Leipzig. Meinen Vater begrub ich auf dem Alten jüdischen Friedhof. Meine Mutter ist auf dem christlichen neben dem Völkerschlachtdenkmal beigesetzt.

Dann packte ich meinen Koffer und bin nach Israel. Inzwischen wohne ich seit vierzig Jahren in Israel und spreche einigermaßen die Sprache. Lesen und schreiben kann ich nur schlecht. Ich habe es ja nie richtig gelernt. Als erstes lernte ich beim Militär ein paar Befehle. Es war ja hier gleich Krieg.

In der Zeitung lese ich die Schlagzeilen. Und das reicht mir auch bei diesem ganzen Affentheater mit den Wahlen und den Politikern. Meine Freunde sind zumeist aus Deutschland. Ich fühlte mich nie als Jude, denn mein Vater war ein vollkommen frei denkender Mensch, und meine Mutter wußte vom Judentum weniger als Sie. Die ganze Sache ist mir bis zum heutigen Tage fremd. Hitler hat mich zum Juden gemacht! Und wenn Sie denken, meine Nase ist besonders jüdisch – die habe ich nicht seit Geburt, diese krumme Nase, die bekam ich bei einem Unfall, als sich das Auto bei 160 überschlagen hat ...

Meine Heimatsprache ist Deutsch. Seit 1974 fahre ich jedes Jahr im Juli einen Monat nach Deutschland.«

Der Friedhof im Johannistal

Der erste jüdische Friedhof wurde nach langem Hin und Her im Jahre 1814 im Johannistal angelegt. Vorher mußten die verstorbenen Juden nach Dessau oder Naumburg gebracht werden.

Im Jahr 1936 kündigte der Rat der Stadt Leipzig der Gemeinde diesen Friedhof – Beerdigungen fanden hier allerdings seit 1864 nicht mehr statt –, weil man an dieser Stelle einen Volkspark errichten wollte!

Nach dem jüdischen Gesetz werden Gräber nie eingeebnet.

Die Umbettung der Toten erlaubten die Nazis noch, und so gelangten die Überreste der 334 dort Beerdigten in ein Gemeinschaftsgrab auf den Neuen jüdischen Friedhof. Einige kunsthistorisch besonders wertvolle Steine konnten gerettet werden und sind im hinteren Teil dieses Friedhofs zu sehen.

Nach dem Krieg ging das Gelände neben der Sternwarte in die Kleingartenanlage »Johannistal« ein. Der »Volkspark« wurde nie errichtet. Der Besucher dieses Geländes kann noch ein kleines Gebäude, Reste der Mauer und eines Tores entdecken. Bruchstücke von Grabsteinen wurden von den Gartenbesitzern zum Anlegen von Terrassen und zur Begrenzung der Wege genutzt.

Das kleine Gebäude – vielleicht wurden die Toten seinerzeit darin aufgebahrt – ist heute eine Datsche ...

Dann lernte ich einen Gartenbesitzer kennen und weiß seitdem, daß die Schöpfer von Legenden ganz schlichte Menschen sind: »Hier gibt's eine Stelle – da wächst nischt!!! Jeder Baum geht ein! Da liegt bestimmt ein toter Jude, den sie mit Arsen vergiftet haben!«

»Wer läßt die Blumen wachsen?«

Martha Klapisch erzählt

Ein langes und bewegtes Leben hat diese Frau. In Leipzig aufgewachsen, ging sie nach ihrer Heirat nach Reichenbach im Vogtland. Von dort floh sie über die Tschechoslowakei nach Frankreich und überlebte mit viel Glück. 1952 kehrte sie mit ihrem Mann aus dem Exil nach Leipzig zurück.

»Mein Vater – ich bin eine geborene Markowitsch – war noch im Russisch-Japanischen Krieg.«

Markowitsch, Samuel, Kfm., W 33, Li., Birkenstraße 8 I

»Die Eltern erlebten, wie in Rußland den Juden mit Äxten die Bärte abgehauen wurden. Drum sind wir aus diesem Land weg. Mich hat man hier in Leipzig meistens nicht für eine Jüdin gehalten. Weihnachten mußte ich bei Aufführungen in der Schule immer das Christkind spielen, weil ich so blond war. 1913, zur Einweihung des Völkerschlachtdenkmals, stand ich mit zwei anderen jüdischen Mädchen Spalier. Da suchten die gerade uns raus! Wir hatten weiße Kleider an, und ich habe den Kaiser verflucht, weil wir so lange rumstehen mußten!

Einige in der Schule wußten allerdings, daß ich keine Christin war. Einmal sagte eine Schülerin zu mir: ›Juden sind dreckig!‹ Da meinte ich: ›Bist selber dreckig.‹ Darauf meldete sie beim Lehrer: ›Die hat gesagt, die Christen sind dreckig!‹ Da hat mir der Lehrer auf die Hände geschlagen.

Aber auch später wurde ich meistens nicht für eine Jüdin gehalten. Wir sind mal von Reichenbach, wo ich mit meinem Mann einen Textilladen betrieb, nach Plauen gefahren, da hörte ich jemanden sagen: ›Schon wieder so ein Jude mit einer unserer Frauen!‹ Als dann die Nazis an der Macht waren, kam mein Junge eines Tages aufgeregt angerannt – der und der hätte ihn Jude genannt. ›Du bist selber ein Jude‹, hat er dann gesagt! Der Jascha wußte gar nicht, was das war!

Im Januar 1933 wurde mein Mann gewarnt: ›Herr Klapisch, wir müssen Sie morgen abholen.‹ Bei der Reichenbacher Polizei gab es noch viele Sozialdemokraten. Mein Mann war in der KPD und Hauptkassierer bei der Roten Hilfe in unserem Gebiet. Glücklicherweise gelang ihm die Flucht in die Tschechoslowakei. Es gab bald eine Hausdurchsuchung. Sie fanden kommunistische Literatur. Daraufhin beschlagnahmten sie das Auto, weil es zur Beförderung dieser Bücher benutzt worden war. Sie wollten unbedingt meinen Mann finden. ›Wo ist er!?‹ Ich sagte: ›Ich hab keine Ahnung und will auch nichts wissen!‹ – ›Den finden wir schon! Dann kriegt er den Arsch voll und dann: paff, paff, paff!!!‹

Mein Kind saß auf meinem Schoß. Der Chef von den drei Banditen sagte: ›Runter vom Schoß!‹ Daraufhin meinte mein Jascha, den wir immer Herzl nannten: ›Ich muß dableiben und meine Mama beschützen.‹ Fünf Jahre war er da alt. Der Assessor Bär fragte ihn: ›Wo ist dein Vati!?‹ Mein Junge antwortete nicht. ›Deinen Vati haben wir ja schon!‹ – ›Wenn Sie's wissen, warum fragen Sie dann!?‹

Paar Tage später kam ein Mann in den Laden: ›Ich muß Sie verhaften!‹ Ich rief einen Anwalt an: ›Herr Anwalt, ein Mann in Zivil will mich ohne Haftbefehl verhaften!‹ – ›Warten Sie, ich komme!‹ Die wollten mich als Geisel für meinen Mann. Inzwischen rief der Mann seinen Vorgesetzten an: ›Herr Assessor Bär, Frau Klapisch alarmiert die halbe Welt!‹

Ich hörte ihn durchs Telefon schreien: ›Nicht lange fackeln! Verhaften!‹ Da bin ich auf die Straße gerannt. Der Anwalt kam. ›Frau Klapisch, gehen Sie mit. Ich werde mein Möglichstes tun!‹ Ich sagte ihm: ›Herr Anwalt, bei diesen Menschen wird es kein Recht mehr geben!‹ Dann wurde ich mit meinem Sohn zum Rathaus gebracht. Dort hieß es, sie wären kein Frauengefängnis, es gäbe nur zwei Zellen. Dem Mann neben mir war es als Reichenbacher unangenehm, daß er mich weiter durch die Stadt abführen mußte. Er ging mit Abstand zu mir, der Lump. Am Volkshaus fragte ihn die Wache: ›Wo führst du denn die Frau Klapisch hin?‹

Wir erfuhren, daß wir in einen Keller sollten, wo das Wasser einen halben Meter hoch stand und Ratten waren, so groß wie Katzen. Als ich das hörte, mußte ich weinen. Sie haben, uns dann ins Gefängnis gebracht. Ein schmales Oberfenster. Eiserne Pritschen. Wenn man aufs Klo mußte, klingelte man und wurde runtergeführt. In der Zelle war keine Seife, keine Toilettenartikel. Der Wärter sagte: ›Ich hab gedacht, wer weiß, was Sie verbrochen haben.‹ Die Reichenbacher aber waren großartig. Die haben mir Sachen ins Gefängnis gebracht, Kekse, Schokolade.

Wenn ich den Lumpen gegenüberstand, war ich stark! Irgendwie hat es selbst den Bär beeindruckt, und er sagte mal zu mir: ›Ich wünschte, wir hätten nur ein paar solche Frauen in unseren Reihen …‹ Mein Junge war großartig. Einmal sagte er zu denen: ›Nehmen Sie uns alles weg, aber nicht mich meiner Mama!‹ Als ich weinte: ›Mama, du darfst nicht

weinen! Guck mal, hier ist es hell … mir gefällt's hier. Wir
können uns waschen. Denk doch mal an den Keller mit dem
Wasser und den Ratten!‹ So hat er mich getröstet. Ein fünf-
jähriger Junge! Sobald die Lumpen kamen, einer hatte sogar
eine Hundepeitsche, ist er auf meinen Schoß. Einmal hab ich
so geweint und gesagt: ›Mir tun die Augen weh.‹ Da sagte er:
›Heb mich mal ans Fenster.‹ Dann hielt er die Hände an die
Scheiben und kühlte anschließend mit seinen kleinen Händen
meine brennenden Augen. Ich sagte zu ihm: ›Das tut aber
gut.‹ Und er freute sich. Das hätte kein Mann besser machen
können. Er hatte immer so viele Fragen, war so wißbegierig:
›Du sagst, es gibt keinen Gott, aber wer macht denn den Re-
genbogen? Wer läßt die Blumen wachsen?‹«

Als Martha Klapisch zu einem Verhör geholt wurde, wollte
ihr Junge unbedingt mit. Er klammerte sich an sie. Der Wärter oder der Beamte ließ ihn jedoch nicht und stieß ihn
zurück. Dabei fiel er mit dem Kopf an die Metallkante einer
Pritsche und starb vermutlich an einer inneren Blutung.

Nach der Entlassung aus dem Gefängnis floh Martha Klapisch dann ebenfalls in die Tschechoslowakei.

»Wir sind acht Monate in Karlsbad geblieben. Man dachte,
der Spuk geht bald vorbei. 1934 hat mein Bruder, der Musiker
war, in Nizza und Paris gespielt. Wir schrieben ihm: ›Lad uns
für acht Tage ein!‹ So sind wir nach Frankreich gekommen.

In Paris lernte ich Max Lingner kennen. Sein Atelier sah
aus wie in der ›Dreigroschenoper‹. Lingner war sehr char-
mant. Ich hab für ihn einmal Weihnachten einen Stollen ge-
backen. Da hat er sich sehr gefreut.

Ich bin in der Zeit der Emigration sehr stark geworden.
Mich hat man früher immer ›Meißner Porzellan‹ genannt.

Aber ich hatte keine Angst. Ich wußte, ich kann draufgehen. Ich bin auf fahrende Züge gesprungen, aber ich hatte auch viel Glück. Als unser Ort von Juden ›gereinigt‹ wurde, war, wie ich später erfuhr, mein Name auf der Liste im Rathaus bereits gestrichen. Ich weiß nicht, von wem. Geld habe ich verdient, indem ich kunsthandwerkliche Sachen anfertigte. Ich habe zum Beispiel Sandalen gebastelt und verkauft.

Meinen Bruder habe ich erst 1958 wiedergefunden. In Polen wurde er vom Ausbruch des Krieges überrascht. Er ist mit seiner Geige zur russischen Grenze. Kam total hungrig an, ist die ganze Strecke gelaufen. Fand ein Wirtshaus. Dort hat man ihm für die Geige eine Mahlzeit gegeben. Er hat sich dann bis Moskau durchgeschlagen und eine Jazzkapelle mitgegründet. Er heiratete eine Russin. Während der Belagerung von Leningrad spielte er dort und hat auch eine Medaille gekriegt. Im März 1958 erfuhr ich, daß er noch lebt, und bin gleich zu ihm. Jedes Jahr war ich einmal bei ihm. Ab 1964 durfte er mich auch in Leipzig besuchen.

Der Konfektionsladen am Markt in Reichenbach war nach dem Krieg noch im Besitz eines Nazis. Das hat mich aber nicht interessiert, nicht das Haus, nicht der Laden – Materielles hat mich nie interessiert. Meine Schwester lebt in den USA. Ihren Sohn brachten die Nazis um.«

Kinderheime

Irgendwann entdeckte ich die Anschrift von einem »Kinderheim der Leipzig-Loge«. Dies war keine Institution der Freimaurer, sondern ein jüdisches Kinderheim in der Poniatowskistraße 12. Der Leiter hieß Albert Weill – der Vater von Kurt Weill!

Die angegebene Straße fand ich nicht im Leipziger Stadtplan. Erst ein altes Exemplar klärte mich auf, daß es sich hierbei um das Stück zwischen Elster- und Thomasiusstraße handelte. Eigentlich völlig logisch, denn dort steht auch der Poniatowski-Gedenkstein. Diese Umbenennung wurde wohl in der Nazizeit vorgenommen und die Numerierung der Gottschedstraße einfach fortgeführt.

Ich schritt die Häuser ab, kam zur Nummer 40 und schlußfolgerte, daß dieses Haus die alte Poniatowskistraße 12 ist. Das Gebäude stand etwas eingerückt, eine kleine Wiese lag davor. Ich näherte mich dem Haus, sah eine Klingel, aber kein Schild, das darüber Auskunft gab, welche Institution sich hier verbarg. Die Tür besaß außen keine Klinke, und unter der Klingel befand sich eine Hausrufanlage. Nun schwante mir schon, welche »Firma« in dem ehemaligen Kinderheim ansässig war!

Durch die Glastür erkannte ich einen Mann, der einem Pförtner, einige Treppenstufen höher, etwas zurief. Ein Summer ertönte, und der Mann stand in der Tür. Ich stellte mich vor und fragte, bei wem ich denn hier eigentlich sei. Statt einer Antwort kam die Gegenfrage: »Was wollen Sie?«

Ich zeigte dem Mann das Schreiben eines DDR-Verlages, in dessen Auftrag ich zur Geschichte der Juden Leipzigs recherchierte.

Nachdem er es gelesen hatte, meinte er lakonisch: »Über dieses Haus werden Sie nichts erfahren.« Dann wollte er die Tür wieder schließen. Nun stand ich aber schon halb in der Tür, wich nicht vom Fleck, stellte mich dumm und fragte: »Warum?«

»Das muß Ihnen reichen.«

»Das reicht mir aber nicht.«

»Bitte gehen Sie!«

»An wen kann ich mich wenden?«

»An den Rat der Stadt!«

Dann schob er mich hinaus. Ich wandte mich an den damaligen Stadtrat für Kultur und forderte ein Gespräch mit dem Leiter dieser Dienststelle, bekam aber lediglich den Rat, den Vorfall zu vergessen – es hätte keinen Sinn …

Heute befindet sich in dem ehemaligen Kinderheim das Vormundschaftsgericht.

Ein weiteres jüdisches Kinderheim gab es in der Nazizeit in der Jacobstraße 7. Später wurden hier Familien vor der Deportation eingewiesen. Ich fand im Haus eine Frau, die über die Geschichte jener Räume informiert war.

»Nach den Kindern wohnte in jedem Zimmer eine Familie. Da war eine junge Frau, die hatte einen Onkel in Amerika und wartete immer, daß die Genehmigung kam. Ob's geklappt hat, wissen die Götter! Die wollte sich sozusagen auslösen lassen, nicht wahr, nach Amerika! Die mußten dann von hier aus in die Humboldtstraße. ›Wieso müssen Sie denn da hin!?‹ hab ich gefragt. Die mußten dann von einer Wohnung in die andere. Unser Haus gehörte dem Weinberg. Das war auch ein Jude. Bankier Weinberg. Die Frau war ›Arierin‹. Die sind 1945 nach dem Westen.

Der Schlafsaal von dem Kinderheim war fünfzig Quadratmeter groß. An den Wänden waren noch angeschriebene Nachrichten von den Kindern. Das hab ich noch gesehen. Einmal war eine Frau aus Amerika mit ihrem Mann hier, die als Kind hier gelebt hatte. Was die alles erzählt hat! Wir waren schockiert! Wir konnten das nicht begreifen. Von einer Wohnung in die andere. Eine Familie ein Zimmer!«

Ich fragte sie, ob es in den Räumen noch einen Gegenstand aus jenen Tagen gebe.

»Der Spiegel hier – der ist noch aus der Zeit! Im Flur hing auch noch lange Zeit so ein Bild. Ein Kopf. Im Rahmen. Das war ein Jude. Das hab ich mal verbrannt. Ich hatte es noch lange, aber dann dachte ich« – und hier will ich die Frau einmal original zitieren –: »›Egal dähn aldn Gobb anguggn …‹«

Als Kind im Lunapark

Ehud Lador erzählt

»Damals hieß ich noch Arno Lederberger. Etwa zehn, zwölf Jahre gehörte der Lunapark am Auensee meinem Vater.«

Lederberger, Ignatz, Kfm., C 1, Waldstr. 52–54

»Dort gab es vier oder fünf Tanzhäuser, zum Beispiel das große Hauptrestaurant mit der Terrasse, das ›Bratwurstglöckl‹, ein holländisches Restaurant, ein Wiener Café … Dann gab es ein Bad für Sportler und ein Bad für normale Badegäste im Auensee. Die Eisenbahn fuhr um den Teich herum, und für mich war es als Kind das Größte, wenn ich den Hut vom Schaffner bekam und dem Lokomotivführer das Zeichen zur Abfahrt geben konnte. Meine Freunde durften natürlich umsonst auf der Eisenbahn fahren.

Am Sonntag spielten vier oder fünf Orchester im Lunapark, und die Sorge meines Vaters war am Wochenende das Wetter. Von Freitag bis Sonntag war er sehr nervös. Er mußte die Kuchen bestellen und wußte nicht, ob er sie verkaufen wird. Wenn es nicht regnete, waren 10000 bis 20000 Menschen im Lunapark.

Wir wohnten in der Waldstraße. Ich habe die Wohnung besucht. Die Garderobe im Korridor war noch original. Auch das Haus Auensee haben wir besichtigt. Die Leute waren sehr nett.

Am 31. Dezember 1938 bin ich aus Leipzig weg, und mein Vater hat gesagt: ›Ich wünsch dir alles Gute, paß auf deine Schwester auf!‹ Die war schon in Palästina. ›Ich werde der letzte Jude sein, der aus Deutschland fährt ...‹ Er war diesem Land so verbunden und hat nicht glauben wollen, daß ihm was passieren kann. Ich bin noch einmal von Wien nach Leipzig gefahren, um meine Eltern zu sehen. In Wien war ich in einem Vorbereitungslager für die Einwanderung nach Palästina. Meine Eltern wohnten inzwischen in der Kroch-Siedlung. Mein Vater war im Eitingon-Krankenhaus, und meine Mutter sagte, ich solle wieder wegfahren, die Gefahr wäre zu groß. Ich bin zum Hauptbahnhof und sehe plötzlich SS-Männer quer über den Bahnsteig stehen, an dem mein Zug hielt. Da konnte keiner durch. Ich sah ziemlich jüdisch aus und wußte: Das kann der Weg in meine Gefangenschaft werden. Da kam mir eine Idee. Bin auf den Bahnsteig 26 gegangen, wollte dort rein, und da sagte der Kontrolleur: ›Sie haben eine Fahrkarte nach Wien. Sie können hier nicht durch!‹ Da hab ich mein ganzes Wienerisch zusammengekramt und gesagt: ›Hören Sie, lieber Schaffner, ich habe gehört, daß der Leipziger Bahnhof der größte in Europa ist. Ich möchte das einmal selbst erleben und vom Bahnsteig 26 bis zum Bahnsteig 1 durchlaufen.‹ Das hat der Mann verstanden! Da bin ich dort rein und bis zu dem Quertunnel, der alle Bahnsteige hinten verbindet. Unten am Bahnsteig 12 wartete ich. Dann hörte ich: ›Zum Schlafwagenzug Leipzig–Wien bitte einsteigen und Türen schließen!‹ Dann bin ich raufgerast und in den Zug hinter der SS-Kette rein. Das ist so eine Sache, die ich nie vergessen werde ...«

Karten aus Theresienstadt

Marianne Gottlieb erzählt

»Mein Mann Wolfgang war ein Waisenkind. Ein Ehepaar Gottlieb hatte ihn adoptiert. Rudolf Gottlieb stammte aus Budapest. Da seine Eltern kurz nacheinander gestorben waren, kam er über die Kirche zu Pflegeeltern nach Deutschland. Er lernte Elektro-Mechaniker und absolvierte das Technikum in Altenburg. Übernahm später einen selbständigen Betrieb. Sein leiblicher Vater in Budapest war Jude gewesen. Rudolf Gottlieb heiratete in Leipzig eine Luise, die zufällig auch Gottlieb hieß!«

Gottlieb, Rudolf, Elektrotechn. Anl., O 5, Comeniusstr. 16, Wohn. Roßbachstr. 20

»Sie war Jüdin, ließ sich aber taufen, und sie und Rudolf heirateten kirchlich. All das nützte natürlich bei den Rassegesetzen der Nazis ab einer gewissen Zeit nichts mehr. Mein Mann wurde bedrängt, sich von seinen jüdischen Adoptiveltern zu lösen.

Es kam dabei zu absurden Situationen. Mein Mann und ich nahmen meine Schwiegermutter bei einem Spaziergang in die Mitte. Er war inzwischen zur Wehrmacht eingezogen und trug Uniform, meine Schwiegermutter neben ihm mußte den Stern auf ihrer Kleidung tragen ... Beamte sagten uns, daß in so einem Fall der Judenstern abgemacht werden dürfe. Soldatenrock und Davidstern nebeneinander – das ging nicht!

Im Juni 1943 verhaftete die Gestapo meine Schwiegereltern und brachte sie nach Theresienstadt.

Mein Schwiegervater starb am 1. Advent 1943.

Meine Schwiegermutter wurde im Juli 1944 nach Auschwitz gebracht und gleich nach der Ankunft vergast ...«

Aus Theresienstadt gelang es ihnen noch mehrmals, an Marianne und Wolfgang Gottlieb zu schreiben (siehe Abbildungen 17 und 18) – Briefe und Karten, die heute bleibende Zeugnisse ihres Schicksals sind.

»Man kann nicht schildern, wie es wirklich war!«

Oskar Heim erzählt

»Ich bin am 2. Oktober 1921 in Leipzig in der schönen Frege-straße geboren und verbrachte dort meine Kindheit. Mein Vater war Pole, meine Mutter Rumänin.«

Heim, Salo, Kfm., C 1, Fregestr. 28 I

»Ich hatte noch zwei Brüder und eine Schwester. Unsere Freunde waren teils jüdisch, teils nichtjüdisch. Und eines Ta-ges hieß es dann ›Juden raus!‹ und ›Juda verrecke!‹. Jahre-lange Freundschaften zerbrachen. Wir standen als Bösewichte da – ich konnte das nicht begreifen! Im November 1938 flüchteten wir ins polnische Konsulat und blieben dort ein paar Tage. Dann durften wir wieder in unsere Wohnung zurück. Meine Eltern fuhren nach Polen. Ich blieb noch und verpackte verschiedene Sachen, die in einer Art Container ab-geholt wurden. Meine Brüder reisten nach England aus, einer von dort weiter nach Australien. Ich wollte nicht nach Polen. Mein Ziel war Palästina. Zunächst fuhr ich nach Berlin. Im Bahnhof verhafteten sie mich. Ich war siebzehn Jahre alt. Sie schnitten mir die Haare ab und brachten mich nach Sachsen-hausen.

Meine Eltern wußten nichts von mir und ich nichts von ihnen. Später erfuhr ich, daß sie in einem Lager umkamen …

In Sachsenhausen mußten wir schwer arbeiten. Zunächst

211

total sinnlose Arbeit. Wir rannten im Kreis, luden da was auf, was wir dort wieder abkippten. Später arbeiteten wir im Steinbruch.

Dann hieß es, wir kämen auf Transport nach Auschwitz. Es war bekannt, was dort los war. In unserer Baracke gab es viele jüdische Kommunisten, die wußten einiges. Sie versuchten übrigens, uns noch im Lager zum Kommunismus zu bekehren …!

Als wir uns in der Baracke zum Transport nach Auschwitz fertigmachen mußten, sagten einige plötzlich, wir können das doch nicht alles so hinnehmen! Und dann sind wir zwanzig Mann aus dem Fenster gesprungen. Wir sagten, das wird sowieso das Ende, also setzen wir noch einmal ein Zeichen! Viel konnten wir nicht machen, aber wir schlugen uns mit der SS und brachen einem den Arm. Dann wurden wir überwältigt und mußten uns auf die Erde legen. Ein SS-Führer kam, sprach mit uns, und wir sagten, daß wir uns nicht einfach vergasen lassen. Schließlich standen wir an einer Wand und dachten, es ist vorbei. Zu unserem Glück war dem aber nicht so.

Wir erfuhren später, daß der damalige Lagerführer, ich glaube, er hieß Hülse, Angst hatte, den Vorfall zu melden, weil man ihn dann vielleicht abgelöst hätte.

Wenn wir durchs Lager gingen, dann tuschelten plötzlich die SS-Leute und zeigten eine gewisse Achtung vor uns.

Wir kamen später trotzdem nach Auschwitz. Wegen unserer Jugend blieb uns bei der Ankunft die Gaskammer erspart, und wir wurden zum Arbeiten nach Birkenau geschickt. Dort gab es Hunger und Typhus. Du hast keine Rücksicht mehr genommen, Brot geklaut oder was weiß ich.

Meine Überzeugung war, wenn du nicht schwer krank

wirst und die ersten zwei Jahre überstehst, dann hast du eine Chance zu überleben.

Von Birkenau wurde ich in ein Lager nach Gleiwitz transportiert. Ich entsinne mich an einen Wagen, der regelmäßig kam, um die Abfälle abzuholen. Da saßen zwei jüdische Mädchen aus einem andern Lager drauf. Und da gab es so ein schönes Gefühl zwischen der einen und mir. Ich schenkte ihr von meinem Brot. Unglaublich, in so einer Situation so etwas zu erleben.

Wie Vieh wurden wir dann nach Buchenwald transportiert. Ich war schon ziemlich fertig, kurz vorm Ende. Und da traf ich den Spatz wieder, einen Halbjuden, den kannte ich aus Sachsenhausen. Er war Blockältester in meiner Baracke. Der Spatz hat mich versteckt, denn die letzten vier Wochen wäre ich beinahe noch draufgegangen. Ja, und dann kamen die Amerikaner!

Das sind nur ein paar grobe Erinnerungen. KZ kann man nicht erzählen! Nur einen Teil. Man kann nicht schildern, wie es wirklich war: diese Ängste von früh bis abends, diese hungrigen, abgemagerten Menschen, das ganze Milieu ...

Ich erzähle es auch nicht gern. Sehe ich etwas darüber im Fernsehen, kommen mir sofort die Tränen, und ich kann mir nicht vorstellen, daß ich dabei war. Aus der Entfernung kann man diese physische und psychische Not gar nicht mehr richtig wiedergeben.

Nach der Befreiung fuhr ich nach Leipzig, sah die Stadt in Schutt und Asche und dachte, das ist die Strafe ...

Viele kamen mit solchen Sprüchen wie: ›Wir waren selbst in großer Gefahr, denn wir haben das und das gemacht ...‹ Ich sagte dann immer: ›Ich weiß schon, ihr wart alle Opfer, und ich bin der einzige Nazi ...‹

Ich war zunächst in einem Auffanglager, arbeitete dann bei der FDJ mit, lernte den Axen kennen, den Selbmann. Durch meine Erlebnisse war ich natürlich Antifaschist geworden.

Nach einer gewissen Zeit bekam ich aber Zweifel an dem neuen System. Ausschlaggebend war mein 24. Geburtstag. In jenen Tagen, wo es nichts zu essen gab und die Mütter kilometerweit liefen, um ein paar Kartoffeln zu ergattern, veranstalteten die für mich eine Feier mit Wurst und Bananen! Ich kriegte eine große Wut auf diese Genossen und trat aus der Partei aus.

Ein gläubiger Jude bin ich nicht. Wenn ich mal beten gehe, dann aus Tradition. Ich war immer gegen ›jüdische Inzucht‹. Einige haben sich auch selbst ghettoisiert, weil sie unter sich blieben. Wozu brauche ich einen jüdischen Sportverein, wenn ich überall ins Sportlerheim gehen kann!? Doch mit dieser Meinung erntete ich nicht nur Verständnis …

Als ich wieder in Leipzig lebte, beantragte ich einen Paß. Die Behörde meinte, da mein Vater Pole war, wäre ich auch Pole. Ich sagte denen: ›Ich bin in Leipzig geboren und aufgewachsen. Ich war noch nie in Polen!‹ Aber sie blieben dabei. Da bin ich bei der Polizei zu einem Oberleutnant und machte einen unheimlichen Krach, kippte vor lauter Wut den Schreibtisch um und schrie: ›Meine Muttersprache ist Deutsch! Ich bin ein Deutscher!‹

Das reichte dann, und ich kriegte meinen Paß …

Nach meinem Parteiaustritt hatte ich viel Ärger, aber ich gründete mit meiner Frau am Hotel ›Stadt Rom‹ ein Textilgeschäft: Heim-Moden.

Ein paar Häuser weiter, in der Ruine vom ›Kristallpalast‹, gab es bald wieder Unterhaltungsprogramme. Wir nähten für die Mitarbeiter vom Jugendlichen bis zum Großvater Hemden aus kariertem Stoff, den wir organisierten.

Vor zwei Jahren war ich das erste Mal seit 1953 wieder in Leipzig. Wir sind in jenem Jahr wegen der zugespitzten politischen Situation nach dem Westen. Und ich muß sagen: Leipzig gefällt mir immer noch. Ich habe schon drüber nachgedacht, wieder nach Leipzig zurückzugehen ...«

Oskar Heim konnte sich diesen Wunsch nicht mehr erfüllen. Er starb im November 1991. Beerdigt ist er allerdings nicht in seinem langjährigen Wohnort München, sondern auf dem Leipziger Südfriedhof ...

»Vergnügungsfahrt«

Marcel Rowen erzählt

Eines Tages bekam ich Post aus Philadelphia. Der Mann, der mir aus den USA schrieb, hieß seinerzeit in Leipzig noch Marzel Rauchwerk. Unter dem Titel »The Gates of Heaven« hat er einmal alles aufgeschrieben, woran er sich als Kind in Leipzig erinnerte und welchen Leidensweg er gehen mußte. Mein Kabarettkollege Gunter Böhnke übersetzte für dieses Buch einige Passagen aus »Die Tore des Himmels«:

»Eines Tages, an einem sonnigen Nachmittag, fuhr ich mit dem Rad zum Friedhof in der Delitzscher Straße und zum Bar-Kochba-Sportplatz. Ich traf auf eine marschierende Gruppe der Hitlerjugend. Sie sangen ein Lied, das mich bestürzte: ›Wenn das Judenblut vom Messer spritzt ...‹«

Völlig unverständlich war für den jungen Marzel das plötzliche Verhalten seiner Spielkameraden:

»Meine Freunde, mit denen ich jahrelang zusammen war, Fahrrad fuhr, Fußball spielte, Rollschuh und Schlittschuh gelaufen, gerodelt und geschwommen bin, wurden mir plötzlich fremd. Im Nebenhaus gab es ein Schuhgeschäft, Schuh-Lohr. Die Besitzer hatten eine Tochter, und als ich einmal, wie sonst, an die Tür klopfte, sagte sie, daß sie nicht mehr mit mir spielen dürfte, weil ich Jude war. Ihr Vater trat in die Nazipartei ein und machte uns alle möglichen Schwierigkeiten. Plötzlich hing in unserem Haus ein

Plakat, das besagte: ›Wer bei Juden kauft, ist ein Verräter an Deutschland.‹

Meine Freunde von gestern wurden meine Feinde.«

Im Oktober 1938 gehörte Marzel Rauchwerk zu jenen Menschen, die in der sogenannten Polenaktion aus Deutschland vertrieben wurden. »Ein gewöhnlicher Polizist klingelte an unserer Wohnungstür und teilte uns ganz höflich mit, daß unsere Pässe auf dem Revier überprüft werden sollten. Er sagte, es sei nur eine Formsache und wir würden gleich wieder zurückkommen.

Mein Großvater, mein Vater und ich sahen unsere Wohnung und unser Geschäft nie wieder.«

Rauchwerk, Adolf, Schneidermst., C 1, Bayrische Str. 12 I. T. 37936

»Auf dem Polizeirevier stiegen wir in einen Bus mit einem großen Schild: Vergnügungsfahrt …

Wir fuhren durch Straßen, auf denen ich sonst an diesem Morgen mit dem Rad in die Schule gefahren wäre. Schließlich kamen wir zum Hauptbahnhof. Es war alles streng durch SS-Leute bewacht.«

An der Grenze spitzte sich die Situation für die Vertriebenen zu:

»Die polnischen Grenzsoldaten waren nicht befugt, uns hereinzulassen, und weigerten sich deshalb. Die Deutschen würden uns nicht zurücklassen. Es war eine kalte Oktobernacht. Wir standen frierend im Regen. Großvater war müde und konnte nicht mehr stehen. Er setzte sich im Regen auf die nasse Erde und holte sich eine Lungenentzündung, die ihn sehr schwächte. Er starb ein Jahr später.«

Die Polen ließen sie schließlich ins Land. Nach dem Überfall Hitlerdeutschlands im September 1939 hatten nur wenige
eine Chance, sich zu retten.

Auch Marzel Rauchwerk geriet in die Fänge der SS und
kam nach Auschwitz. Nachdem er eine Zeit – und sogar eine
Selektion – mit viel Glück überstanden hatte, kam es in seiner
Baracke zu einer erneuten Selektion:

»Dann zeigte der Schurke Mengele auf mich, und ich sollte
das Schicksal meines Vaters in der Gaskammer teilen ... Nach
allen Wundern, die mir bisher das Leben retteten – man mag
es Gottes Fügung, Schicksal oder Glück nennen –, geschah
nun folgendes: Die fünf oder sechs Männer, die vor mir standen, streckten zur Registrierung ihrer Nummer den linken
Arm aus. In diesem Augenblick tauchte ich zwischen die
Bettreihen und kroch unter ein Doppelstockbett, das knapp
30 Zentimeter über dem Fußboden Platz ließ.

Vor mir stand ein Eimer mit Sand. Ich kippte ihn um und
versuchte, mich hinter diesem kleinen Haufen zu verstecken.
Es war nicht neu, sich unter dem Bett zu verstecken, und wir
wußten, daß die Baracke nach der Selektion gründlich durchsucht würde ... In der Gaskammer zu ersticken war ein fürch-
terlicher Tod. Ich hoffte, mein Schicksal selbst zu bestimmen
und durch eine Kugel zu sterben.

Neben mir unter dem Bett lag noch jemand. Er sagte, ich
solle verschwinden, und ich entgegnete, er solle sich zum
Teufel scheren. Wir blieben beide.

Die Suche nach denen, die der Selektion entgehen wollten,
begann Meter um Meter; jedes mögliche Versteck wurde
durchsucht. Ich sah das Gesicht eines SS-Offiziers und
konnte sogar seinen Atem spüren. Er hatte eine Pistole in der

Hand und befahl, sofort vorzukommen, oder es würde geschossen. Der Offizier blickte neben den kleinen Sandhaufen, den ich aufgeschüttet hatte, sah den Mann an meiner Seite, der seinem Befehl nicht Folge leistete, und schoß ihm in den Kopf. Um ihn herauszuziehen, wurde das Bett niedergerissen. Die Bretter und Matratzen bedeckten mich vollkommen. Ich lag mitten im Winter nackt auf dem Zementfußboden, fühlte aber die Kälte überhaupt nicht. Als alles zu Ende war, befreite ich mich von den Trümmern und zog mich an.«

Marzel Rauchwerk kam, als die Front näher rückte, von Auschwitz zunächst nach Sachsenhausen und von dort nach Dachau. Wenige Tage vor der Befreiung gelang ihm die Flucht:

»Plötzlich kamen LKW und kleine grüne Autos mit weißen Sternen. Ich hörte Stimmen und näherte mich der Autobahn. In der Schule hatte ich ein paar Jahre Englisch gehabt, aber dieses Englisch klang ziemlich fremd. Ich winkte, und der Konvoi hielt. Ich wurde von den amerikanischen Truppen befreit. Von mir war nicht mehr viel übrig. Ich war, wie wir sagten, ein Muselmann. Ich weinte, küßte ihre Hände und verlor fast das Bewußtsein.«

Ich hörte zum erstenmal von Marcel Rowen in der Thomaskirche zu Leipzig. Während des Gedenkgottesdienstes zum Jahrestag des Novemberpogroms las Superintendent Johannes Richter aus einem Brief von ihm vor. Seit einigen Jahren korrespondierten die beiden miteinander.

»Nach dem Krieg hatte ich mir geschworen, niemals wieder einen Fuß auf deutschen Boden zu setzen. Als dreizehnjähriger Junge wurde ich aus dieser Stadt verjagt. Dann mußte ich frieren und hungern. Ich sollte ausgelöscht werden und mußte zusehen, wie mein Vater in Auschwitz in die Gaskammer ging.

Es zog mich zum Grab meiner Mutter, aber ich zögerte immer wieder. Die Erinnerung an meine Mutter und die Freundschaft mit Johannes Richter und seiner Familie halfen mir bei der Entscheidung, Ostdeutschland doch zu besuchen.«

»Leipzig ist meine Heimat geworden.«

Aron Adlerstein erzählt

Ohne ihn hätte die kleine Jüdische Gemeinde einige Jahre keinen Gottesdienst mehr feiern können: Nach dem Tod von Eugen Gollomb im Februar 1988 wurde Aron Adlerstein Vorsitzender der Israelitischen Religionsgemeinde zu Leipzig. Er war dort der einzige, der den jüdischen Ritus beherrschte, aus der Thora lesen konnte, und er war der letzte Ostjude, der nach dem Krieg seinen Wohnsitz in der Messestadt nahm. Groß sind seine Verdienste um die Erhaltung und Pflege des Judentums in dieser Stadt.

Leider kann der niedergeschriebene Text nicht die Besonderheit seiner Rede mit dem stark jiddischen Dialekt wiedergeben – der Sprachklang einer untergegangenen Welt ...

Adlerstein wurde im polnischen Biała Podlaska geboren. Kein Schtetl, aber ein Ort, in dem – wie meist in Polen – viele Juden lebten. »In Polen war das anders als in Deutschland. Da konnte man nicht sagen: Der ist fromm, und der ist nicht fromm! Jeder hat das Judentum praktiziert. Das bedeutete nicht, daß die meisten mit Schläfenlocken und Kaftan herumliefen, aber die jüdische Tradition wurde gepflegt. Mein Vater betete jeden Morgen, ehe er auf Arbeit ging. Mit drei Jahren kam ich in den Cheder* und wurde in Hebräisch unterwiesen. Später besuchte ich die jüdische Volksschule. In die

* Traditionelle jüdische Grundschule.

polnische Schule ließ mich mein Vater nicht gehen, weil es immer antisemitische Vorfälle gab. Zu Hause sprachen wir nur jiddisch.« Seit frühester Kindheit gehörte der Besuch in der Synagoge zum Leben des Aron Adlerstein.

»Mein Vater hatte keinen Gebetsschal, sondern einen Gebetsmantel. Wenn er merkte, daß ich aus der Synagoge ausrücken wollte, nahm er mich unter diesen Tallit und hielt mich dadurch fest.« Immer wieder war zu spüren, daß bestimmte Kreise der katholischen Kirche den Antisemitismus schürten.

»In der Pessach-Zeit tauchte ständig das Gerücht auf, daß die Juden Christenblut brauchten, um ihre Mazze* zu säuern.«

Nach der Schule lernte Adlerstein im Bauunternehmen seines Vaters Maurer und arbeitete anschließend in diesem Betrieb.

»Durch die Arbeit gab es auch Freundschaften mit Polen, da einige Handwerker bei uns arbeiteten, aber sonst hatten wir wenig Kontakt mit Einheimischen. Durch die Schule waren meine Freunde alles Juden. Ich gehörte auch einem jüdischen Sportverein an.«

Im Gegensatz zu Deutschland, wo sich viele Juden eher als Deutsche begriffen, war sein Gefühl anders: »Wir lebten als Juden in Polen.«

Und wie war das mit den sogenannten reichen Juden?

»Neunzig Prozent der Juden in unserem Ort waren arme Handwerker – Schuhmacher, Schneider, Tischler … Ihr Verdienst reichte meist nicht aus, die Familie mit dem Nötigsten zu versorgen.«

* Ungesäuertes Brot für Pessach zur Erinnerung an den Auszug aus Ägypten.

222

Nach dem Überfall Hitlerdeutschlands auf Polen begann der Leidensweg Aron Adlersteins. Zunächst wurde er Zwangsarbeiter in der deutschen Kaserne. Im Februar 1941 kam er auf Transport nach Lublin. Weitere Stationen waren Warschau und Posen, ehe er schließlich am 25. Juni 1943 als Häftling im Vernichtungslager Auschwitz registriert wurde. Der Kampf ums Überleben begann.

»Du weißt nicht mehr, welcher Tag und welches Jahr ist. Du bist froh, wenn du früh von deinem Bett aufstehen kannst und zur Arbeit gehen kannst.«

Unerträglich war der permanente Hunger. »Das Essen ... was heißt Essen – grünes Wasser ... die Blätter blieben im Kübel.«

Einmal arbeiteten sie zwischen Feldern und nahmen sich einige Kartoffeln. Er wurde daraufhin von der SS mißhandelt, lag zwei Tage in seinem Block und konnte sich kaum rühren. Schließlich brachte man ihn in den sogenannten Krankenbau.

»Du darfst aber nicht sagen, daß du geschlagen worden bist. Also sagte ich, daß ich als Maurer vom Gerüst gefallen bin. Ich hatte große Blutergüsse am Rücken und bekam ganz schlecht Luft. Ein polnischer Arzt half mir. Nach zwei Tagen sagte er mir: ›Wenn du heute nicht rausgehst, bist du morgen tot!‹« Ein längeres Krankenlager war in Auschwitz der sichere Tod in der Gaskammer. Adlerstein überlebte mit viel Glück Selektionen. Beim dritten Mal mußte er mit anderen am Appellplatz an einem Tisch vorbeilaufen, um vor der Vernichtung zur Registrierung die tätowierte Nummer zu zeigen.

»Da saßen drei SS-Leute, die vor Betrunkenheit kaum noch den Kopf halten konnten. Mein Blockältester war in der

Nähe. Er kam zu mir und sagte: ›Was willst du denn hier!? Du warst doch schon an der Reihe!‹ und zog mich fort. Der hat mir das Leben gerettet!«

Später rettete ihn sein Beruf: Maurer wurden gesucht. Er meldete sich und kam mit neun anderen Häftlingen zur Gestapohauptstelle Kattowitz.

»Dort mußten wir einen Gang unter der Straße bauen, damit die Gestapoleute im Ernstfall einen Fluchtweg hatten. Die Rote Armee rückte ja immer näher. In dieser Situation war mein Leben am meisten gefährdet. Glücklicherweise weigerte sich ein älterer SS-Mann, uns zu erschießen. Von Kattowitz fuhren wir mit einer ›Grünen Minna‹, die ein Gestapobeamter nach meinem Vornamen ›Aron‹ taufte, zunächst nach Glatz, dann in Etappen bis Oelsnitz im Vogtland. Sie wollten mit uns in die Tschechoslowakei. In Prag sollten sie sich melden. Wir waren acht Juden, zwei Russen und vier Mann Bewachung. In dem Auto befand sich außerdem Gepäck der Gestapo von Kattowitz. Drei Mann von der Bewachung waren gefährlich. Jener ältere Mann, der sich geweigert hatte, uns zu erschießen, versuchte die drei anderen loszuwerden. Eines Tages sagte er zu uns: ›Ich hab es geschafft! Sie sind nach Berlin abkommandiert.‹ Die Russen fanden dann im Schuppen im Gestapogepäck Revolver. Der Alte bekam Angst und verschwand. Wir hätten ihm nichts getan.«

Kurze Zeit darauf kamen die Amerikaner nach Oelsnitz. Der 16. April 1945 wurde zum Tag der Befreiung.

»Ich meldete mich in der Kommandantur. Der amerikanische Offizier war ein Jude. Er wollte mich mit nach Amerika nehmen. Sein Vater wäre so reich und würde mir ein neues Leben ermöglichen. Aber ich sagte ihm, daß ich nach Polen müsse, um zu erfahren, ob von meiner Familie jemand am Leben geblieben war.«

Schon an der Grenze zeigte sich, daß die Juden auch nach Auschwitz nicht mit offenen Armen empfangen wurden. Der Antisemitismus war geblieben. Nichts hielt Aron Adlerstein mehr in diesem Land. Später erfuhr er, daß eine Nichte von ihm überlebt hatte. Sie war zu den Partisanen gegangen. Doch einige Jahre nach dem Krieg kam es in einem polnischen Ort erneut zu einem Pogrom. Die Nichte Adlersteins, die den Holocaust überstanden hatte, wurde dabei von Polen aus dem fahrenden Zug geworfen …

Eine Schwester rettete sich in die Sowjetunion und überlebte in einem sibirischen Arbeitslager. Alle anderen Familienangehörigen brachten die Nazis um.

Adlerstein kehrte zurück nach Oelsnitz. Dort lernte er Ruth Heymann kennen und heiratete sie 1946. »Nach alldem brauchte ich vor allem menschliche Wärme.«

Einige Verwandte seiner Frau waren als überzeugte Kommunisten ins KZ gekommen. Diese Familie brauchte er nicht über den Nazismus aufzuklären …

Im Dezember 1946 zog das Ehepaar Adlerstein nach Leipzig und eröffnete 1950 mit Hilfe von Freunden ein kleines Textilgeschäft. Als die SED verstärkt gegen die Selbständigen vorging, nahm man ihm – dem Auschwitz-Überlebenden – die Lebensmittelkarten weg. »Die Kunden brachten mir Marmelade!«

In den siebziger Jahren war eines Tages die Scheibe seines Schaufensters eingeschlagen. »Auf der Polizei fragten sie, ob ich einen Verdacht habe. Ich sagte: ›Nu, drehen Sie sich um!‹ – ›Was meinen Sie?‹ – ›Na, sehen Sie auf den Wandkalender –

es ist der 9. November!‹ Der wußte gar nicht, was ich meinte.«

Hat Aron Adlerstein ein Heimatgefühl?

»Leipzig ist meine Heimat geworden. Wo ich Familie und Arbeit habe – dort ist meine Heimat. In Polen gibt es von unsrer Familie nicht mal ein Grab.«

Gibt es einen Wunsch für die Zukunft?

»Ja, daß es eines Tages wieder so ein jüdisches Leben in Leipzig gibt, wie es vor 1938 existierte ...«

Aron Adlerstein lebt nicht mehr, aber den Beginn der aufblühenden Gemeinde hat er noch miterlebt.

»Mit diesem Judenbalg spielst du nicht!«

Mit Dr. Eva-Maria Hillmann im Gespräch

Nach der Befreiung wohnte ich bei meiner Großmutter, und die hatte mir eingehämmert, daß ich niemanden reinlassen solle, wenn sie nicht in der Wohnung war. Als es einmal klingelte, machte ich also die Tür einen Spalt auf, und da fragte mich ein Mann mit Vollbart: »Ist die Oma nicht da?« – »Nein.« – »Dann laß mich rein.« Da habe ich die Tür wieder zugemacht. »Ich bin doch der Vati!« rief der Mann. Es wäre mir nie in den Sinn gekommen, daß das mein Vater sein könnte. Er wog noch achtzig Pfund. Und er mußte warten, bis die Großmutter kam.

Meine Mutter war mit anderen Leipzigern im Februar 1945 nach Theresienstadt gekommen. Sie hat dann nicht auf die ordnungsgemäße Auflösung des Lagers gewartet, sondern sich mit einer anderen Frau auf den Weg gemacht. Man warnte sie vor den russischen Soldaten. Sie hätte vor den Soldaten keine Angst, sagte sie. Sie sprach perfekt russisch. Meine Mutter war gebürtige Polin. Jedenfalls kam sie heil in Leipzig an.

Hatten Sie als Kind ein Gefühl für die Gefahr?

Ja, immer, und zwar aus dem Grunde, weil meine Eltern beide Mitglieder der KPD waren. Und ich kann mich auch noch an Haussuchungen erinnern. Wir wohnten in der

Körnerstraße 50 mit meiner Großmutter väterlicherseits auf einer Etage. Sie war keine Jüdin, und ihr gehörte das Grundstück. Wenn meine Mutter die Haussuchung zeitig genug mitkriegte, wurde ich quasi zur Oma rübergeschubst. Obwohl meine Großmutter eine richtige Hitler-Anhängerin war! Wenn der in Leipzig auftauchte, stand sie stundenlang am Straßenrand und wartete auf ihn. Sie war auch in der NS-Frauenschaft, und es gab natürlich mit ihrem Sohn oft Krach aus politischen Gründen. Einmal wurde mein Vater durch eine Amnestie nach Hause entlassen. Weil er wieder politisch tätig wurde, sperrten sie ihn kurz danach wieder ein. Die Amnestie war zu Hitlers Geburtstag. Im Zimmer meiner Großmutter hing ein Hitlerbild. Mein Vater nahm es von der Wand und warf es auf den Boden. Meine Großmutter hatte die Fahne herausgehängt, und mein Vater holte sie wieder rein!

Hat sich die Begeisterung Ihrer Großmutter für die Nazis irgendwann gelegt?

Natürlich. Sie liebte ihre Enkelinnen abgöttisch. Eines Tages wurde sie zur Frauenschaft bestellt, und man trug ihr an, sie möchte den Kontakt zu ihnen einstellen. Da ist sie aufgewacht. Da hat sie urplötzlich mitgekriegt, daß es auch an den Kragen ihrer Lieblinge ging. Sie warf ihr Mitgliedsbuch hin und sagte: »Also, wenn ihr das wollt – ohne mich! Meine Enkelkinder sind mir das Liebste, was ich habe, und von meiner jüdischen Schwiegertochter könnt ihr euch alle eine Scheibe abschneiden!« Da war sie von der NS-Frauenschaft geheilt.

Wie lange war Ihre Schwester noch in Deutschland?

1939 ist meine Schwester durch die Organisation der Quäker nach England gekommen. Zwei alte Damen, Lehrerinnen, haben sie wie eine Adoptivtochter aufgenommen, sorgten dafür, daß sie eine vorzügliche Schulbildung bekam und in England Musik studieren konnte. Wir bekamen nur hin und wieder über das Rote Kreuz Nachricht von ihr. Es fehlte ihr natürlich die Familie, das Zuhause, und sie wurde dadurch psychisch krank. Völlig klar, als junges Mädchen allein in der Emigration. Anfang der fünfziger Jahre kam sie zurück.

Sahen Sie Ihren Vater als Kind überhaupt manchmal?

Den kannte ich mehr oder weniger nur von Bildern und Kurzaufenthalten. Er ist in Waldheim von den Amerikanern befreit worden. In der Schule wurde manchmal gefragt, wo die Väter wären, und die waren ja größtenteils im Krieg. Meine Mutter sagte: »Wenn du gefragt wirst – dein Vater ist im Krieg!« Einmal mußten wir im Deutschunterricht eine Übung schreiben, einen Brief an unsre Väter, und der sollte auch abgeschickt werden. Wir sollten uns die Feldpostnummer unsrer Väter geben lassen. Das habe ich zu Hause gesagt, und wir haben eine Feldpostnummer zusammenphantasiert. Eines Tages ging unser Lehrer mit mir ein Stück und sagte: »Hör mal, dein Vater ist doch gar nicht im Krieg.« Er machte auf mich einen guten Eindruck, und ich sagte ihm die Wahrheit. Seit diesem Tag war der Lehrer zu mir besonders freundlich, hat mich richtiggehend vorgezogen in der Klasse.

Wußten Ihre Mitschüler, daß Sie eine jüdische Mutter hatten?

Nein, das war nicht bekannt. Sie war durch die Ehe mit einem »Arier« geschützt, mußte aber in einer »Lumpenbude« arbeiten.

Und in Ihrer Schulklasse war auch nicht bekannt, daß Ihre Eltern Kommunisten waren?

Nein, das wußte niemand.

Und im Haus, wußte man da von Ihrer jüdischen Abstammung?

Meine Großmutter hatte eine jüngere Frau zur Untermiete, eine ledige Mutter mit einem kleinen Jungen – etwa in meinem Alter. Wenn ich bei der Oma war, spielte ich natürlich mit ihm. Einmal machte die Frau plötzlich einen großen Skandal und sagte: »Mit diesem Judenbalg spielst du nicht!« Meine Mutter hat diese Frau nach 1945 mal auf der Straße getroffen und ihr rechts und links eine geschmiert. Daran kann ich mich noch genau erinnern. Die sagte keinen Ton und verschwand.

Ihr »arischer« Vater hat also Ihre jüdische Mutter geschützt, obwohl er Kommunist war und im Gefängnis saß!?

Ja, das war eben die »deutsche Ordnung«! Alles ein Wahnsinn; wenn man sich das überlegt. Meine Eltern ergriffen übrigens noch eine Sicherheitsmaßnahme und ließen uns Kinder taufen. Das war enorm wichtig, und so kriegten wir beide eine Nottaufe verpaßt.

*Und was wurde aus Ihnen, als der Vater im Gefängnis und die
Mutter in Theresienstadt waren?*

Da kam ich zur Familie Irrlitz. Die hatten in der Märchen-
wiese ein kleines Häuschen, im Rotkäppchenweg. Der Mann
von der Tante Lies war selbst im Gefängnis als Kommunist!
Die Tante Lies war mit allen Wassern gewaschen! Sie erzählte,
ich sei die Tochter irgendeiner Cousine, die verreisen mußte
oder ausgebombt war oder was weiß ich. Hauptsache, der
Ort war weit weg, damit das nicht nachprüfbar war. Ich ging
dort auch ordnungsgemäß in die Schule, sollte sogar in die
Hitlerjugend! Da kam jemand von der Schule, und die Tante
Lies sagte: »Ach, das machen wir jetzt nicht, die geht doch
sowieso bald wieder zu ihrer Mutter, wozu der ganze Auf-
nahmekram, die ist doch bloß zu Besuch.« Die hat das wirklich alles hingekriegt.

*Wie haben Sie denn das als Kind verkraftet, ohne Eltern, bei
fremden Leuten?*

Die Tante Lies hat das absolut kompensiert. Ich hab mich
wirklich wie ihr Kind gefühlt. Lies Irrlitz war kein emotiona-
ler Typ mit überströmender Liebe, aber sie vermittelte ein
Gefühl absoluter Sicherheit. Und es gab für sie keine Unterschiede zwischen ihren Kindern und mir. Die Tante Lies hat
sich nicht besonders mit Musik beschäftigt, aber um mir eine
Freude zu machen, ging sie mit mir zur Matthäuspassion in
die Thomaskirche. Die begann vormittags, zwischendurch
gab es einen Bombenangriff, und wir gingen in den Luftschutzkeller ins »Capitol«. Danach war natürlich Schluß mit
der Passion, keine Straßenbahn fuhr, und wir liefen bis
Marienbrunn. Je näher wir kamen, um so mehr rannte sie,

weil Barbara, ihre Tochter, allein zu Hause war und sie Angst um sie und auch um das Haus hatte. Aber zum Glück war alles in Ordnung.

Für Menschen, die wegen ihrer kommunistischen Gesinnung ohnehin schon gefährdet waren, war ja die illegale Aufnahme eines jüdischen Mädchens eine besonders mutige Tat ...

Hans und Lies Irrlitz waren sehr mutige Menschen, und wenn ich meine Eltern verloren hätte, dann wäre ich bei Irrlitzens geblieben. Das war für mich selbstverständlich.

In Leipzig überlebt

Aus einem Brief von Charlotte Levy

»Ich las mit großem Interesse im New Yorker ›Aufbau‹ vom 19. Juni 1987 Ihren Artikel über die Geschichte der Leipziger Juden. ... Ich erlaube mir, Ihnen einiges mitzuteilen, von dem ich nicht weiß, ob es Ihnen bekannt ist. Vielleicht ist es von Interesse. Ich bin gebürtige Leipzigerin und lebte dort mit kurzen Unterbrechungen von 1900 bis zu meiner Ausreise im August 1939. Ich ging in Leipzig zur Schule, habe da geheiratet und meine beiden Kinder bekommen.

Mein Vater, Richard Frank, war Mitinhaber der Firma Gebrüder Frank, Strick- und Wirkwaren Fabrik, Berliner Straße 65. Er war einer der sechzehn Juden, die in Leipzig überlebten. Am 18. April 1945 kam abends ein Malergeselle, der bei der Gestapo gearbeitet hatte, zu meinem Vater in das sogenannte ›Judenhaus‹, Löhrstraße 10. Der junge Mann hatte gehört, daß in der folgenden Nacht die sechzehn letzten Juden ›umgelegt‹ werden sollten. Mein Vater und die anderen versteckten sich in den umliegenden Ruinen. Als sie am 19. April morgens aus den Verstecken kamen, stand eine amerikanische Kanone vor dem Haus. Am nächsten Tag besuchte der amerikanische Captain meinen Vater und fragte, was er für ihn tun könne. Er bat, die Jüdische Gemeinde wieder ins Leben zu rufen, was auch prompt geschah. Mein Vater, damals fünfundsiebzig, wurde zum Vorstand der neuen Gemeinde gewählt.«

In Israel

Der Artikel »Juden in Leipzig« brachte auch den Kontakt zum »Verband ehemaliger Leipziger« in Tel Aviv. Ich schickte ihnen ein Exemplar der »Leipziger Blätter«. Dann kam ein Brief vom Vorsitzenden des Verbandes, Salo Epstein. Das war für mich ein besonderer Moment, als ich zum erstenmal auf dem Briefkuvert den Namen dieser Vereinigung in deutschen und hebräischen Buchstaben sah. Und der Gedanke tauchte auf: Diese Leipziger müßte man besuchen können ... Zu meiner Freude erhielt ich einige Zeit später eine Einladung zu einem Vortrag in Tel Aviv!

Mein Antrag im Ministerium für Kultur fiel in eine günstige Zeit. Im Jahre 1988 »entdeckte« Erich Honecker die wenigen Juden in der DDR. Sein Traum, so wurde gesagt, war ein Empfang im Weißen Haus in Washington. Irgend jemand hatte ihm eingeredet, daß daraus nur etwas würde, wenn er zur »jüdischen Lobby« Kontakte knüpfen würde. In den Zeitungen der DDR tauchten plötzlich Informationen über die jüdischen Feste und hohen Feiertage auf, der Präsident des Jüdischen Weltkongresses kam aus den USA nach Berlin. Sogar von finanzieller Wiedergutmachung war die Rede. Zum 50. Jahrestag der nazistischen Pogromnacht im November 1988 erhielten alle acht Vorsitzenden der Jüdischen Gemeinden der DDR den Vaterländischen Verdienstorden überreicht. Und so traf in jenen Tagen meine Einladung auf fruchtbaren Boden. Ich durfte nach Israel!

Die einzige Flugverbindung, die ich mit DDR-Mark bezahlen konnte, war die der rumänischen Fluggesellschaft TAROM: Berlin–Bukarest–Tel Aviv. Unvergeßlich die nahezu dunkle Stadt Bukarest, die Tristesse des Flughafens und zwei Stunden später der Anflug auf die lichterglänzende Stadt Tel Aviv.

Hannah Gath, die Tochter von Simson Jakob Kreutner, holte mich mit ihrem Mann vom Flughafen ab. Bei ihnen wohnte ich, und ihre herzliche Gastfreundschaft sehe ich als ein großes Geschenk, ein Symbol für ein neues Miteinander, und sie wird mir – nach alldem – nie selbstverständlich sein ...

Die drei Wochen in Israel waren voller unvergeßlicher Erlebnisse. Ein Land, das für drei Weltreligionen so bedeutsam ist, besitzt eine besondere Aura. Die kann nicht beschrieben, die muß erlebt werden.

In diesem Buch will ich mich auf das »Leipzigerische« an Israel beschränken. Und da steht ganz vorn das Hohelied der »sächsischen« Gastfreundschaft unter Palmen ...

In einem Café am Mittelmeer sprach ich zum erstenmal mit Salo Epstein, dem Vorsitzenden des Verbandes:

»Ich bin Leipziger. Ich bin da groß geworden, zur Schule gegangen. Ich fühle mich dort wohl! Als ich 1988 zu Besuch war, ging ich ins Kaufhaus Brühl. Dort hatte ich früher gearbeitet. Ich zeigte der Etagenchefin mein Zeugnis und sagte im Scherz, daß ich hier wieder Verkäufer werden will. Sie war völlig verdattert und sagte: ›Ja ... das geht nicht ... da müssen Sie in der Gewerkschaft sein!‹ Für mich ist das ein Erlebnis, ins Kaufhaus am Brühl zu gehen. Leipzig ist ein anderes

Gefühl. Das ist so, als träfe man einen Verwandten, den man lange nicht gesehen hat ...«

Später saßen wir auf dem Balkon des Ehepaars Epstein. Das Frühjahr in Israel entspricht in den Temperaturen etwa unserem Sommer. Schwalben zwitscherten ums Haus. Wenige Wochen später würden sie in Richtung Norden starten und fliegen vielleicht um unser Haus in Leipzig ... Dann erzählte seine Frau Fanny von ihrem langen Weg ins Gelobte Land:

Sie gehörte zu jenen Leipzigern, die im Oktober 1938 als polnische Staatsbürger aus Deutschland abgeschoben wurden. Fanny Epstein war nie in ihrem Leben in Polen gewesen. Ihre Großmutter stammte von dort. Bei ihr wuchs sie auf, weil die Eltern nicht mehr lebten. Und deshalb besaß sie einen polnischen Paß.

Sie kam nach Krakau. Dort kümmerte sich die Jüdische Gemeinde um die Ausgewiesenen. Bereits in Leipzig hatte sich Fanny Epstein für die illegale Einwanderung nach Palästina gemeldet. Man nahm ihr in Polen ihren Paß ab und gab ihr den Nansen-Paß der Staatenlosen. Sie ging in der Nähe von Krakau in einen Kibbuz auf Hachschara, das heißt, sie absolvierte eine Ausbildung für die Einwanderung nach Palästina.

In Warschau wurden die Passagiere für ein illegales Schiff zusammengestellt. Und dort begann ihre Odyssee. Sie fuhren zunächst nach Rumänien.

»Das Schiff war ein alter Frachter, der mit Pritschen für diesen Transport umgerüstet wurde. Alle mußten unter Deck. Es durfte von außen nichts auf Passagiere hindeuten. Nur wenige konnten an Deck bleiben. Ich gehörte dazu, weil ich im Schiff immer Nasenbluten bekam. Andere wurden in der stickigen Luft ohnmächtig.

Nachdem wir eine Woche unterwegs waren, marschierten die Deutschen in Polen ein. Wir sind also quasi mit dem ›letzten Zug‹ weg.

Vor der Küste Palästinas versuchten wir zu landen, aber unsere Ruderboote sackten ab. Zum Glück trugen wir alle Schwimmwesten, so daß wir wieder ins Schiff zurückkonnten. Auf diesem alten Frachter befanden sich etwa 200 junge Leute. Durch die lange Fahrt hatten wir inzwischen kaum noch etwas zu essen und wenig Treibstoff. Wir waren schon zwei Monate unterwegs. Pro Tag gab es eine halbe Dose Sardinen und eine Zwiebel. Manchmal erhielten wir noch einen steinharten und verschimmelten Schiffszwieback, den wir in Salzwasser aufweichten, um unsere Wasserration – eine Flasche pro Tag – zu sparen. Viele wurden krank. Ich bekam eine Furunkulose. Ungeziefer plagte uns.

Als wir endlich die Küste Palästinas sahen, konnten wir nicht landen, weil die Engländer alles bewachten. Dies sagten uns Vertreter der Haganah, unserer Untergrundorganisation, die mit an Bord waren.

Über Funk erfuhren wir, daß ein tschechisches Schiff mit Flüchtlingen in Not geraten war, weil die Mannschaft es verlassen hatte. Diese Leute nahmen wir auf und bekamen dadurch zum Glück auch wieder Essen und Treibstoff.

Unser Schiff war nun total überfüllt. Wir gaben den Flüchtlingen, darunter viele Alte und Kinder, unsere Pritschen. Dann fuhren wir nachts ganz leise und ohne Licht auf Haifa zu. Ein Motorboot kam, die Besatzung feuerte Leuchtraketen zur Warnung ab. Weil wir weiterfuhren, schossen sie mit scharfer Munition und töteten einen Mann und einen Jungen.

Danach verließen wir wieder die Dreimeilenzone. Am nächsten Tag sagten einige der tschechischen Männer: ›Es gab Opfer, es reicht. Wir müssen nun am Tag landen!‹

Der Verantwortliche weigerte sich, da er Befehl hatte, illegal einzulaufen. Aber diese Männer besaßen Waffen und sagten, daß sie sonst das Kommando übernehmen würden. Mit einem Revolver läßt sich schlecht diskutieren ... So fuhr unser Schiff bei Tag in Tel Aviv so weit in Richtung Küste, bis es im Sand steckenblieb. Die Stelle ist übrigens nicht weit von unserer Wohnung hier entfernt.

Die Engländer nahmen uns fest, und wir wurden interniert. Aber im Lager konnte man duschen, es gab zu essen und – wir waren in Palästina!«

Jerusalem

In Jerusalem war ich Gast von Simson Jakob Kreutner. Als er mich vom Hotel abholte, zeigte er mir einen kleinen Plan, einen »Vorschlag« für die Zeit meines Besuches. Als Kreutner mir den Zettel reichte, sagte er: »Sehen Sie, Herr Lange, das ist diese Art von Gründlichkeit, die es so nicht mal mehr in Deutschland gibt!« Und wegen dieser Genauigkeit und Ordnung werden die »Jeckes«, wie man die Deutschen in Israel nennt, auch immer etwas belächelt ...

Als erstes fuhren wir auf einen der vielen Hügel, die sich rings um die Stadt befinden. Dort besichtigten wir ein im Freien aufgebautes Modell des alten Jerusalem aus der Zeit des zweiten Tempels. Jedes Haus, jeder Turm und jede Treppe original aus kleinen Steinen nachgebaut – eine imponierende Arbeit. Und wer hat das Modell initiiert? Ein ehemaliger Leipziger! Hans Kroch, dem Leipzig das Wahrzeichen des Glockenmänner-Hochhauses am Augustusplatz verdankt.

Kreutner ging anschließend mit mir durch die Jerusalemer Altstadt. Was für eine Atmosphäre! Dieses Gassengewirr! In dieser Stadt wird Geschichte nicht nur – wie bei uns – in Jahrhunderten, sondern in Jahrtausenden gemessen ... Dann sagte Kreutner: »Jetzt setzen Sie Ihre Jarmulke* auf. Nun gehen wir zum Heiligsten.« Zunächst standen wir an einem

* Kleine traditionelle Kopfbedeckung.

Kontrollpunkt. Ich mußte meine Tasche öffnen, ein Blick –
und statt einem »Schalom!« hörte ich »Okay«. Noch einige
Schritte weiter, und wir waren an der Klagemauer.

Viele Orthodoxe standen in ihrer schwarzen Bekleidung
davor. Es war die Zeit für das Abendgebet. Kreutner schloß
sich mit seinem »Amen« – auf der zweiten Silbe betont – sofort einer Betergemeinschaft an. Von der anderen Seite ertönte plötzlich der Ruf des Muezzins und mischte sich in den
Singsang der frommen Juden.

»Wenn Sie Glück haben, hören Sie auch noch die Glocken
der Kirchen. Dann sind alle drei großen Religionen hörbar in
Jerusalem vertreten.«

Würdige alte Männer standen an der Mauer. Als sie wieder
gingen, liefen sie viele Meter rückwärts, um nicht dem Hei-
ligtum den Rücken zu kehren. Erst nach der Absperrung
wandten sie sich um. Am nächsten Tag erfüllte mir Kreutner
einen besonderen Wunsch. Wir fuhren in das orthodoxe
Wohnviertel Mea Shearim – von russischen und polnischen
Juden in der Art des »Schtetl« erbaut. Also im Stil jener Ort-
schaften im Osten Europas, dessen Bewohner deutscher Rassenwahn vernichtete.

Kreutner führte mich gezielt zu einem Bethaus: der Synagoge der Chassidim von Boyan, der Familie des Rabbi Israel
Friedmann aus Leipzig. Dieser Rebbe residierte im Eckhaus
in der Leibnizstraße und konnte glücklicherweise rechtzeitig
auswandern.

Ein Chassid kam aus der Betstube und fragte Kreutner,
ob er ihm helfen könne. Der klärte ihn auf – ebenfalls in jiddisch –, daß er aus Leipzig stamme und ich auch ein Leipziger
sei.

Bei Nennung dieses Namens strahlte sofort sein Gesicht: »Ah! Ä Leipziger!« Das war etwas, schließlich kam der verehrte Rabbiner von dort! Und so war letztlich dieses Haus mit seinen Betern mitten in Jerusalem ein Zeuge des alten ostjüdischen Leipzigs.

Ein Tag in Haifa

Nun saß ich also tatsächlich bei Alfred Glaser im Wohnzimmer in Kfar Monash. Sah Leipzig-Bilder an der Wand und Leipzig-Bücher im Regal, wurde von ihm und seiner Frau Jeannette mit Gastfreundschaft überhäuft. Am Telefon hörte ich ihn zum erstenmal hebräisch sprechen – mit stark sächsischem Akzent!

Wir sprachen über die alte und die neue Heimat und daß Israel nicht zur Ruhe kommt. Er sagte: »Das Land hat schon so viel Blut gekostet – es wird Zeit, daß das endlich mal aufhört!«

Im Garten lagen die Apfelsinen wie orangefarbene Plastebälle unter den Bäumen. Alles wirkte still und friedlich. Dabei waren wir nur wenige Kilometer von den besetzten Gebieten entfernt, in denen es meist alles andere als friedlich zuging.

Im Dorf blühte es überall. Die Pflanzen wachsen üppiger als bei uns. Alle Blüten schienen größer. Im Ort wohnten viele Deutsche, aber es gab trotzdem keine Zäune …

Wenn Glaser von seinen Kindern erzählte, begann jeder Satz immer mit: »Meine Tochter, sie soll mir gesund sein …« Nachdem er seine gesamte Familie durch die Nazis verlor, bedeuten ihm seine Kinder und Kindeskinder doppelt viel.

Am nächsten Tag spazierten wir mit Freunden Glasers über den Herzl-Boulevard im nahe gelegenen bekannten Badeort

Netanya. Es war Ostersonnabend. Herr Baram, der in Leipzig noch Borchert hieß, zitierte unter Palmen Teile des »Osterspazierganges«: »Vom Eise befreit ...« – bei achtundzwanzig Grad in der Sonne! Das Gedicht hatte er vor über fünfzig Jahren gelernt und es sich für immer eingeprägt. Baram war nie wieder in Deutschland ... Er erzählte von einem Verhör bei der Gestapo »mit einem Herrn Inspektor Braun«, das für ihn zum Glück gut ausging, das heißt, er durfte das Gebäude wieder verlassen ...

Glaser beschrieb mir die Situation, wie vor fünfzig Jahren die Deutschen auf der Flucht vor den Nationalsozialisten in der damaligen Wildnis dieses Landstriches ankamen und nicht wußten, wie sie ihre Klaviere und schweren Eichenmöbel in solch kleines Einzimmerhaus hereinbringen sollten.

»Jenes Dorf heißt aus dem Hebräischen übersetzt ›Das Haus von Jitzchak‹ (Isaak), und man nennt es hier nur ›Jitzchakshausen‹. Ärzte, Rechtsanwälte, Wissenschaftler nahmen die Schippe in die Hand und wurden Landwirte auf eigener Scholle. Diese Menschen sterben jetzt langsam aus. Sie haben viel für den Aufbau dieses Wüstenlandes getan, und mit ihnen verschwindet ein Stück deutscher Kultur.«

Am Abend saßen wir mit Freunden zusammen. Baram sagte mit Blick auf die Leute am Tisch: »Hier sind über 700 Jahre versammelt!«

Als über das Alter gescherzt wurde, hatte Glaser gleich wieder altdeutsche Sprüche parat: »Besser 'ne Glatze als gar keine Haare!« und: »Wo Geisteskräfte sich entfalten, da könn' sich keine Haare halten!« Er erinnerte sich auch an Sprüche aus Leipziger Kneipen. So hätte zum Beispiel über einer Theke das Schild gehangen: »Brülle, wie der Löwe brüllt, wenn das Glas nicht vollgefüllt!« Heute noch in Gebrauch ist sein Spruch vor dem ersten Schluck Bier: »Prost, Gusche! Jetzt kommt 'ne Husche!«

Irgendwann am Abend wurde in jener gemütlichen Runde auch dieser Reim zitiert: »Aus gutem Grund ist Juno rund!« Und warum? Der Großvater mütterlicherseits von Frau Baram – das war der Herr Josetti!

Am nächsten Tag fuhr ich mit Alfred Glaser im Bus nach Haifa. Die Verbindungen im Land sind sehr gut und die Preise niedrig. Oft stiegen Angehörige der Armee ein. Aber nicht nur Männer, sondern auch junge Frauen. Ein ungewohntes Bild. Bei einem Mädchen – gibt es den Begriff Soldatin? – baumelte am Zug des Reißverschlusses ihrer Armeetasche ein kleiner Teddy ...

Die Uniformierten hatten meist eine Maschinenpistole umgehängt. Einmal, im Gedränge, berührte mich in der Hitze des Busses ein Stück kaltes Metall, und ich zuckte zusammen ...

In Haifa bestiegen wir ein Taxi, um zu einem Leipziger zu fahren. Als der Fahrer uns deutsch reden hörte, sprach er uns ebenfalls auf deutsch an, mit einem besonderen Akzent. Alfred Glaser fragte: »Wo sind Sie her?« Der kräftige Mann mit dem kugeligen Kopf war ein Witzbold. »Aus Honolulu.« Er hatte ein Handtuch auf seiner Kopfstütze liegen. Es war heiß in Haifa. Glaser gab nicht auf. »Wo kommen Sie her?« – »Aus dem Bett.« Dann fiel mir ein, natürlich, das war der Dialekt des braven Soldaten Schwejk! Aus meiner Lieblingsstadt Prag stammte der Taxifahrer! Wie freute er sich, als ich von Prag anfing zu schwärmen! »Ach ja«, sagte er mir, »der Wenzelsplatz! Prag ist eine herrliche Stadt! Und die Prager Mädchen! Ich würde gern wieder einmal hinfahren, aber ich darf nur als Tourist einreisen. Weißt du, was sie mir dann zeigen? Theresienstadt und den Alten jüdischen Friedhof! Mich interessiert, ein Auto zu nehmen und in den Böhmerwald zu fahren.« Als wir uns verabschiedeten, sagte er: »Wenn du wieder mal nach Haifa kommst, frag nach dem dicken Karl! Jeder Taxifahrer kennt mich! Dann trinken wir zusammen ein Piwotschka!«

Wir betraten den Laden von Josef Glaser, ein kleines Feinkostgeschäft. Die beiden sind nicht verwandt. Josef Glaser empfing uns auf Anhieb mit großer Herzlichkeit und bewirtete uns mit Gebäck und Getränken. Unser Gespräch wurde immer wieder unterbrochen, weil er natürlich seine Kunden bedienen mußte. Der Laden liegt günstig im Zentrum an einem Boulevard. An der Wand hing ein Schreiben vom Rabbinat, daß seine Lebensmittel unter Aufsicht stehen, also: Die Frommen können koscheres Gebäck kaufen. Eine alte Frau betrat den Laden: »Schalom.« – »Schalom.« Soweit in hebräisch, und dann: »Wie geht's?« Die alte Dame antwortete: »Man muß zufrieden sein. Sie haben mir einen Herzschrittmacher eingesetzt.« Sie kaufte vier Gebäckstücke. Josef Glaser: »Bitte sehr! Frisch und unbenutzt!«

Zum Schluß erhielt sie noch eine Weisheit mit auf den Weg: »Wer langsam geht, kommt auch an!«

Er kam wieder zu uns. »Ach ja, Leipzig ... Wir besaßen ein Pelzgeschäft in der Nikolaistraße. Die zählte ja noch mit zum Brühl. Durch die Tierfelle besaß diese Gegend einen ganz besonderen Geruch. Der hing in den Straßen und Höfen. Das kam vor allem durch die Skunks und Minks aus der Gattung der Stinktiere. Ich war hier in einer Züchterei von solchen

Tieren. Da roch es wieder wie am Brühl, wie im Laden meines Vaters. Die Pelzjuden konnte man riechen!

Ich lebte in Leipzig zwischen zwei Welten. Meine Eltern stammten aus Polen. In diesen Kreisen sprach man jiddisch und polnisch. Ich hatte aber auch gute Freunde, die Christen waren. Einen habe ich sogar beneidet, weil er in der Hitlerjugend war. Die machten da tolle Sachen: abenteuerliche Wanderungen mit Lagerfeuer und so was.

Er fragte mich eines Tages: ›Sag mal, wie betet ihr denn eigentlich? Sag mal was!‹ Und ich sprach einige hebräische Sätze, und da guckte er natürlich! Manchmal wurden wir verprügelt, aber wir gaben auch zurück! In einem kleinen Hof der Berliner Straße ›kämpften‹ mitunter Juden gegen Christen.

Im Oktober 1938 sind wir in das polnische Konsulat geflüchtet und hielten uns dort ein, zwei Tage auf. Dann kam die sogenannte ›Kristallnacht‹. In unserem Geschäft wurden alle Scheiben eingeschlagen. Meinen Vater verschleppten sie in das KZ Oranienburg. Am 18. Januar 1940, das werde ich in meinem ganzen Leben nie vergessen, traf ein Telegramm ein: ›Ehemann Isaak an Herzschlag verstorben.‹

Meine Mutter fiel in Ohnmacht. Einige Tage später kam zusammen mit anderen die Urne meines Vaters und wurde auf dem Jüdischen Friedhof beigesetzt.

Im gleichen Jahr bin ich auf Hachschara, also zu einem Vorbereitungslager für die Auswanderung, nach Berlin. Recha Freyer, die Frau eines Oberrabbiners, versuchte, Kinder aus Nazideutschland herauszubringen. Sie organisierte Transporte. Das war alles sehr kostspielig, und ich erinnere mich, wie meine selige Mutter fast die letzte Habe dafür gab.

Ich entsinne mich noch an die Verdunklung. Es herrschte großer Mangel an Papier. Deshalb verdunkelten wir in der jüdischen Schule die Fenster mit Landkarten.

Ich konnte noch im Frühjahr 1940 weg. Unsere Gruppe war die letzte. Wir hielten uns noch ein Jahr in Jugoslawien auf, ehe wir nach Palästina kamen.

Meine Mutter und Schwester deportierten die Nazis ins Ghetto Riga. Ich erhielt einen Brief über das Rote Kreuz im Jahr 1943. Danach hörte ich nie mehr von ihnen ...«

Haifa liegt an einem Berg, den wir hinauffuhren, um den Blick auf die Stadt und das Meer zu genießen. An einem Stand kaufte ich mir eine deutsche Zeitung. Der Händler sprach gleich deutsch mit uns. Ein trauriger alter Mann. Ich fragte, ob er aus Deutschland stamme. »Nein, ich bin aus Polen. Lemberg. Ich war in Mauthausen ... habe alles mitgemacht.«

Diese traurigen Augen sind mir unvergeßlich geblieben.

Am Nachmittag besuchten wir Oscar Grau. Nicht zu glauben, daß dieser Mann achtzig Jahre sein sollte! Ein schlanker, großer Typ, heller Anzug, Sommerhut – so stürmte er in die Wohnung. Er half älteren Menschen in Rechtsfragen, sprach eigene und andere heitere Texte bei Feiern und leitete die Filiale des Verbandes der Leipziger in Haifa. Und der Dialekt jener sächsischen Stadt war in seiner Sprache nicht zu überhören! In den zwanziger Jahren trat Oscar Grau in dem von Hans Reimann gegründeten Kabarett »Retorte« auf: »Mit Erich Weinert – das war ein wunderbarer Kerl! Ich erinnere mich noch an ein Gedicht von ihm, in dem er beschreibt, wie vorn etwas auf- und hinten schon wieder abgebaut wird ... So bietet Leipzig zu jeder Zeit ein Zeichen der Arbeitsfreudigkeit!

So ähnlich – hören Sie, das ist über sechzig Jahre her! Reimann kannte ich natürlich auch. Er war ein geistreicher Mensch. Ein großer Esser und Trinker. Aber die Lene Voigt war mir lieber. Eine bescheidene, eine wunderbare Frau. Ich habe von ihr Texte bekommen, die ich vortragen durfte.«

Von Grau erfuhr ich auch, daß der Raum des Kabaretts »Retorte« nach der Schließung einen Wandel vom weltlichen zum religiösen Ort erlebte. In diesen heiteren Räumlichkeiten entstand dann mit der Ohel-Jacob-Synagoge eine Stätte ernsten Thora-Studiums.

»Schräg gegenüber von der ›Retorte‹ gab es seinerzeit an der Ecke das Restaurant ›Alte Burg‹. Mein Vater lieferte dort Eier hin. Und ich war da Mitglied im Schachklub ›Springer‹. Zu diesem Schachklub gehörte einer, den Sie garantiert kennen: Walter Ulbricht! Ich hab ihn jeden Dienstag nach Hause gebracht. Er wohnte im Naundörfchen in einer verrufenen Straße. Sein Vater war Flickschneider. Wir unterhielten uns immer auf dem Weg, aber er war ein ziemlich verkrampfter Typ. Ich fragte ihn mal: ›Walter, gehst du morgen mit ins Kino? Ich lade dich ein.‹ – ›Ja‹, sagte er, ›ich komme mit.‹ Am nächsten Tag sind wir ins Kino. Ich ging immer Loge. Sagte doch der Walter: ›Nee, Oscar, Loge geh ich nicht. Das ist bürgerlich!‹ Da hab ich zu ihm auf gut sächsisch gesagt: ›Na, wennde nich willst, dann säbbele heeme!‹

Wir sind wohl doch noch ins Kino. Jedenfalls waren wir hinterher im ›Weißen Hirsch‹. Da gab's Riesenschnitzel für eine Mark und ein Bier für zehn Pfennig. Und da hab ich für ihn bezahlt. Und nun das Schönste! Als die Anträge für die Wiedergutmachung gestellt werden konnten, schrieben sie mir, ich solle die Diplome bringen. Ich hatte zwei an der Universität Leipzig erworben. Ich wandte mich an die Universität. Und da schrieben sie mir etwa so – es wäre nichts da, und wenn's da wäre, dürften sie nichts schicken. Es ging ja immerhin um eine höhere Rente. Also schrieb ich an Walter Ulbricht:

›Exzellenz, sehr geehrter Herr Staatsrat, lieber Walter! Möchte Dich an unsre Freundschaft in Leipzig erinnern. Ich brachte Dich immer nach Hause.‹ Und habe angefragt, ob er mir die zwei Diplome schicken kann. Ich bekam aber keine Antwort ...«

Dann erfuhr ich, daß Oscar Grau auch hätte Schauspieler werden können: »Prof. Winz hat sich sehr für mich interessiert und wollte aus mir einen guten Schauspieler machen. Aber ich war mehr fürs Kabarett. Ich trat in der ›Weinklause‹ im Kristallpalast auf, aus Spaß, ohne Geld. Zum Fünf-Uhr-Tee. Da waren lauter Juden, kein Wunder, daß ich Erfolg hatte. Im ›Weißen Saal‹ vom Zoo war ich, im Künstlerhaus am Nikischplatz. Da versammelten sich oft jüdische Vereine.

Leipzig besaß ein herrliches Schauspielensemble. Als Schauspielschüler war ich auch Statist und lernte sie alle kennen: Wilhelm Engst, Lutz Altschul, Wilhelm Walter, die Lina Carstens und den großen Komiker Bernhard Wildenhain!

Von Otto Reutter bekam ich die Genehmigung für den ›Überzieher‹. Den durfte nur ich in Leipzig vortragen. Der Reimann hat mir mal was für meine Vorträge geschenkt: ›Mathilde Müller aus Kötzschenbroda‹. Das hab ich nach 60 Jahren noch im Kopf!«

Wir sprachen auch über Religion.

»Ich bin schon religiös, aber nicht fanatisch. Ich hasse Fanatismus. Für mich ist die höchste Religion, jemandem zu helfen.« Und er erinnerte sich an einen, der auf dem Neuen jüdischen Friedhof in Leipzig begraben ist: »Dr. Felix Goldmann – das war ein Rabbiner! Ein Zaddik, ein Gerechter. Er gab sein Geld den armen Leuten. Der Goldmann lebte nur für die anderen. Das war ein edler Mensch!«

Am Abend stand ich mit Alfred Glaser wieder an der Bushaltestelle in Haifa. Ein Mann hörte uns deutsch reden und fragte ihn: »Wo kommst du her?«

»Aus Kfar Monash.«

»Wenn ich dich deutsch anrede, will ich doch nicht wissen, wo du hier lebst!«

»Aus Leipzig.«

»Da habe ich mal Fußball gespielt!« Glaser sagte ihm, daß ich direkt aus Leipzig komme. Der Mann informierte seine Frau: »Der Herr hier ist aus Leipzig, DDR!« Und zu mir sagte er: »Ich hab noch 'ne Nichte in Ostberlin. Ich wohne seit vierzig Jahren in Amerika.« Ich fragte ihn, wann er aus Deutschland wegging. »Ich war bis 1941 in Berlin, weil ich ungarischer Staatsbürger war. Dann wurden wir in Ungarn gesammelt und der deutschen Wehrmacht unterstellt. Wir mußten an der Ostfront Minen suchen. Ein Himmelfahrtskommando. Dafür durfte ich dann noch ein Jahr in russische Gefangenschaft.«

Der dicke Karl. Josef Glaser. Der Pole aus Lemberg. Oscar Grau. Der ungarisch-deutsche Amerikaner.

Ein Tag in Haifa …

Das Fest

Noch ehe ich Alfred Glaser in Kfar Monash und Simson Jakob Kreutner in Jerusalem besuchte, war ich zum Purim-Fest der CENTRA eingeladen. Purim ist *das* Volksfest der Juden. Die Kinder verkleiden sich wie bei unserem Fasching. Die CENTRA ist der Zentralverband aller ehemaligen deutschen Juden.

Mit Hannah Gath kam ich in einen Saal voller festlich angezogener Menschen – alle zwischen siebzig und neunzig Jahre alt. Ein fröhliches Stimmengewirr. An den ersten Tischen neben der Tanzfläche sah ich handgemalte Pappschilder: Leipzig. Da saßen die Vertriebenen, Verfolgten, die Überlebenden aus meiner Heimatstadt, die sich nach Palästina retten konnten, das im wahrsten Sinn des Wortes ihr Gelobtes Land wurde.

Und da sprang auch schon der quicklebendige Alfred Glaser auf, als er mich sah, umarmte mich und freute sich riesig, daß er mich in Tel Aviv begrüßen konnte. Und die Frauen und Männer an den drei oder vier Leipziger Tischen betrachteten mich freundlich und taten kund, daß sie sich freuten, einen echten Leipziger zu treffen. Das war ihnen die ganzen Jahrzehnte nicht widerfahren! Eine besonders mütterlich und fröhlich wirkende Frau machte auf mich den Eindruck, als hätte ich sie garantiert schon in Leipzig gesehen. Aber es schien nur so – Rosel Altmann war nie wieder in ihrer alten Heimat und heißt schon lange Schoschana Stobezki – auch wenn einige zu ihr noch »Rosel« sagen. Später erfuhr ich, daß Schoschana die »Dichterin« der Leipziger ist. Bei bestimmten Anlässen verfaßt sie zumeist fröhliche Gereimtes.

Nachdem Alfred Glaser seinen Film von Leipzig den Verbandsmitgliedern in Tel Aviv vorgeführt hatte, kamen ihr allerdings ganz andere Gedanken:

> »An Stelle der Synagoge – ein viereckiger Stein,
> für deutsche Nachkommen Gewissenspein.
> Ob ich persönlich noch mal in Leipzig bin?
> Hat es überhaupt einen Sinn?
> Soll ich mich vor steinernen Zeugen
> andächtig verbeugen?
> Alles, was ich seh,
> macht mir nur Herzweh ...«

Zurück zum Purim-Fest der Deutschen. Mein Blick wanderte über die anderen Tische. Ich las auf den Schildern Chemnitz, Ostpreußen, Danzig, Frankfurt ... die Weimarer Republik in einem Saal von Tel Aviv. Jene Menschen pflegen das Andenken an ein untergegangenes Deutschland. Dieses Land stirbt erst, wenn sie nicht mehr leben.

Ein Leipziger winkte mich an seinen Tisch: »Wissen Sie, daß die Stadt Grimma schon in der Bibel erwähnt ist? Nein!? Nu glaar! Kain erschlug dähn Abel im Grimme!«

Dixi Heim erzählte aus seiner Schulzeit: »Ich war der Drittbeste in Leipzig im Sport. Deswegen durfte ich zur Olympiade fahren! Ich habe Jesse Owens gesehen!«

Ein anderer Leipziger beschrieb mir, wo er gewohnt hat:

»In der Langen Straße. Also, Sie gehen die Wintergarten-straße hoch, dann die Tauchaer Straße, Friedrich-List-Platz, Kohlgartenstraße. Die Lange Straße ging von der Dresdner Straße ab, runter zur Kohlgartenstraße, dazwischen war noch der Marienplatz.«

»Wann sind Sie aus Leipzig weg?«

»1934.«

»Das war zum Glück zeitig genug.«

»Ja, die ersten Anzeichen waren da, und mein Vater hat ›die Schrift an der Wand‹ lesen können.«

Rolf Gronich ist ein besonders seltener Fall. Seine Eltern waren rumänische Staatsbürger und konnten noch 1943 nach Rumänien ausreisen. »Das haben wir dem Antonescu zu verdanken. Ich bin in der Sternwartenstraße geboren. Ich war dieses Jahr in Leipzig. Leider ist unser Haus weg. Ich brauchte keinen Stern zu tragen. Ich weiß noch, daß ich nach dem Pogrom einen Handwagen voll Gebetsbücher auf den Alten Friedhof gefahren habe. Die sind dort begraben worden. Als man die Juden aus dem Altersheim wegbrachte, bin ich zum Johannisplatz, Nürnberger Straße gegangen. Da gab es das Haus der Deutschen Jugend. Dort bin ich mit ›Heil Hitler‹ rein und hab Rucksäcke und verschiedene Sachen für die Alten gekauft.«

Und während ich so viele Erinnerungen hörte, spielte im Hintergrund unentwegt eine Elektro-Orgel, und dann kam der Höhepunkt des Festes, der Conférencier, Humorist, Solo-Kabarettist Fredy Durra, der letzte jener Garde von jüdischen Vortragskünstlern, die in den zwanziger Jahren zwischen Königsberg und Köln, zwischen Dresden und München in Cabarets, Kabaretts und Varietés unterwegs waren.

»Warum ist unsere Knesset rund? Haben Sie schon mal einen viereckigen Zirkus gesehen!? Der arme, arme Schamir! Ich nenne ihn immer ›Kleiner Mann, was nun?‹. Nun hat er auch noch Zorres mit seiner Frau. Wissen Sie, was die macht, wenn sie ihn ärgern will? Dann stellt sie ihm das Essen auf den Eisschrank.« Die Pointen sind in seinem Vortrag hervorragend gesetzt, die Palette reicht vom politischen Witz bis zum Kalauer, von der philosophischen Sentenz bis zur erotischen Anspielung.

Was er bietet, ist ein einziges Wechselbad: »Wissen Sie, warum es so viele gute jüdische Konzertgeiger gibt und nicht genauso viele gute Pianisten? Weil es so schwer is, mit a Fliegel zu emigrieren!«

Und dann sprach Fredy Durra von Joseph Schmidt, jenem großen Tenor, der in einem Lager in der Schweiz starb. Und Durra sang das berühmte »Ein Lied geht um die Welt« mit seinem Text:

> »Ein Jid geht um die Welt,
>   nicht weil's ihm gut gefällt.
> Stets auf der Flucht, niemals geborgen,
>   frag, was er sucht, ein beßres Morgen.
> Die Welt, die ihn nicht will,
>   sie ist sein Schicksalsziel.
> Hier und da mal gastieren,
>   dann wieder emigrieren.
> Das ist sein Lied, ein Jid geht stets um die Welt! …«

Danach immer wieder Witze, der Saal lachte und lachte. Am Schluß sang er ein Potpourri von deutschen Schlagern und Liedern, die seinerzeit populär waren, als die Gäste dieser

Veranstaltung Deutschland verlassen mußten. Die Gesichter werde ich nie vergessen. Strahlende Gesichter, Rührung, Verklärtheit, Lächeln, nur wenige ernste Mienen. Er kleidete die Lieder in eine Geschichte, erinnerte an die erste Liebe, wo traf man sich: »In einer kleinen Konditorei ...«, und so folgten unter anderem »Wochenend und Sonnenschein«, »Sag zum Abschied leise Servus« oder »Wer wird denn weinen, wenn wir auseinandergehn«.

Und der ganze Saal sang mit.

Auf dem Nachhauseweg sagte mir Hannah, sie verstehe es nicht, daß sie nach alldem diese Lieder singen und den ganzen Abend nur deutsch reden. Obwohl sie in Israel als Tochter deutscher Juden geboren wurde, spricht sie nur hebräisch mit ihren Eltern.

Ich versuchte ihr zu erklären, daß ich das sehr gut verstehe. Diese Menschen haben die schönsten Jahre ihres Lebens in Deutschland verbracht: ihre Kindheit, zumeist in gesicherten Verhältnissen lebend, ihre erste Liebe, ihre erste Tanzstunde – alles in Deutschland. Sie können diese Jahre nicht aus ihrem Leben streichen, nur weil Hitler mit seinen Anhängern alles zerstörte. Die Emigrierten in England oder den USA übernahmen bestimmt viel mehr vom Lebensstil des jeweiligen Landes als die Deutschen in Israel. Die Mentalität des Orients und der Charakter der Deutschen sind eigentlich diametral. Aber diesem Land verdanken sie ihr Leben, und deshalb setzten sie all ihre Kraft und ihren Fleiß dafür ein.

Als ich mich auf dem Fest von Alfred Glaser verabschiedete und wir vereinbarten, daß er mich vom Busbahnhof in Netanya abholt, um von dort in sein Dorf zu fahren, sagte er mir: »Und da hole ich Sie dann vom Hauptbahnhof ab ...« Er mußte lachen: »Es ist schon verrückt, aber wenn ich die sächsischen Töne höre, bin ich sofort in Gedanken wieder in Leipzig.«

Einige Tage später traf ich viele dieser und noch andere Leipziger bei meinem Vortrag wieder. Der Verband trifft sich in bestimmten Abständen in Tel Aviv in einem Klubraum. Der Mitgliedsbeitrag wurde kassiert, es gab Tee und Gebäck. Ein typisch deutscher Klub mit Vorstand, Mitteilungsblatt und allem Drum und Dran. Es gibt etwa noch 200 Mitglieder. Der »harte Kern« der Teilnehmer von Veranstaltungen umfaßt vielleicht vierzig, fünfzig Frauen und Männer. Neben Tel Aviv gibt es die »Filiale« in Haifa und Jerusalem.

Ich sprach zunächst über die Spuren jüdischen Lebens in Leipzig: von den Friedhöfen bis zum Gebäude der ehemaligen Israelitischen Schule, vom Gedenkstein für die Gemeindesynagoge bis zu dem Haus, in dem sich heute noch das Büro der Gemeinde befindet, und all den anderen Zeugnissen jüdischer Kultur.

Als ich anbot, Fragen zu beantworten, kam die Erinnerung in Sturzbächen. Fragen über Fragen zum alten Leipzig: »Steht das Alte Theater noch? Was ist mit dem Gewandhaus? Gibt es noch das Café Felsche? Wie sieht es am Brühl aus?«

Im zweiten Teil des Abends, um nicht zuviel Melancholie aufkommen zu lassen, las ich heitere Texte von Lene Voigt, erzählte sächsische Witze, und am Ende brachte ich die »Leibzcher Bargarohle«. Als ich den Schluß dieses Gedichtes sprach – »... Oh, Sanda Gonnewitz« –, sagte vor mir eine ältere Dame mit ausdrucksstarken dunklen Augen und einem versonnenen Lächeln: »Da hab ich gewohnt.« Direkt am Connewitzer Kreuz, erfuhr ich im Gespräch. Ihre Mutter habe im Hof seinerzeit einen wunderschönen blühenden Garten angelegt. Mit Fliederbäumen und Hunderten von Tulpen.

Als ich wieder in Leipzig war, ging ich in diesen Hof, den mir Ruth Döry beschrieben hatte.

Es war ein verwüsteter Platz.

Nur einer der Fliederbäume, den ihre Mutter gesetzt hatte, stand noch ...

Nachwort

Es ist nun über fünfzehn Jahre her, daß dieses Buch im Forum Verlag erschien. Nicht nur die zuletzt erwähnte Ruth Döry, sondern die meisten Augenzeugen aus »Davidstern und Weihnachtsbaum« leben schon seit einigen Jahren nicht mehr. Ihre Erinnerungen an die Zeit der Shoah wären verloren, wenn ich nicht die Gelegenheit für diese Gespräche gehabt hätte. In einigen Jahren werden wir Informationen über Verfolgung, Lager oder Exil nur noch aus zweiter Hand bekommen.

In der DDR war abzusehen, daß es eines Tages mehr jüdische Friedhöfe als Juden gegeben hätte, denn es lebten kaum noch tausend in unserem Land. Die friedliche Revolution eröffnete auch in dieser Beziehung neue Möglichkeiten. Hundert Jahre nach der Einwanderung von Ostjuden aus Galizien, Rußland und Polen kamen wieder russische Juden wegen Diskriminierung und Antisemitismus in ihrer Heimat nach Deutschland. Und so wuchsen die Gemeinden Jahr für Jahr. In Leipzig von einundvierzig Mitgliedern in den achtziger Jahren auf über tausend im Jahre 2006. Bei allen Problemen, die dadurch in den Gemeinden entstanden sind, hat nun das Judentum auch in unserer Stadt wieder eine Zukunft.

Die Synagoge der Messestadt, aus der ein Museum geworden wäre, ist wieder eine Stätte lebhaften religiösen Lebens, und seit Jahrzehnten fand dort zum erstenmal wieder eine Hochzeit statt. In einem Leipziger Kindergarten gibt es inzwischen eine Gruppe mit jüdischen Kindern. Und aus den Kindern der russischen Einwanderer werden wieder deutsche Juden. Bald wird es in Leipzig ein Begegnungszentrum der Israelitischen Religionsgemeinde geben, in dem sich Juden und Nichtjuden im besten Sinne bei Veranstaltungen begegnen sollen. Eine neue Etappe im Zusammenleben hat begonnen.

Bernd-Lutz Lange

Bildnachweis

Archiv des Autors 1, 7, 10–14, 19, 23, 25
Alfred Glaser 24
Marianne Gottlieb 17, 18
Jonathan Katz 21
Martha Klapisch 20
MDR/Kluge 26
Rolf Kralovitz 3, 4, 5
Oratorium des heiligen Philipp Neri 6
Stadtgeschichtliches Museum Leipzig 2, 8, 9, 15, 16
Gudrun Vogel 22

Wir danken Gudrun Vogel, Edith Tar und Helfried Strauß für die Aufnahmen und Reproduktionen.

Trotz intensiver Recherchen konnten nicht alle Rechtsinhaber ausfindig gemacht werden. Berechtigte Ansprüche bitten wir an den Verlag zu richten.

Bernd-Lutz Lange
Café Continental
Geschichten und Plaudereien an Marmortischen
395 Seiten. Gebunden mit Schutzumschlag
ISBN 978-3-351-04215-8
Auch als E-Book lieferbar

Atmosphärisch dichte Erzählungen

Das »Café Continental« ist der große Treffpunkt dieser Stadt. Jung und Alt kommen hier zusammen, Einheimische und Fremde, Eilige und Leute, die den halben Tag am Kaffeehaus-Tisch verbringen. Für Richard Dumont, eben noch Student, tut sich eine ganze Welt auf. Mit den Freunden am Malerstammtisch diskutiert er leidenschaftlich über die wechselnden politischen Großwetterlagen, über geheimste Neuigkeiten und allerprivateste Liebesangelegenheiten. Der Pianist Ferdinand Barnowsky nimmt ihn mit auf eine Reise in die goldenen Jahre des Berliner Kabaretts der zwanziger Jahre, ins Romanische Café und zur Premiere der Dreigroschenoper.

Bernd-Lutz Lange hat in diesem Kaffeehaus einen literarischen Ort gefunden, mit dem er in Geschichten eigentlich die Geschichte dieses Landes ab Mitte der sechziger Jahre bis heute erzählt – und nicht zuletzt vielleicht auch die eigene.

Regelmäßige Informationen erhalten Sie über unseren Newsletter.
Jetzt anmelden unter: www.aufbau-verlag.de/newsletter

Bernd-Lutz Lange
Magermilch und lange Strümpfe
218 Seiten. Broschur
ISBN 978-3-7466-1524-0
Auch als E-Book lieferbar

Ein heiteres Zeitdokument

»Aber das schlimmste für unsereinen waren die langen Strümpfe mit dem gestrickten Leibchen ... eine Schande für jeden Jungen!« Bernd-Lutz Lange erzählt von einer kargen, dennoch unbeschwerten Kindheit nach dem Krieg und in der jungen DDR. Fruchtschnee und Affenfett, Brausepulver und Muggefugg, Wattfraß und Kartoffelkäfer feiern in diesen Erinnerungen ihre fröhlichen Urständ. Wie der Autor selbst, so steckte auch die Republik in den Kinderschuhen, und nicht alle Gehversuche endeten glücklich.

»Es ist die Schnellebigkeit unseres Jahrhunderts, die solch ein Überlieferungsbuch wichtig macht.« Die Zeit

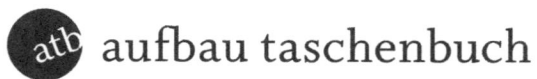 aufbau taschenbuch

Bernd-Lutz Lange
Mauer, Jeans und Prager Frühling
342 Seiten. Broschur
ISBN 978-3-7466-2268-2
Auch als E-Book lieferbar

»Charmant und pointenreich.«

F.F. dabei

»Nach dem Bau der Mauer saßen wir in der Falle, ein ganzes Land hatte Stubenarrest.« - Einer unserer populärsten Kabarettisten erzählt vom DDR-Alltag in den 60er Jahren: von Butternummern, geschmuggelten Westschallplatten und gescheiterten Hoffnungen. Er läßt eine Zeit wiederaufleben, in der die Hits der Beatles begeisterten und »Spur der Steine« aus dem Kino verbannt wurde.

Wochenlang auf der Spiegel-Bestsellerliste: »Lange begeistert als Beobachter der Zeitgeschichte.« Dresdner Neueste Nachrichten

Regelmäßige Informationen erhalten Sie über unseren Newsletter.
Jetzt anmelden unter: www.aufbau-verlage.de/newsletter

 aufbau taschenbuch

Bernd-Lutz Lange, Sascha Lange
David gegen Goliath
Erinnerungen an die Friedliche Revolution
221 Seiten. Gebunden mit Schutzumschlag
ISBN 978-3-351-03787-1
Auch als E-Book lieferbar

Erinnerungen an 1989

Als 70.000 Menschen den Staat in die Knie zwangen und die Friedliche Revolution nicht mehr zu stoppen war: Bernd-Lutz Lange (Mitautor des Aufrufs der »Leipziger Sechs«) und Sascha Lange erinnern sich an einen Herbst voller Sehnsucht nach Veränderung in einem Land, das es kurz darauf nicht mehr geben sollte. »Der 9. Oktober 1989 in Leipzig war David gegen Goliath. Genauer gesagt, waren es so viele Davids, dass Goliath dagegen ganz klein aussah.«

»Wer zu lesen anfängt, kann unmöglich damit wieder aufhören.«
Stuttgarter Nachrichten

»Ein sehr lesenswertes Stück deutsch-deutscher Geschichte.«
Ruhr-Nachrichten

»Dieses Buch fehlte.«
Berliner Zeitung

Regelmäßige Informationen erhalten Sie über unseren Newsletter.
Jetzt anmelden unter: www.aufbau-verlage.de/newsletter

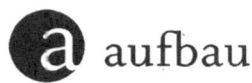

Bernd-Lutz Lange
Das gabs früher nicht
Ein Auslaufmodell zieht Bilanz
349 Seiten. Broschur
ISBN 978-3-7466-3412-8
Auch als E-Book lieferbar

Von der nahen Vergangenheit und der fernen Gegenwart

Wofür braucht der Mensch einen »Wellnesswecker«? Wieso streben alle einen definierten Body an, aber sprechen ein undefinierbares Deutsch? Und wenn alle auf Stand-by sind, warum haben dann so wenige einen Standpunkt? – Indem er das Früher mit dem Heute vergleicht, rechnet Bernd-Lutz Lange mit dem Zeitgeist ab. »Es scheint mir, dass ich in eine Zeit geraten bin, in der vieles, was sich zum Teil über Jahrhunderte erhalten hat, nun verschwindet.«

Regelmäßige Informationen erhalten Sie über unseren Newsletter.
Jetzt anmelden unter: www.aufbau-verlage.de/newsletter

aufbau taschenbuch

Bernd-Lutz Lange
Das Leben ist ein Purzelbaum
Von der Heiterkeit des Seins
382 Seiten. Broschur
ISBN 978-3-7466-2965-0
Auch als E-Book lieferbar

Die Heiterkeit des Seins

Der Bestsellerautor und populäre Kabarettist Bernd-Lutz Lange erweist sich mit seinem neuen Buch als leidenschaftlicher Sammler und Chronist menschlicher und allzu menschlicher Begebenheiten. Nichts weniger als das Leben selbst, seine Schnurren, seine Wechselfälle, seine hanebüchenen Momente hat Lange festgehalten. Persönlich, heiter, nachdenklich. Begleitet durch liebevoll-hintersinnige Illustrationen von Egbert Herfurth.

»Lange begeistert als Beobachter der Zeitgeschichte.« Dresdner Neueste Nachrichten

Regelmäßige Informationen erhalten Sie über unseren Newsletter.
Jetzt anmelden unter: www.aufbau-verlage.de/newsletter

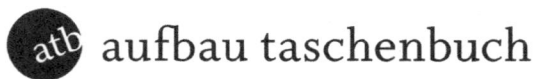 aufbau taschenbuch

Bernd-Lutz Lange
Freie Spitzen
Politische Witze und Erinnerungen aus den Jahren des
Ostblocks
320 Seiten. Gebunden mit Schutzumschlag
ISBN 978-3-351-03885-4
Auch als E-Book lieferbar

»Jeder Witz ist eine winzige Revolution.« George Orwell

Von Leipzig bis Moskau, von Krakau bis Bukarest: Politische Witze sind
allgegenwärtig in den Jahrzehnten des Kalten Kriegs, sie persiflieren und
nehmen eine wenig beeinflussbare Realität auf die Schippe. Die Macht-
haber fürchten Opposition und offene Kritik der Öffentlichkeit, sie
fürchten das Gelächter als subversive, anarchische Kraft. Bernd-Lutz
Lange verwebt in seinen Texten die politischen Witze dieser Jahre mit
der Beschreibung der herrschenden Zustände in jenen Ländern, mit
anekdotischen Streiflichtern und seinen persönlichen Reiseerlebnissen.

Ein Streifzug durch die vielfältige Landschaft des politischen Witzes im
gesamten Ostblock vom Kriegsende bis zum Mauerfall.
Mit Illustrationen von Egbert Herfurth.

Regelmäßige Informationen erhalten Sie über unseren Newsletter.
Jetzt anmelden unter: www.aufbau-verlag.de/newsletter

Bernd-Lutz Lange, Tom Pauls
Nischd wie hin
Unsere sächsischen Lieblingsorte
320 Seiten. Gebunden mit Schutzumschlag
ISBN 978-3-351-04206-6

Und das Gute liegt so nah

Sie kennen den Freistaat wie ihre Westentasche, und jeder für sich füllt die Säle bis auf den letzten Platz. Jetzt gehen die zwei populären sächsischen Kabarettisten zusammen auf Entdeckungstour. Zwischen Leipzig und Dresden, Meißen und Freiberg, Zwickau und Görlitz, Zuschendorf und Weesenstein »beschnarchen« sie ihre Heimat. Sie sind charmante Reiseverführer, die einen Prachtband für ein prächtiges Land vorlegen. Mehr Sachsen war nie!

Reich bebildert mit Farbfotografien von Gaby Waldek und Armac Garbe sowie Illustrationen von Ulrich Forchner

Regelmäßige Informationen erhalten Sie über unseren Newsletter.
Jetzt anmelden unter: www.aufbau-verlage.de/newsletter

Bernd-Lutz Lange
Andrea Lorz

JÜDISCHE
SPUREN
IN LEIPZIG

Passage-Verlag

Passage-Verlag
Broschur, 128 S.
zahlreiche Abb.
978-3-95415-045-8
10 Euro

Bernd-Lutz Lange und Andrea Lorz
begeben sich auf Spurensuche nach
Leipziger Orten, die mit jüdischer Geschichte, Religion, Kunst und Kultur
verwoben sind. Die Autoren erinnern
an die Beiträge jüdischer Leipziger, die
für das gesellschaftliche, wissenschaft-
liche, wirtschaftliche und kulturelle
Leben der Stadt von großer Bedeutung
waren. Darüberhinaus begegnen wir
dem aktuellen Leben in der jüdischen
Gemeinschaft.